Gustav Adolf Michaelis

Unterricht für Hebammen

Gustav Adolf Michaelis
Unterricht für Hebammen
ISBN/EAN: 9783743647688

Hergestellt in Europa, USA, Kanada, Australien, Japan

Cover: Foto ©Paul-Georg Meister /pixelio.de

Weitere Bücher finden Sie auf **www.hansebooks.com**

G. A. Michaelis,

Unterricht für Hebammen.

Neu bearbeitet und herausgegeben

von

C. C. Th. Litzmann,
Professor in Kiel.

(Abgeändert nach den Bestimmungen Kurhessischer Medicinal-Ordnung.)

Zweite verbesserte Auflage.

Marburg und Leipzig.
N. G. Elwert'sche Universitäts-Buchhandlung.
1873.

Inhalt.

Erster Theil.
Von den Geburtstheilen. Von der Schwangerschaft, der Geburt und dem Wochenbette in ihrem regelmäßigen Verlaufe.

Erster Abschnitt.
Seite

Von den Geburtstheilen 1

Erstes Capitel.
Von den harten Geburtstheilen oder dem Becken . . 2

Zweites Capitel.
Von den weichen Geburtstheilen 9

Anhang.
Von den weiblichen Brüsten 14

Zweiter Abschnitt.
Von der Schwangerschaft, ihrem regelmäßigen Verlaufe und dem Verhalten der Hebamme dabei.

Erstes Capitel.
Von der Schwangerschaft im Allgemeinen . 15

Zweites Capitel.
Von der menschlichen Frucht und von dem Eie . . 17

Drittes Capitel.
Von den Veränderungen des weiblichen Körpers in der Schwangerschaft 25

Inhalt.

Viertes Capitel.   Seite
Von den Zeichen und von der Zeitrechnung der Schwangerschaft . 31

Fünftes Capitel.
Von der Unterscheidung der ersten und wiederholten Schwangerschaft 33

Sechstes Capitel.
Von der geburtshülflichen Untersuchung 34

Siebentes Capitel.
Von dem Verhalten der Hebamme bei der regelmäßigen Schwangerschaft 38

Dritter Abschnitt.
Von der regelmäßigen Geburt und dem Verhalten der Hebamme dabei.

Erstes Capitel.
Von der Geburt im Allgemeinen 41

Zweites Capitel.
Von den austreibenden Kräften oder der Geburtsthätigkeit . . 44

Drittes Capitel.
Von der regelmäßigen Stellung des Kindes zur Geburt und seinem Durchgange durch das Becken 47

Viertes Capitel.
Von dem Verlaufe der Geburt und den Geburtszeiten . . 52

Fünftes Capitel.
Von dem Verhalten der Hebamme bei der regelmäßigen Geburt . 58

Sechstes Capitel.
Von der mehrfachen Schwangerschaft und Geburt . . . 76

Vierter Abschnitt.
Von dem regelmäßigen Wochenbette und dem Verhalten der Hebamme dabei.

Erstes Capitel.
Von den Veränderungen des weiblichen Körpers im Wochenbette . 80

Zweites Capitel.
Von der Pflege der Wöchnerinnen . . . 82

Drittes Capitel.
Von der Pflege des neugeborenen Kindes . . . 86

Inhalt.

Zweiter Theil.
Von dem regelwidrigen Verlaufe der Schwangerschaft, der Geburt und des Wochenbettes und dem Verhalten der Hebamme dabei 93

Erster Abschnitt.
Von dem regelwidrigen Verlaufe der Schwangerschaft.

Erstes Capitel.
Von der Schwangerschaft außerhalb der Gebärmutter . . 94

Zweites Capitel.
Von der Molenschwangerschaft 96

Drittes Capitel.
Von den fehlerhaften Lagen der Gebärmutter und der Mutterscheide in der Schwangerschaft.
1) Von der Zurückbeugung der Gebärmutter . . . 97
2) Von dem Vorfalle der Gebärmutter und der Mutterscheide 98

Viertes Capitel.
Von dem Blutflusse aus den Geburtstheilen in der Schwangerschaft 101
1) Von den Blutungen in den ersten 28 Wochen der Schwangerschaft und von der unzeitigen Geburt . . 102
2) Von den Blutungen in den drei letzten Monaten der Schwangerschaft 107

Fünftes Capitel.
Von dem Absterben der Frucht in der Schwangerschaft . . 114

Zweiter Abschnitt.
Von dem regelwidrigen Verlaufe der Geburt 115

I. Regelwidrige Geburten von Seiten der Mutter.

Erstes Capitel.
Von den regelwidrigen Wehen 115
1) Zu schwache Wehen 115
2) Zu schmerzhafte Wehen 118
3) Zu heftige Wehen . , . . . 119
4) Krampfhafte Wehen 120

Inhalt.

Zweites Capitel.
Von den fehlerhaften Lagen der Gebärmutter unter der Geburt.

1) Von den Schieflagen der Gebärmutter 121
2) Von dem Vorfalle der Gebärmutter unter der Geburt 125

Drittes Capitel.
Von der fehlerhaften Beschaffenheit und Stellung des Muttermundes 126

Viertes Capitel.
Von der Zerreißung der Gebärmutter und des Scheidengrundes 127

Fünftes Capitel.
Von dem fehlerhaften Becken 130

Sechstes Capitel.
Von einigen Fehlern der Mutterscheide und der äußeren Geburtstheile

1) Verengung und Verschließung der Mutterscheide. Enge der Schamspalte 140
2) Vorfall der Mutterscheide 141
3) Zerreißung eines Blutaderknotens in der Mutterscheide oder den äußeren Geburtstheilen 141
4) Venerische Geschwüre in der Mutterscheide und an den äußeren Geburtstheilen 143

Siebentes Capitel.
Von den allgemeinen Krämpfen oder Convulsionen der Gebärenden 145

II. Regelwidrige Geburten von Seiten des Kindes.

Erstes Capitel.
Von den regelwidrigen Kindeslagen 148

1) Von den regelwidrigen Schädellagen.
   a) Von den regelwidrigen Lagen des Schädels über dem Beckeneingange 149
   b) Von dem regelwidrigen Eintritt des Schädels in's Becken 150
   c) Von der regelwidrigen Drehung des Kopfes im Becken 152
2) Von den Gesichtslagen 153
3) Von den Steiß-, Fuß- und Knielagen
   a) Von den Steißlagen 157
   b) Von den Fuß- und Knielagen . . . 165
4) Von dem Vorfalle eines Fußes oder eines Armes neben dem Kopfe 168
5) Von den Querlagen 169

Inhalt. VII

Zweites Capitel.
Seite

Von der regelwidrigen Größe und Gestalt des Kindes.
    1) Uebermäßige Größe des Kindeskopfes . 172
    2) Uebermäßige Größe des Bauches . 174
    3) Mißbildungen des Kindes . . . 174
    Anhang 175

Drittes Capitel.
Von dem Absterben des Kindes während der Geburt . 175

III. Regelwidrige Geburten von Seiten der übrigen Theile des Eies 179

Erstes Capitel.
Fehler der Nabelschnur.
    1) Regelwidrige Kürze der Nabelschnur . . . 179
    2) Zerreißung der Nabelschnur 180
    3) Vorfall der Nabelschnur 181

Zweites Capitel.
Fehler des Mutterkuchens.
    1) Vorzeitige Lösung des Mutterkuchens während der Geburt 182
    2) Verzögerte Lösung des Mutterkuchens f. u. . . 184

Dritter Abschnitt.
Von den regelwidrigen und krankhaften Zuständen der Mutter und des Kindes unmittelbar nach der Geburt.

Erstes Capitel.
Von den regelwidrigen und krankhaften Zuständen der Mutter.
    1) Von dem regelwidrigen Blutflusse aus den Geburtstheilen 184
    2) Von dem Zurückbleiben der Nachgeburt . . 190
    3) Von der Umstülpung der Gebärmutter . . . 192
    4) Von der Zerreißung des Dammes . . 194

Zweites Capitel.
Von dem Scheintode des Kindes 195

Vierter Abschnitt.

Von dem regelwidrigen Verlaufe des Wochenbettes 199

Erstes Capitel.
Von den regelwidrigen und krankhaften Zuständen der Wöchnerin.

1) Schmerzhafte Nachwehen 200
2) Unordnungen in der Wochenreinigung . . . 201
3) Entzündung der Gebärmutter, Kindbettfieber . . . 201
4) Geschwulst und Entzündung der äußeren Geburtstheile . 203
5) Goldaderknoten 203
6) Harnverhaltung 204
7) Unwillkührlicher Abgang des Harns oder des Stuhls . 205
8) Milchknoten und Entzündung der Brüste . . . 206
9) Wundsein der Brustwarzen 207

Zweites Capitel.
Von den Fehlern und Krankheiten der Neugeborenen . 208

Anhang.

Von einigen Heilmitteln, welche die Hebamme anwenden darf . 213

Erster Theil.
Von den Geburtstheilen. Von der Schwangerschaft, der Geburt und dem Wochenbette in ihrem regelmäßigen Verlaufe.

Erster Abschnitt.
Von den Geburtstheilen.

§ 1.

Um einer Gebärenden die nöthige Hülfe leisten zu können, muß man vor Allem diejenigen Theile des weiblichen Körpers kennen, welche zur Erzeugung, zum Wachsthume und zur Geburt des Kindes dienen.

Man nennt diese Theile Geburtstheile. Sie liegen alle am unteren Ende des Rumpfes und bestehen theils aus Knochen, welche **harte Geburtstheile** genannt werden; theils aus fleischigen und häutigen Gebilden, welche **weiche Geburtstheile** heißen.

Bei allen Beschreibungen der Geburtstheile muß man sich den Körper immer in aufrechter Stellung denken und darnach die Ausdrücke: oben, unten, vorn und hinten verstehen.

Erstes Capitel.
Von den harten Geburtstheilen oder dem Becken.

§ 2.

Das Becken besteht bei Erwachsenen aus vier Knochen: dem Kreuzbeine, dem Steißbeine und den zwei Hüftbeinen, von denen eins an jeder Seite liegt.

§ 3.

Das Becken ruht unmittelbar auf den Schenkelknochen, die in den sogenannten **Pfannen** eingelenkt sind, und dient wiederum dem Rückgrate zur Stütze und Befestigung. Den oberen Theil desselben kann man bei jedem Menschen in der Hüftgegend von Außen deutlich fühlen.

§ 4.

Das **Kreuzbein** bildet die hintere Wand des Beckens. Es hat eine dreieckige Gestalt, ist oben breiter und dicker, wird nach unten dünner und schmäler und endigt mit einer abgestumpften Spitze. Die hintere Fläche ist gewölbt, uneben und höckerig. Die vordere Fläche ist glatt und ausgehöhlt und wird **die Aushöhlung des Kreuzbeins** genannt. Ueber dieser ragt der obere Theil da, wo er sich mit dem untersten Wirbel des Rückgrats verbindet, etwas hervor, dies ist der sogenannte **Vorberg**. An beiden Flächen bemerkt man 4—5 Paar Löcher, durch welche Nerven aus dem im Inneren des Knochens befindlichen Canale hervortreten. Das Kreuzbein ist mit den anstoßenden Knochen durch Gelenkflächen vermittelst Knorpel und Bänder verbunden, nämlich oben mit dem Rückgrat, zu beiden

Seiten mit den Hüftbeinen und unten mit dem Steißbeine. In der Kindheit besteht es aus fünf getrennten Stücken, die man **falsche Wirbel** nennt, und welche später fest mit einander verwachsen.

§ 5.

Das **Steißbein** besteht aus mehren, gewöhnlich aus vier kleinen Stücken. Das oberste Stück ist breiter als die übrigen und mit dem unteren Theile des Kreuzbeins verbunden; die anderen nehmen an Größe ab, so wie sie mehr nach unten liegen. Die Verbindungen dieser Stücke unter sich und mit dem Kreuzbeine gestatten einige Bewegung, und bei der Geburt kann das Steißbein einen halben bis drei Viertel Zoll zurück gedrückt werden.

§ 6.

Jedes **Hüftbein** besteht in der Kindheit aus drei getrennten Stücken, welche in der Pfanne zusammenstoßen und hier durch Knorpel mit einander verbunden sind, um die Zeit der Mannbarkeit aber zu **einem** Knochen mit einander verwachsen.

Von diesen drei Stücken heißt das größte das **Darmbein**; es ist breit, platt und inwendig ein wenig ausgehöhlt, liegt am meisten nach oben und bildet die obere Seitenwand des Beckens. Man unterscheidet an demselben eine äußere und eine innere Fläche. Auf der inneren Fläche erscheint der untere dickere Theil von dem oberen dünneren Theile durch eine gebogene glatte Leiste geschieden, welche man die **ungenannte Linie** nennt.

Der obere dicke Rand des Darmbeins heißt **der Kamm des Darmbeins**, und diesen kann man äußerlich in der Gegend der Hüften deutlich fühlen; er endigt nach vorn in den **Darmbeinstachel**. Nach hinten sind die Darmbeine durch breite Gelenkflächen vermittelst vieler Bänder und einer Knorpelscheibe fest mit dem Kreuzbeine verbunden. Diese Verbindungen heißen die **Kreuzdarmbeinfugen**.

§ 7.

Das zweite Stück heißt das **Sitzbein**; es liegt gerade unter dem Darmbeine und bildet die untere Seitenwand des Beckens.

Zwischen dem Sitzbein und dem Darmbein findet man nach hinten den großen **Sitzbeinausschnitt**, darunter ragt der **Sitzbeinstachel** nach innen und hinten hervor. Von diesem geht das **Stachelkreuzband** zum Kreuzbein hin. Unten bildet das Sitzbein eine rauhe Hervorragung, welche der **Sitzbeinknorren** genannt wird. Von diesem geht das **Knorrenkreuzband** zum Kreuzbein.

§ 8.

Das dritte Stück jedes Hüftbeins heißt das **Schambein**; es liegt am weitesten nach vorn, dem Kreuzbeine gegenüber. Zwischen dem Schambeine und dem Sitzbeine bleibt an jeder Seite das **eirunde Loch** offen, welches durch eine sehnige Haut verschlossen wird.

Beide Schambeine vereinigen sich miteinander in der **Schamfuge** und bilden so zusammen die vordere Wand des Beckens. Von der Schamfuge laufen die Schambeine auf jeder Seite gekrümmt nach außen hinab, und diese Krümmungen beider Schambeine bilden zusammen den **Schambogen**. Ueber dem Schambogen läuft auf dem oberen Rande der Schambeine eine scharfe Kante, der **Schambeinkamm** genannt.

§ 9.

Sowohl zwischen der Schamfuge, als zwischen den Kreuzdarmbeinfugen, liegen Knorbelscheiben, welche weicher sind, als der Knochen. Es findet aber demungeachtet unter den Knochen, woraus das Becken zusammengesetzt ist, keine bemerkbare Bewegung Statt, da sie sehr fest durch Bänder verbunden sind. Nur das Steißbein, welches sich (wie angegeben) zurückdrücken läßt, ist beweglich.

§ 10.

Durch die mit einander vereinigten Beckenknochen wird eine **Höhle** gebildet, in welcher die weichen inneren Geburtstheile liegen, namentlich auch die Gebärmutter, und durch welche das Kind bei der Geburt hindurch geht.

Der innere Raum des Beckens ist oben weiter, unten enger. Man theilt daher das Becken in das obere, oder **große**, und in das untere, oder **kleine Becken**. Ist von dem Becken schlechtweg die Rede, so wird immer das kleine Becken gemeint. Die Grenze zwischen dem großen und dem kleinen Becken bezeichnet ein vorstehender Rand, welcher vom Vorberge aus sich nach beiden Seiten hin am oberen Theile des Kreuzbeins längs der ungenannten Linie des Darmbeins und dem Kamm des Schambeins bis zum oberen Rande der Schamfuge fortsetzt.

§ 11.

Das große Becken ist hinten und an den Seiten durch Knochenwände begrenzt, hinten durch die untersten Wirbel

des Rückgrats, an den Seiten durch die Platten der Darm=
beine; nach vorn aber wird es nur durch die weichen Be=
deckungen des Bauches geschlossen. In und über diesem
Raume liegt das Kind während der Schwangerschaft in der
Gebärmutter.

§ 12.

Das kleine Becken ist ein rings von Knochen umgebener
Canal, der hinten von dem Kreuzbeine und dem Steißbeine,
zu beiden Seiten von den Körpern der Darmbeine und den
Sitzbeinen und vorn von den Schambeinen begrenzt wird.

Die Kenntniß des kleinen Beckens ist einer Hebamme
vorzüglich wichtig, da bei der Geburt das Kind durch
dasselbe hindurch gehen muß.

An dem kleinen Becken unterscheidet man den Becken=
Eingang, den Becken=Ausgang und die Becken=
höhle.

Der Becken=Eingang ist die obere Oeffnung,
welche mit einem vorstehenden Rande umgeben ist, der das
kleine Becken von dem großen Becken trennt. Der Becken=
Eingang ist bei einem wohlgebildeten Becken länglich rund
und am Vorberge nur sehr wenig eingedrückt.

Der Becken=Ausgang ist die untere Oeffnung des
Beckens, welche von dem Schambogen, den Sitzbeinknorren,
den Knorrenkreuzbändern und dem Steißbeine umgeben ist.

Zwischen dem Becken=Eingange und dem Becken=Aus=
gange liegt die Beckenhöhle, welche im Ganzen etwas
weiter von vorn nach hinten, als von einer zur anderen
Seite ist.

§ 13.

Eine Schnur oder Linie, welche man so mitten durch das kleine Becken ziehen wollte, daß sie vom Eingange nach dem Ausgange liefe und allenthalben in gleicher Entfernung von der vorderen und hinteren Wand des kleinen Beckens bliebe, würde nicht gerade, sondern krumm gezogen werden müssen, da die hintere, von dem Kreuzbeine und Steißbeine gebildete Wand des Beckens eine Krümmung bildet. Wir wollen eine solche Linie die **Mittellinie** des Beckens nennen. In der Richtung dieser krummen Linie gehen bei der Geburt das Kind und der Mutterkuchen durch das Becken, und die Hebamme muß in allen Fällen, wo sie ihre Hand in die Geburtstheile zu führen hat, diese Richtung verfolgen.

§ 14.

Eine Hebamme muß die verschiedenen Durchmesser des Beckenraums, d. h. die Entfernung der einzelnen Knochen von einander genau kennen, um zu begreifen, wie das Kind durch ein regelmäßiges Becken gehen könne, und welches Hinderniß ein regelwidriges Becken für die Geburt sei. Ein regelmäßiges weibliches Becken hat folgende Durchmesser:

Der **quere Durchmesser** des großen Beckens, d. h. der Abstand der Darmbeinstacheln von einander, beträgt **neun Zoll** und der größte Abstand der Darmbeinkämme **zehn Zoll**.

Am Becken-Eingange unterscheidet man 1) den **queren Durchmesser** von einem Darmbeine zum anderen, wo diese im Becken-Eingange am weitesten von einander abstehen; er beträgt **fünf Zoll**; 2) und 3) die **beiden schrägen Durchmesser**; sie gehen von der Kreuzdarmbeinfuge der

einen Seite nach dem Schambeine der anderen über dem
eirunden Loche und betragen jeder **vier und einen halben
Zoll**; derjenige schräge Durchmesser, welcher von der rechten
Kreuzdarmbeinfuge zum linken Schambeine geht, wird der
erste, der andere der zweite schräge Durchmesser genannt;
4) den **geraden Durchmesser**; er geht vom Vorberge
bis zum oberen Rande der Schamfuge und beträgt **vier
Zoll**.

In der Beckenhöhle ist der **gerade Durchmesser**
von der Mitte des Kreuzbeins zur Mitte der Schamfuge zu
merken, welcher **vier und einen halben bis fünf
Zoll** hält. Der **quere Durchmesser** der Beckenhöhle
beträgt **vier Zoll**.

Im Becken=Ausgange ist der **gerade Durchmesser**
zu merken, welcher von der Spitze des mäßig zurückge=
bogenen Steißbeines zum unteren Rande der Schamfuge
läuft und **vier Zoll** hält. Eben so groß ist der **quere
Durchmesser** von einem Sitzbeinknorren zum anderen.

§. 15.

Auch die **Tiefe** des kleinen Beckens kommt in Be=
tracht; es ist nämlich die hintere Wand, welche von dem
Kreuzbeine und dem Steißbeine gebildet wird, **fünf Zoll
hoch**; dahingegen die vordere Wand in der Mitte, wo die
Schamfuge liegt, nur **anderthalb Zoll hoch** ist. Die
Seitenwände werden desto niedriger, je weiter nach vorn
man sie mißt; nach hinten aber werden sie höher.

§. 16.

Das ganze Becken ist übrigens so am Rückgrate be=
festigt, daß bei aufrechter Stellung des Körpers der Eingang

des Beckens stark nach vorn gerichtet ist und gegen den Nabel hinsieht. Der Ausgang sieht alsdann fast gerade nach unten. Dieses Verhältniß nennt man die **Neigung des Beckens**, und die Hebamme wird hiernach leicht beurtheilen, in welcher Richtung der Eingang und Ausgang des Beckens in verschiedenen Lagen des Körpers sich befinden müssen. Sitzt nämlich eine Frau stark hintenüber gelehnt, so sieht der Eingang gerade nach oben, der Ausgang nach unten und vorn; liegt sie ganz flach auf dem Rücken, so ist der Eingang nach aufwärts und rückwärts, der Ausgang gerade vorwärts gelegen.

Zweites Capitel.
Von den weichen Geburtstheilen.

§. 17.

Die weichen Geburtstheile liegen theils am, theils im Becken. Man theilt sie in **äußere** und **innere**; jene sind von außen sichtbar; diese kann man an lebenden Personen nur durch's Gefühl zum Theil erkennen.

§. 18.

Zu den äußeren Geburtstheilen werden folgende gerechnet:

Der **Schamberg**, eine am untersten Theile des Bauches auf den Schambeinen liegende, bei erwachsenen Personen mit Haaren besetzte, von unterliegendem Fette ein wenig erhöhte Stelle.

Die **großen Schamlippen**, zwei rundlich hervorstehende, von oben nach unten gehende Hautfalten, welche sich von dem Schamberge bis zum Mittelfleisch abwärts erstrecken, wo sie durch eine dünne Querfalte der Haut, das **Schamlippenbändchen**, mit einander verbunden sind. Die zwischen ihnen befindliche Spalte wird die **Schamspalte** genannt. Die äußere Fläche der großen Schamlippen ist, wie der Schamberg, mit Haaren besetzt.

Die **kleinen Schamlippen**, zwei dünne längliche Falten, welche zwischen den großen Schamlippen liegen und kürzer sind, als diese. Gewöhnlich werden sie von den großen Schamlippen völlig bedeckt.

Der **Kitzler**, eine kleine, runde Hervorragung, welche zwischen den oberen Enden der kleinen Schamlippen liegt, die sich über dieser Hervorragung vereinigen und sie von oben bedecken.

Etwa einen halben Zoll weit unter dem Kitzler liegt zwischen den kleinen Schamlippen die **Oeffnung der Harnröhre**.

Darunter, zwischen der Oeffnung der Harnröhre und dem Schamlippenbändchen liegt der **Eingang der Mutterscheide**, welcher bei Jungfrauen mit einer Haut verschlossen ist, die das **Jungfernhäutchen** heißt; sie schließt aber die Mutterscheide nicht völlig, sondern es bleibt gewöhnlich oben, zuweilen auch in der Mitte eine kleine Oeffnung übrig. Beim ersten Beischlafe zerreißt diese Haut und man sieht nachher um den Scheideneingang kleine Fleischwarzen als Ueberbleibsel der Haut. In seltenen Fällen, wenn sie ungewöhnlich fest war, ist sie bei der Geburt noch vorhanden.

Der **Damm** ist die von der äußeren Haut überkleidete fleischige Brücke, welche zwischen der Schamspalte und dem After sich befindet und den Becken-Ausgang mit Ausnahme der genannten Oeffnungen verschließt; er wird bei der Geburt sehr stark ausgedehnt und zuweilen eingerissen.

§ 19.

Zu den weichen inneren Geburtstheilen gehören die Mutterscheide, die Gebärmutter mit ihren Bändern, die Mutterröhren und die Eierstöcke.

Die Mutterscheide ist ein häutiger Gang, welcher von den äußeren Geburtstheilen zur Gebärmutter führt. Sie steigt gekrümmt in der Richtung der Mittellinie in's Becken hinauf, ist von vorn nach hinten ein wenig plattgedrückt, so daß sie von einer Seite zur anderen weiter ist, als von vorn nach hinten. Vor ihr liegt die Harnröhre und die Harnblase, hinter ihr der Damm und der Mastdarm.

Man unterscheidet die vordere und hintere Wand der Mutterscheide; die vordere Wand ist kürzer, als die hintere; an beiden Wänden finden sich viele Runzeln oder Falten, welche in die Quere verlaufen und an der vorderen Wand stärker sind, als an der hinteren. Der obere Theil der Mutterscheide, welcher den Hals der Gebärmutter umfaßt, heißt der Mutterscheidengrund, oder das Scheidengewölbe. Die ganze Mutterscheide ist beständig von Schleim angefeuchtet, der besonders reichlich zur Zeit der Geburt abgesondert wird.

§ 20.

Die Gebärmutter ist ein hohler, fleischiger Körper, welcher im Eingange des kleinen Beckens hinter der Urinblase und vor dem Mastdarme liegt.

Die Gebärmutter hat im ungeschwängerten Zustande die Gestalt einer plattgedrückten Birne, und man unterscheidet an ihr zwei breite Wände, nämlich die hintere und die vordere Wand und zwei schmale Seitenwände.

Der obere breite Theil der Gebärmutter heißt der **Muttergrund**; der mittlere Theil heißt der **Mutterkörper**; der untere schmale Theil, welcher von dem Scheidengewölbe umfaßt wird, der **Mutterhals**. Der unterste Theil des Mutterhalses, der etwa einen halben Zoll tief frei in die Scheide herabragt, heißt der **Scheidentheil des Mutterhalses**.

Inwendig hat die Gebärmutter eine dreieckige, von vorn nach hinten platt zusammengedrückte **Höhle**, an der man die **vordere** und **hintere Wand** unterscheidet. Im Mutterhalse läuft diese Höhle in einen schmäleren Spalt aus, welcher der **Canal des Mutterhalses** heißt. Die verengte Stelle, wo die Höhle der Gebärmutter in den Canal des Mutterhalses übergeht, wird der **innere Muttermund** genannt.

Am unteren Ende des Scheidentheils öffnet sich der Canal des Mutterhalses in die Scheide mit einer Querspalte, die man den **äußeren Muttermund** nennt. An ihm bemerkt man zwei Lippen, nämlich die **vordere Lippe**, welche etwas tiefer herabragt, und die **hintere Lippe**, welche etwas höher steht; zwischen beiden liegt der Spalt, welcher den äußeren Muttermund bildet.

§. 21.

Von jeder Seitenwand der Gebärmutter geht eine breite, häutige Falte nach der Seitenwand des kleinen Beckens, welche das **breite Mutterband** heißt. Diese Falte wird von dem Bauchfelle gebildet, welches die vordere und hintere Fläche der Gebärmutter bis zum Halse herab überzieht.

Zwischen dieser Falte läuft an jeder Seite von der

Gebärmutter ein runder fleischiger Strang schräg nach außen und vorn durch den Bauchring zur äußern Fläche der Schambeine, wo er sich befestigt; dieser Strang heißt das **runde Mutterband**.

Durch diese breiten und runden Mutterbänder, so wie durch die Scheide, welche sich am Mutterhalse rund herum festsetzt, wird die Gebärmutter in ihrer Lage erhalten.

§ 22.

Zwischen den Falten der beiden Mutterbänder liegt an jeder Seite ein wenig tiefer und rückwärts ein **Eierstock**, und ein wenig höher und vorwärts eine **Mutterröhre**.

Die **Mutterröhren** sind zwei dünne, häutige Röhren, welche zu beiden Seiten vom Grunde der Gebärmutter nach den Seiten des Beckens hingehen; das eine Ende derselben öffnet sich mit einer engen Mündung in die Höhle der Gebärmutter, das andere mit einer trichterförmigen, von Franzen umgebenen Oeffnung frei in die Bauchhöhle.

Die **Eierstöcke** sind kleine Körper, von der Größe und Gestalt einer großen Mandel, welche eine Anzahl kleiner Bläschen enthalten, in welchen sich die Eier erzeugen. Sobald ein Ei reif geworden ist, löst es sich vom Eierstock ab. Es wird dann in die Mutterröhre aufgenommen, welche sich über den Eierstock herstülpt und gelangt durch die Mutterröhre in die Gebärmutter. Dieser Vorgang wiederholt sich während der zeugungsfähigen Jahre (gewöhnlich vom 16ten bis 45sten Lebensjahre) alle 4 Wochen. Es findet dabei ein Blutabgang aus der Gebärmutter statt, welchen man als **monatliche Reinigung**, **Regel**, **Periode** bezeichnet.

§ 23.

Außer den Geburtstheilen enthält das Becken noch die Harnblase nebst der Harnröhre und den Mastdarm. Die Harnblase liegt nach vorn, eben über den Schambeinen und die Harnröhre läuft dicht hinter der Schamfuge herab und kommt unter dem Schambogen zum Vorschein. In der Harnblase sammelt sich der Harn, der in den Nieren bereitet wird.

Der Mastdarm liegt in der Aushöhlung des Kreuzbeins und steigt links neben dem Vorberge in die Bauchhöhle.

Anhang.

Von den weiblichen Brüsten.

§ 24.

Die Brüste bilden sich bei dem weiblichen Geschlechte mit dem Eintritt der Mannbarkeit in Gestalt von zwei Halbkugeln aus, welche an der vorderen Fläche der Brust zu beiden Seiten liegen. Die äußere Haut der Brüste ist sehr weich und zart; auf der Mitte jeder Brust erhebt sich eine röthliche, empfindliche Hervorragung, die Brustwarze. Um die Brustwarze herum ist die Haut dunkler, als an der übrigen Brust; diese Stelle wird der Warzenhof genannt. Auf demselben befinden sich zahlreiche kleine Hautdrüschen, welche in der Schwangerschaft anzuschwellen pflegen. Unter der Haut der Brüste liegen von Fett umgeben die Brustdrüsen. Jede Drüse besteht aus vielen einzelnen Lappen, welche durch tiefe, mit Fett erfüllte Gruben von einander getrennt sind. In den Brustdrüsen wird die Milch abgesondert, welche dem Kinde nach der Geburt zur ersten

Nahrung dient. Aus jeder Drüse entspringen etwa funfzehn feine Röhren, die **Milchgänge**, welche sich an der Brustwarze mit feinen Mündungen öffnen.

Zweiter Abschnitt.
Von der Schwangerschaft in ihrem regelmäßigen Verlaufe und dem Verhalten der Hebamme dabei.

Erstes Capitel.
Von der Schwangerschaft im Allgemeinen.

§ 25.

Schwangerschaft ist der Zustand einer Frau, die eine menschliche Frucht in ihrem Leibe ernährt. Sie beginnt mit der Empfängniß und dauert bis zur Geburt; in seltenen Fällen endigt sie mit dem Absterben und Zurückbleiben der Frucht im Mutterleibe.

Empfängniß nennt man den Vorgang bei einem fruchtbaren Beischlafe, durch den die Frau schwanger wird. Bei demselben dringt der männliche Same durch die Scheide, die Gebärmutter und die Mutterröhren bis zum Eierstocke. Es wird Ein Ei, selten mehre befruchtet; das befruchtete Ei geht durch die Mutterröhren in die Gebärmutter, wo es sich ansiedelt und fortwächst.

§ 26.

Man theilt die Schwangerschaften ein in regel=
mäßige und regelwidrige. Zu einer regelmäßigen
Schwangerschaft wird erfordert: 1) daß das Ei auf die eben
beschriebene Weise wirklich in die Gebärmutter gelange;
2) daß es sich hier regelmäßig und 3) bis zur völligen
Reife ausbilde; 4) daß eine solche Schwangerschaft ohne
gefährliche Zufälle für Mutter und Kind verlaufe.

Regelwidrig heißt eine Schwangerschaft: 1) wenn
das befruchtete Ei nicht in die Gebärmutter gelangt, sondern
im Eierstocke, in den Mutterröhren oder in der Bauchhöhle
sich festsetzt und hier fortwächst. Dies nennt man
Schwangerschaft außerhalb der Gebärmutter;
2) wenn das Ei nicht seine gehörige Ausbildung erhält,
sondern krankhaft entartet; dies nennt man eine Molen=
Schwangerschaft; 3) wenn die Schwangerschaft nicht
ihr gehöriges Ende erreicht; 4) wenn für das
Kind und die Mutter gefährliche Zufälle entstehen.

Die regelmäßige Schwangerschaft dauert vierzig Wochen
oder zehn Mondsmonate. Eine Molen=Schwangerschaft
dauert gewöhnlich nur einige Monate.

Eine Krankheit der Gebärmutter oder anderer Theile
bewirkt oft eine Auftreibung des Unterleibes, die den Schein
der Schwangerschaft veranlassen und die Hebamme täuschen
kann.

Je nachdem Eine Leibesfrucht oder mehre zugleich
vorhanden sind, unterscheidet man einfache und mehr=
fache Schwangerschaften. Man kennt einige Beispiele
von 5 und gar von 6 Kindern, die zugleich geboren
wurden.

Zweites Capitel.
Von der menschlichen Frucht und von dem Ei.

§. 27.

Eine menschliche Frucht nennt man jedes Kind, es mag wohlgebildet oder übelgebildet sein, so lange es sich im Mutterleibe befindet.

Die Frucht ist von gewissen Häuten umgeben, welche auch das Fruchtwasser enthalten. Die Häute mit ihrem ganzen Inhalte heißen das menschliche Ei.

§. 28.

Man unterscheidet am Ei drei Häute, nämlich die Siebhaut, die Flocken= oder Zottenhaut und die Wasserhaut.

1) Die Siebhaut hängt mit der inneren Fläche der Gebärmutter genau zusammen und ist von vielen kleinen Löchern durchbohrt. Sie ist sehr weich und beim Abgange der Frucht bleibt davon oft ein großer Theil in der Gebärmutter zurück. Sie bildet sich in der Gebärmutter selbst; die beiden anderen Häute hat das Ei schon im Eierstocke.

2) Die Flocken= oder Zottenhaut befestigt sich mit einer Menge Flocken oder Zotten, die gleich kleinen Wurzeln ihre äußere Oberfläche bedecken, in den Oeffnungen der Siebhaut. In dem dritten Monate bildet sich aus einem Theile dieser Zotten der Mutterkuchen, die übrigen aber verschwinden.

3) Die Wasserhaut ist glatt und liegt in der Zottenhaut. Sie bildet die Höhle, in welcher das Kind mit der Nabelschnur und dem Fruchtwasser enthalten ist.

§ 29.

Das wahre Fruchtwasser befindet sich in der Höhle der Wasserhaut und umgiebt die Leibesfrucht Das Fruchtwasser ist meistens weislich, trübe und von schwachem Geruch; kann aber unter gewissen Umständen und insbesondere beim Absterben der Frucht eine dunkle Farbe und einen üblen Geruch annehmen.

So lange die Frucht klein ist, ist die Menge des Fruchtwassers verhältnißmäßig groß, so daß die Frucht frei darin schwimmt; gegen das Ende der Schwangerschaft vermindert sich das Fruchtwasser so, daß das Kind nicht mehr frei darin schwimmen kann. Bei der Geburt fließt das Fruchtwasser zum Theil vor dem Kinde ab. In einigen Fällen befindet sich noch zwischen der Zottenhaut und Wassenhaut, oder zwischen dem Eie und der Gebärmutter etwas Wasser, welches dann vor der Geburt besonders abfließt. Dies ist das falsche Fruchtwasser.

§ 30.

Der Mutterkuchen entsteht erst im dritten Monate der Schwangerschaft aus den Zotten der Zottenhaut, welche an einer Stelle immer dichter werden, bis sie ein schwammiges Gewebe bilden. An den anderen Stellen verschwinden die Zotten jetzt, und hier wird die Zottenhaut ganz glatt.

Der Mutterkuchen ist mehr oder weniger rund, platt, in der Mitte dicker als am Rande und befestigt sich gewöhnlich im Körper der Gebärmutter. Zuweilen besteht der Mutterkuchen aus mehren Theilen; in seltenen Fällen sitzt er nicht im Mutterkörper, sondern im Mutterhalse oder auf dem Muttermunde fest.

Der Mutterkuchen hat eine äußere und eine innere Fläche. Die äußere Fläche ist rauh, wie ein feiner Schwamm, hängt fest an der Gebärmutter, und auf ihr bemerkt man viele Oeffnungen, in welche das Blut aus der Gebärmutter hineinfließt. Doch dringt das Blut der Mutter im Mutterkuchen nicht in die Adern des Kindes selbst ein, sondern umspült dieselben nur und fließt dann durch andere Oeffnungen wieder zur Gebärmutter zurück.

Die innere Fläche des Mutterkuchens ist glatt, von der Wasserhaut und Zottenhaut bedeckt und zeigt viele größere Adern, welche sich an der Stelle, wo die Nabelschnur festsitzt, in drei Hauptadern vereinigen.

§ 31.

Die Nabelschnur entspringt aus dem Mutterkuchen und wird aus drei Adern, nämlich zwei Pulsadern und einer Blutader gebildet; diese werden zusammen von der Wasserhaut überzogen und sind durch ein weißliches, sulziges Gewebe mit einander verbunden. Je nachdem dieses Gewebe dicker oder dünner ist, erscheint die Schnur weißer oder bläulicher von den durchschimmernden Adern.

Die Nabelschnur entspringt gewöhnlich mehr oder weniger in der Mitte des Mutterkuchens, zuweilen auch am Rande desselben; oder gar in den Häuten, indem die Adern erst einzeln eine Strecke zwischen den Häuten fortlaufen, ehe sie sich vereinigen. Beim Kinde sitzt die Nabelschnur immer am Nabel fest.

In der ersten Zeit der Schwangerschaft ist die Nabelschnur sehr kurz; allmählich wird sie länger und bei der Geburt ist sie gewöhnlich gegen eine Elle lang; wird aber zuweilen doppelt so lang, zuweilen viel kürzer gefunden. Man bemerkt an ihr oft Auftreibungen der Adern, sogenannte falsche Knoten; zuweilen ist sie wirklich zu einem wahren Knoten verschlungen.

§ 32.

Der Mutterkuchen, die Häute und der am Mutterkuchen nach der Geburt und Trennung des Kindes hängende Theil der Nabelschnur heißen zusammen die Nachgeburt.

Ein Kind im Mutterleibe kann nur so lange leben, als es durch die Nabelschnur mit dem Mutterkuchen und durch den Mutterkuchen mit der Gebärmutter in Verbindung steht. Wird die Nabelschnur zerrissen oder auch nur stark gedrückt, ehe das Kind geboren ist und athmen kann, so stirbt es sehr schnell, bisweilen schon in wenigen Minuten. Auch wenn der Mutterkuchen in der Gebärmutter andauernd so stark zusammengepreßt wird, daß das Blut nicht mehr frei in ihm fließen kann, oder wenn er sich vorzeitig in größerem Umfange von der Gebärmutter trennt, kommt das Leben des Kindes in große Gefahr.

Es fließt nämlich das Blut des Kindes durch die beiden Pulsadern der Nabelschnur zum Mutterkuchen, vertheilt sich hier in die feinsten Aederchen und fließt durch die Blutader der Nabelschnur wieder zum Kinde zurück. Im Mutterkuchen erhält es aus dem Blute der Mutter die zum Leben nöthige Erfrischung, gleich wie der geborene Mensch sein Blut durch das Athmen stets erfrischt, um zu leben.

§. 33.

Die menschliche Frucht besteht gewöhnlich in einem wohlgebildeten Kinde; es kann sich aber in dem Eie auch ein übelgebildetes Kind erzeugen; oder gar eine sogenannte Mole, d. h. eine solche Frucht, an der gar keine menschliche Bildung zu erkennen ist.

Bei der wohlgebildeten menschlichen Frucht werden Kopf und Rückgrat am frühesten sichtbar; die Gliedmaßen erscheinen erst später; daher findet man auch an früh abgegangenen Leibesfrüchten den Kopf verhältnißmäßig sehr groß, Arme und Beine hingegen klein und dünn.

Bei einer wohlgebildeten menschlichen Frucht von sechs Wochen, die etwa die Größe einer Biene hat, sieht man statt der Arme und Beine nur kleine rundliche Knoten ohne Finger und Zehen. Die Brust ist breiter als der Leib, der spitz zuläuft; die Nabelschnur setzt sich ganz am unteren Ende des Leibes fest. In der Mitte der Schwangerschaft hat die Frucht schon ihre völlige äußere Bildung, ist aber erst 9 Zoll lang und ein halbes Pfund schwer.

Ein frühzeitiges oder unreifes Kind wiegt unter 6 Pfund, ist keine 18—20 Zoll lang; es hat eine dunkelrothe Hautfarbe, Runzeln im Gesicht, magere, schwache Glieder; der Körper ist mit feinem Wollhaar bedeckt; die Nägel sind dünn, biegsam und sehr klein; die Kopfknochen weich. Bei Mädchen ragen die kleinen Schamlippen unbedeckt zwischen den großen hervor. Der Schrei solcher Kinder ist schwach, winselnd; sie öffnen selten die Augen, schlafen viel; begehren selten zu saugen und saugen schwach.

Ein zeitiges, kräftiges Kind wiegt 6 bis 8 Pfund, selten mehr; es ist 18 bis 20 Zoll lang; hat eine hellrothe Haut, keine Runzeln oder Härchen im Gesicht, runde wohlgenährte Glieder, festere Nägel, die über die Fingerspitzen hinausreichen, festere Kopfknochen. Gewöhnlich ist es mit einem weißen Schleime, dem **Kindesschleime**, überzogen und entleert bald nach der Geburt einen dunkelgrünen Brei, das sogenannte **Kindespech**. Es öffnet die Augen, hat eine kräftige Stimme, begehrt mit Schreien seine Nahrung, bewegt die Glieder und saugt kräftig.

§ 34.

Die **Lage der menschlichen Frucht** ist in der früheren Zeit der Schwangerschaft unbestimmt; erst später neigt sich der Kopf wegen der größeren Schwere nach unten, oder gegen den Mutterhals hin. Nach der ersten Hälfte der Schwangerschaft nimmt das Kind allmählich eine bestimmtere Lage an; der Kopf liegt auf dem Mutterhalse, der Rücken ist nach der Seite gewendet, häufiger nach der linken als der rechten; der Steiß und die Beine liegen im Muttergrunde. Doch kann das Kind auch mancherlei andere Lagen annehmen.

Gegen das Ende der Schwangerschaft wird der Raum in der Gebärmutter für das Kind immer beschränkter, und dasselbe kann nur in sehr zusammengebogener **Haltung** liegen. Daher ist sein Kopf auf die Brust geneigt, die Arme liegen gekreuzt vor der Brust, die Kniee sind gebogen und die Schenkel an den Leib gezogen.

§ 35.

So wie eine Hebamme das weibliche Becken genau kennen muß, so ist es auch nöthig, daß sie die Leibesfrucht, vorzüglich aber den Kopf des Kindes, genau kenne.

Der Kopf besteht aus dem **Gesichte** und dem **Schädel**. Am Schädel findet man sieben Knochen, welche man schon von außen am Kopfe des Kindes unterscheiden

kann; zwei davon liegen nach vorn und heißen die **Stirn-
beine**; sie bilden die Stirn; zwei liegen in der Mitte und
heißen die **Scheitelbeine**; einer liegt nach hinten, heißt
das **Hinterhauptsbein** und bildet das Hinterhaupt.
Die fünf Knochen haben jeder einen **Höcker** in der Mitte;
am Scheitelbeine ist derselbe am stärksten. Der Theil des
Schädels, welcher zwischen den beiden Höckern der Scheitelbeine liegt, heißt der **Scheitel**. An beiden Seiten des
Kopfes unter den Scheitelbeinen liegen die **Schläfenbeine**.

§ 36.

Nach der ersten Kindheit sind diese Knochen fest mit
einander verwachsen; bei Neugebornen aber nur durch eine
Haut mit einander verbunden, so daß ein Zwischenraum
zwischen den Knochen übrig bleibt. Wo nur zwei Knochen
an einander stoßen, nennt man diese Zwischenräume **Nähte**;
an den Stellen aber, wo mehr als zwei Knochen zusammenstoßen, heißen sie **Fontanellen**. Man unterscheidet vier
Nähte, welche nach verschiedenen Richtungen verlaufen:

1) Die **Stirnnaht** läuft von der Nase zwischen den
beiden Stirnbeinen gerade aufwärts.

2) Die **Quernaht** oder **Kranznaht** läuft zwischen
den Stirnbeinen und den Scheitelbeinen quer von einer
Schläfe zur anderen hinüber.

3) Die **Scheitelnaht** oder **Pfeilnaht** läuft der
Länge nach zwischen beiden Scheitelbeinen bis an das
Hinterhauptsbein.

4) Die **Hinterhauptsnaht** läuft zwischen den
Scheitelbeinen und dem Hinterhauptsbeine und bildet in der
Mitte einen Winkel.

Ebenso unterscheidet man vier Fontanellen; nämlich 1) die große Fontanelle, welche zwischen den Stirnbeinen und den Scheitelbeinen in der Mitte liegt. Sie hat vier Ecken, von welchen die längste und spitzeste nach der Stirn zu liegt; zu ihr laufen vier Nähte hin; 2) die kleine Fontanelle; sie liegt zwischen dem Hinterhauptsbeine und den beiden Scheitelbeinen in der Mitte, ist dreieckig, und drei Nähte laufen zu derselben hin; 3) und 4) zwei Seitenfontanellen dicht hinter den Ohren, welche die Hebamme nur deshalb sich merken muß, um sie nicht mit der kleinen Fontanelle zu verwechseln.

§. 37.

Folgende Durchmesser des Kopfes muß die Hebamme sich merken:

1) Den queren Durchmesser des Kopfes von einem Scheitelbeinhöcker zum andern; er beträgt drei und einen halben Zoll.

2) Den geraden Durchmesser von der Mitte der Stirnnaht zum Höcker des Hinterhauptes; er beträgt vier und einen halben Zoll.

3) Den schrägen oder längsten Durchmesser vom Kinn bis zur kleinen Fontanelle, er beträgt fünf Zoll und darüber.

Da die Schädelknochen nur durch Häute mit einander verbunden sind, so werden sie bei der Geburt über einander geschoben, wodurch die Durchmesser des Kopfes, namentlich der Querdurchmesser, bedeutend verkleinert werden können.

§ 38.

Die Länge des ganzen Kindes beträgt 18 bis 20 Zoll; die Breite der Schultern gegen fünf Zoll; die Breite der Hüften gegen vier Zoll.

Alle diese Angaben gelten nur für wohlgebildete, reife Kinder; frühzeitige Kinder sind in allen Stücken kleiner; durch Krankheit aber können sowohl die Durchmesser des Kopfes als auch andere Theile sehr vergrößert werden, z. B. durch Wasserkopf, Bauchwassersucht u. s. w.

Drittes Capitel.
Von den Veränderungen des weiblichen Körpers in der Schwangerschaft.

§. 39.

Die Schwangerschaft bringt in dem weiblichen Körper gewisse Veränderungen hervor, die sich vorzugsweise an den Geburtstheilen und deren Umgebung, so wie an den Brüsten, zum Theil aber auch in dem allgemeinen Befinden der Frau zu erkennen geben.

§ 40.

Nach der Empfängniß tritt der gewöhnliche, monatliche Blutfluß aus der Gebärmutter in der Regel nicht wieder ein. Die Gebärmutter schwillt an, erweicht sich; die Höhle derselben wird weiter, und es bildet sich in derselben die Siebhaut noch ehe das Ei in ihrer Höhle anlangt, was erst einige Tage nach der Empfängniß geschieht. In den ersten sieben Monaten der Schwangerschaft dehnen sich nun der Muttergrund und der Mutterkörper immer mehr zu einer großen, runden Höhle aus; erst in den drei letzten Monaten wird auch der Mutterhals allmählich ausgedehnt; doch findet man bei Erstgebärenden kurz vor der Geburt den Muttermund gewöhnlich noch verschlossen. Die Gestalt der völlig ausgedehnten Gebärmutter ist ungefähr die eines gewöhnlichen Vogeleies.

Im nichtschwangeren Zustande hat die Gebärmutter nur sehr kleine Adern; durch die Schwangerschaft aber erweitern sich dieselben außerordentlich, besonders an der Stelle, wo der Mutterkuchen sich festsetzt.

§ 41.

Durch die Untersuchung nimmt man am Unterleibe und in der Scheide während der verschiedenen Monate folgende Veränderungen wahr, die zugleich als **Zeichen der Schwangerschaft** dienen.

Nach der Empfängniß wird der Scheidentheil der Gebärmutter weicher und dicker; die Lippen des Muttermundes werden einander an Länge gleich. Den äußeren Muttermund fühlt man nicht mehr als einen Spalt, sondern als ein rundes Grübchen. Jedoch muß die Hebamme sich merken, daß auch zur Zeit des monatlichen Geblüts der Scheidentheil sich auf ähnliche Weise verändert und daß bei Frauen, die oft und schwer geboren haben, der Muttermund unregelmäßig gestaltet ist.

In den **ersten beiden Monaten** sinkt die Gebärmutter wegen ihrer Schwere etwas tiefer in's Becken herab; der Muttermund ist weniger nach hinten gerichtet und deshalb leichter zu erreichen; öfter aber auch neigt sich der Muttergrund mehr nach vorn, während der Scheidentheil nach hinten zurückweicht. Der Scheidengrund erscheint dem untersuchenden Finger fester; die Gebärmutter ist schwerer als früher zu bewegen. Der Unterleib wird in dieser Zeit über den Schambeinen noch nicht stärker, vielmehr wird er etwas platter, als vorher.

Im dritten und vierten Monate steigt die Gebärmutter allmählich wieder in die Höhe, der Muttermund ist nicht so leicht mehr zu erreichen, der Bauch wird über den Schambeinen voller, und am Ende dieser Zeit fühlt man hier die Gebärmutter äußerlich als eine härtliche Kugel. Man hört, wenn man das Ohr auf den Bauch legt, oder auch mittelst des Hörrohres den sausenden Pulsschlag der Gebärmutter oder das Gebärmuttergeräusch.

Im fünften Monate steigt der Muttergrund allmählich gegen den Nabel in die Höhe, welchen er im sechsten Monate erreicht. Der Leib dehnt sich bis zum Nabel stärker aus, der Nabel ist nach oben gerichtet und seine Grube fängt an zu verschwinden. Der Muttermund richtet sich immer mehr nach hinten.

In dieser Zeit, d. h. um die Mitte der Schwangerschaft fühlt die Mutter gewöhnlich zuerst die Bewegungen der Frucht, die auch eine geübte Hand schon äußerlich als ein leises Anstoßen wahrnehmen kann. Man hört jetzt zuerst die Herztöne des Kindes, wenn man das Ohr auf gewisse Stellen des Leibes legt.

Im siebenten Monate ist der Muttergrund etwas über dem Nabel zu fühlen und im achten steigt er gewöhnlich zwei bis drei Finger breit über denselben hinauf. Die Nabelgrube verschwindet ganz; der Nabel ist verstrichen. Der Scheidentheil des Mutterhalses fängt an sich zu verkürzen und weicht noch stärker nach hinten.

Schon vom siebenten Monate an fühlt man gewöhnlich den Kopf des Kindes im Scheidengrunde, wie eine leichte, im Wasser schwimmende Kugel. Er entfernt sich auf den leisesten Druck des Fingers und sinkt erst langsam wieder auf denselben herab. Allmählich wird er schwerer, bleibt aber im achten Monate auch noch sehr beweglich. Aeußerlich sind die Kindestheile durch den Muttergrund zu fühlen.

Im neunten Monate reicht der Muttergrund oft bis zur Mitte zwischen Nabel und Herzgrube, ja höher hinauf, und der Leib erlangt seine stärkste Ausdehnung. Der Nabel tritt wie eine flache Blase hervor; der Muttermund steht am weitesten nach hinten; der Scheidentheil der Gebärmutter wird kürzer; der vorliegende Kopf ist weniger beweglich, liegt schwer auf dem Finger; das Kind bewegt sich kräftig.

Im zehnten Monate senkt sich der Muttergrund wieder herab, sinkt mehr nach vorn über, die Spannung des Leibes nimmt ab, und die Schwangere fühlt sich erleichtert.

Bei Erstgebärenden verschwindet der Scheidentheil in diesem Monate allmählich ganz und ist kurz vor der Geburt verstrichen, oder doch nur noch als ein kurzes Zäpfchen am unteren Ende der Gebärmutter fühlbar. Der äußere Muttermund ist verschlossen oder sehr wenig geöffnet und fühlt sich als ein rundes Grübchen an. Bei Mehrgebärenden dagegen wird der Canal des Mutterhalses in der Schwangerschaft nicht gänzlich entfaltet, die Lippen des Muttermundes bleiben dick und wulstig und sind bis zur Geburt hervor=

ragend. Zwischen diesen ist der äußere Muttermund geöffnet und durch denselben kann man den inneren Muttermund erreichen, der oft schon so weit geöffnet ist, daß man die Häute des Eies dadurch fühlen kann.

Der Kindskopf steht bei Erstgebärenden oft schon jetzt im Becken, bei Mehrgebärenden häufiger noch über dem Beckeneingange; er ist schwer beweglich und kurz vor der Geburt pflegt er ganz fest zu stehen.

§ 42.

Die äußeren Geburtstheile schwellen schon im Anfange der Schwangerschaft ein wenig an, und die Mutterscheide läßt sich weicher, feuchter und wärmer anfühlen.

Während der ersten Schwangerschaft zeigen sich auf dem Leibe der Schwangeren viele röthliche Streifen, die nach der Entbindung glänzend, weiß und faltig werden, wodurch sich der Leib der Mutter von dem der Jungfrau unterscheidet. In der Mitte des Bauches bemerkt man oft eine braune Linie, die vom Nabel zur Schamfuge herabläuft.

§ 43.

Die Brüste werden in der Schwangerschaft voller und gespannter, die Brustwarzen treten hervor, der Hof um dieselben färbt sich dunkler, die kleinen Hautdrüschen auf demselben schwellen zu kleinen Knötchen an, die über die Brüste hinlaufenden Blutadern scheinen bläulich durch die weiße Haut durch. In den späteren Monaten sickert bisweilen eine milchartige Flüssigkeit aus den Warzen aus oder läßt sich mit Leichtigkeit herausdrücken.

§ 44.

Zu den auffallendsten und gewöhnlichsten Veränderungen in dem allgemeinen Befinden der Schwangeren gehört die Uebelkeit oder auch das wirkliche Erbrechen am Morgen; oft auch während des Tages. Das Erbrechen kann selbst durch seine Häufigkeit gefährlich werden. Meistens verschwindet es nach den ersten Monaten oder gegen die Mitte der Schwangerschaft, seltener dauert es bis an's Ende.

Außerdem leiden Schwangere nicht selten an Speichelfluß, Sodbrennen, Säure im Magen, Verstopfung; haben oft Widerwillen gegen einige Speisen und besondere Begierde zu anderen, oft sogar zu unverdaulichen oder widerlichen Dingen; im Ganzen einen vermehrten Appetit.

Schwangere leiden ferner oft an Andrang des Blutes zum Kopfe, daher an Kopfweh, Zahnweh, Schwindel; oder zur Brust, daher an Herzklopfen, Engbrüstigkeit; oder das Blut stockt in den unteren Körpertheilen, weil die großen Blutadern, welche dasselbe zum Herzen führen, durch die ausgedehnte Gebärmutter gedrückt werden; daher bekommen Schwangere geschwollene Beine, Kindesadern, Knoten am Mastdarm. Sie fühlen sich im Ganzen unlustig zu schwerer Arbeit und haben mehr Neigung zum Schlaf.

Ihre Gemüthsstimmung ist oft wechselnd; einige leiden an Trübsinn, Aengstlichkeit, übler Laune; andere fühlen sich wohl und leicht; einige fühlen Frost, andere Hitze. Bei manchen verschwinden alle Leiden während der Schwangerschaft, besonders Brust- und Magenleiden; bei anderen verschlimmert sich der Zustand durch die Schwangerschaft.

Auch bekommen viele Schwangere Ausschläge und Leberflecke im Gesichte.

Viertes Capitel.
Von den Zeichen und von der Zeitrechnung der Schwangerschaft.

§ 45.

Alle eben angegebenen Veränderungen dienen auch als Zeichen der Schwangerschaft. Diese Zeichen sind jedoch größtentheils ungewiß, und nur einige können als gewisse Zeichen gelten.

Die gewissen Zeichen der Schwangerschaft sind nämlich

1) die von einer geübten Hand deutlich gefühlte Bewegung des Kindes;

2) die bei äußerlicher oder innerlicher Untersuchung deutlich gefühlten Kindestheile;

3) der deutlich gehörte Herzschlag des Kindes.

Die Bewegung des Kindes fühlt man gewöhnlich äußerlich im Muttergrunde, wenn man die Hand ruhig auf die kleineren hier fühlbaren Kindestheile, die Füße, legt. Nur in den Fällen, wo die Füße auf dem Muttermunde liegen, fühlt man die Bewegung besser bei innerlicher Untersuchung. Die eigene Aussage der Schwangeren, daß sie Bewegung fühle, ist ein sehr unsicheres Zeichen, denn selbst erfahrene Frauen täuschen sich oft hierin.

Kindestheile kann die Hebamme entweder bei der äußerlichen Untersuchung durch die Bauchdecken, oder bei der innerlichen Untersuchung durch das Scheidengewölbe, bei Mehrgebärenden in den letzten Schwangerschaftswochen gewöhnlich auch durch den geöffneten Canal des Mutterhalses fühlen.

Jeder Herzschlag des Kindes ist, gleich dem Tick=Tak einer Taschenuhr, doppelt und gewöhnlich noch einmal so häufig, als bei Erwachsenen.

Alle sicheren Zeichen der Schwangerschaft können erst in der zweiten Hälfte der Schwangerschaft wahrgenommen werden; für die erste Hälfte giebt es gar kein gewisses Zeichen; eben so wenig für eine Molenschwangerschaft.

§ 46.

Die ungewissen Zeichen sind alle übrigen Ver= änderungen und Zufälle, die eben angegeben sind. Ungewiß sind sie, weil sie auch durch Krankheiten hervorgebracht werden und weil sie oft bei der Schwangerschaft fehlen. Dies gilt auch von dem Ausbleiben des monatlichen Geblüts, da es oft in Folge von Krankheit ausbleiben, oft in der Schwanger= schaft sich noch wiederholt einstellen kann, von dem Anschwellen der Brüste, der Auftreibung des Leibes, den Veränderungen des Mutterhalses; denn Wassersucht, Anschwellung der Eier= stöcke und Krankheiten der Gebärmutter können hier leicht täuschen. Es ist also Pflicht der Hebamme, besonders in Fällen, wo der Ruf einer Person auf dem Spiele steht, oder die Obrigkeit ihre Aussage verlangt, sehr vorsichtig in ihrem Urtheile zu sein; sich nur auf die gewissen Zeichen zu verlassen; in allen zweifelhaften Fällen aber die Zuziehung eines Arztes zu verlangen.

§ 47.

Um die Dauer der Schwangerschaft zu berechnen, muß man von dem Zeitpuncte anfangen, wo das monatliche Geblüt sich zum letzten Male zeigte. Von dieser Zeit an rechnet man

10 Mondsmonate oder 40 Wochen oder 280 Tage bis zur
Geburt. In gewöhnlichen Kalender-Monaten macht dies
9 Monate und 6 Tage. Bei Erstgebärenden tritt die Geburt
oft einige Tage früher ein; eben dies geschieht bei Zwillingen.

Wenn die Schwangeren die Zeit ihres letzten monatlichen
Geblüts nicht wissen, oder dasselbe sich noch in der Schwangerschaft gezeigt hat, so rechnet man von der ersten fühlbaren
Bewegung des Kindes, welche um die zwanzigste Woche eintritt; man rechnet also um 20 Wochen oder 140 Tage weiter
bis zur Geburt. Diese Rechnung ist aber weniger sicher.

In den letzten Monaten bestimmt man die Zeit der zu
erwartenden Geburt, wenn andere Zeichen fehlen, nach der
Beschaffenheit des Bauches, des Mutterhalses und Muttermundes und dem festen Stande des Kindeskopfes, wie diese
oben angegeben sind.

Fünftes Capitel.
Von der Unterscheidung der ersten und der wiederholten Schwangerschaft.

Ob eine Person zum ersten Male schwanger ist, oder schon
früher geboren hat, erkennt die Hebamme an folgenden Zeichen.

Bei einer Erstgeschwängerten ist die Haut des
Bauches straff gespannt und zeigt gegen Ende der Schwangerschaft häufig strahlige, rothe Streifen, die von Einrissen
herrühren. Bei Mehrgebärenden dagegen sind die
Bauchdecken schlaff, faltig und lassen besser die Gebärmutter
durchfühlen; die früher ausgebildeten Streifen sind jetzt als
glänzende, weiße Narben zu erkennen.

Bei Mehrgebärenden klafft die Schamspalte weiter, das
Schamlippenbändchen fehlt, die kleinen Schamlippen treten

weiter zwischen den großen hervor, die Scheide ist glatter
und weiter, der Scheidentheil hat nicht die feste Beschaffenheit
und rundliche zapfenförmige Gestalt, wie bei Erstgebärenden,
sondern er ist weicher und unten gleich breit oder breiter als
oben, der Gang des Mutterhalses klafft und man kann in
den letzten Schwangerschaftsmonaten den Finger eine Strecke
weit in denselben einführen. Am Muttermunde fühlt man
kleine Unebenheiten, die Ueberbleibsel von Einrissen, welche
unter der früheren Geburt zu Stande gekommen waren.

Die Brüste sind bei **Erstgebärenden** straffer, die
Haut über denselben gespannt und zeigt bisweilen gegen
Ende der Schwangerschaft strahlige rothe Streifen, gleichwie
die Bauchhaut, die Brustwarze steht nur wenig hervor, der
Warzenhof ist heller gefärbt. Bei **Mehrgebärenden** und
namentlich bei solchen, die früher gestillt haben, sind die
Brüste schlaffer, hängen mehr herunter, die Warze steht
weiter vor, der Warzenhof zeigt eine dunklere Farbe.

Die Unterscheidung, ob die Hebamme eine Erst= oder
eine Mehrgebärende vor sich hat, kann schwer werden, wenn
schon längere Zeit seit der letzten Geburt verstrichen war,
denn es verwischen sich im Lauf der Zeit die Zeichen der
überstandenen Geburt. Dagegen wird die Hebamme es leicht
erkennen, wenn die letzte Niederkunft sich erst vor kurzer
Zeit ereignet hatte.

Sechstes Capitel.
Von der geburtshülflichen Untersuchung.

§ 48.

Durch die Untersuchung soll sich die Hebamme über die
Verhältnisse der Schwangerschaft, der Geburt und des

Wochenbetts, nicht selten auch über krankhafte Zustände der weiblichen Geschlechtstheile außerhalb der Schwangerschaft unterrichten. Die Untersuchung ist der wichtigste und schwierigste Theil der Hebammenkunst und erfordert eine große und immer fortgesetzte Uebung.

Die Untersuchung geschieht sowohl **äußerlich** als **innerlich**.

§ 49.

Eine **Besichtigung** des Unterleibes und der äußeren Geschlechtstheile ist selten nothwendig. Dagegen besichtigt man die Brüste, um namentlich die Beschaffenheit der Warzen und des Warzenhofes und der aus den Warzen aussickernden Flüssigkeit kennen zu lernen.

§ 50.

Die **Betastung** des Unterleibes, die man auch wohl schlechthin die äußere Untersuchung nennt, darf niemals versäumt werden. Man giebt der Frau hierzu am besten eine Rückenlage, weil im Stehen die Bauchdecken durch die vorübersinkende Gebärmutter zu sehr gespannt werden. Es ist nicht nöthig, daß die Hand die Theile unmittelbar berühre, vielmehr können sie mit dem Hemde oder einem dünnen Tuche bedeckt bleiben; jede Entblößung ist sorgfältig zu vermeiden. Die Hebamme erforscht so durch aufmerksames Befühlen mit den flach aufgelegten Händen

1) den äußeren Umfang des Beckens, die Breite und Wölbung der Hüften, die Einbiegung der Kreuzgegend;
2) die Ausdehnung des Leibes, die Stellung und Gestalt des Nabels;
3) die Größe, Gestalt und Lage der Gebärmutter;

4) die Dicke, Spannung, Härte oder Weichheit der Gebärmutterwandungen;
5) die Größe, Lage und Bewegung der Frucht;
6) die ungefähre Menge des neben der Frucht in der Gebärmutter enthaltenen Fruchtwassers;
7) das Verhalten der Nachbarorgane, der Harnblase, der Gedärme.

§ 51.

Einen wichtigen Theil der äußeren Untersuchung bildet die Untersuchung des Unterleibes durch das Gehör. Die Hebamme kann sich zu dem Ende eines Hörrohrs bedienen, oder das Ohr selbst auf den Bauch legen. Vom vierten bis fünften Schwangerschaftsmonate an vernimmt sie das Gebärmuttergeräusch, oder den sausenden Pulsschlag der Gebärmutter, am häufigsten in der einen oder der anderen Weichengegend; etwas später, in der zweiten Hälfte der Schwangerschaft, den Herzschlag des Kindes, am lautesten gewöhnlich da, wo die Rückenfläche des kindlichen Brustkastens der vorderen Bauchwand am nächsten liegt. Unter der Geburt werden die Herztöne während jeder Wehe schwächer und meist auch seltener und, wenn die Zusammenziehung der Gebärmutter den höchsten Grad erreicht, oft gar nicht mehr gehört; auch das Gebärmuttergeräusch pflegt unter der Wehe zu verschwinden.

§ 52.

Die innere Untersuchung kann bei gesunden Schwangeren füglich im Stehen vorgenommen werden; Gebärende, Entbundene und Kranke werden am besten in der Rückenlage mit angezogenen Schenkeln und etwas wenig erhöhetem Kreuze untersucht. Die Hebamme führt den mit

Fett bestrichenen Zeigefinger vom Damme aus zwischen den Schamlippen durch in die Mutterscheide und läßt ihn in der Richtung der Mittellinie des Beckens allmählig höher hinaufgleiten. Wo sie mit einem Finger nicht weit genug hinaufreichen kann, darf sie den Zeige= und Mittelfinger gebrauchen. Die Untersuchung mit vier Finger oder der ganzen Hand ist selten nothwendig; die Hebamme bedient sich ihrer nur, wenn sie mit einem oder zwei Fingern nicht ausreicht, um eine regelwidrige Kindeslage genau zu erkennen, oder wo es darauf ankommt, sich über die Größe des Beckenraums bestimmter zu unterrichten. Sie legt alsdann die Hand und die Finger kegelförmig zusammen, bestreicht sie äußerlich mit Fett, bringt sie, nachdem sie die Schamlippen von einander entfernt hat, langsam drehend durch die Schamspalte ein und schiebt sie in der angegebenen Richtung, den Rücken der Hand der Kreuzbeinhöhlung zugewandt, in drehender Bewegung allmählig höher hinauf. Bei der inneren Untersuchung hat die Hebamme vorzugsweise zu beachten:

1) die Richtung und die Beschaffenheit der äußeren weichen Geburtstheile;
2) die Beschaffenheit der Mutterscheide;
3) die Beschaffenheit des Scheidentheils; den Stand, die Weite und die Dehnbarkeit des Muttermundes, die Durchgängigkeit des Mutterhalscanales, seine Länge, Weite und Dehnbarkeit;
4) die Beschaffenheit der Eihäute;
5) Die Beschaffenheit des vorliegenden Kindestheils und sein Verhältniß zum Becken;
6) Die Gestalt und Größe des Beckenraumes.

Sehr oft ist es von besonderem Nutzen, zugleich mit der einen Hand äußerlich, mit der anderen innerlich zu untersuchen, z. B. um die Ausdehnung der Gebärmutter in den ersten Monaten der Schwangerschaft zu erforschen. Hierzu muß die Frau allemal die Rückenlage einnehmen.

Die Hebamme muß mit einer Hand so gut, wie mit der anderen untersuchen können. Damit ihre Hände zur Untersuchung geschickt seien, muß sie sie nicht durch schwere Arbeit hart und steif machen, dieselben vor Verletzungen bewahren, sehr rein halten und die Nägel rund, doch nicht allzu kurz schneiden. Die untersuchende Hand darf niemals kalt sein.

Siebentes Kapitel.

Von dem Verhalten der Hebamme bei der regelmäßigen Schwangerschaft.

§ 53.

Die Schwangerschaft ist zwar nicht als eine Krankheit anzusehen, doch können die Veränderungen, welche sie im Körper hervorbringt, bisweilen einen solchen Grad erreichen, daß sie krankhaft werden. Ueberdies ist Manches einer Schwangeren schädlich, was außer der Schwangerschaft keinen nachtheiligen Einfluß auf ihre Gesundheit gehabt haben würde.

Die Hebamme ist deshalb verpflichtet, den Schwangeren, welche sich ihrer Fürsorge anvertraut haben, dasjenige anzurathen, was ihrem Zustande angemessen ist und sie von Allem zurückzuhalten, was ihnen Schaden bringen kann.

§ 54.

Im Allgemeinen soll eine Schwangere ihre gewohnte Lebensweise, wenn sie nicht gerade gesundheitswidrig ist, beibehalten, nur jedes Uebermaß vermeiden.

Schwer verdaulicher, blähender Speisen muß eine Schwangere sich ganz enthalten. Erhitzende Getränke, wie Bairisches Bier, Wein, starcken Caffe darf sie nur mit Vorsicht, Branntwein gar nicht genießen. In den letzten Monaten der Schwangerschaft muß sie sich hüten, namentlich des Abends, zu viel auf einmal zu essen.

Sehr wichtig ist die Sorge für tägliche Leibes= öffnung. Die Schwangere muß suchen, sich an eine regelmäßige Ordnung in dieser Verrichtung zu gewöhnen. Zur Beförderung derselben empfehle ihr die Hebamme: Abends und Morgens ein Glas kalten Wassers zu trinken, ferner den Genuß von gekochtem Obst, Honigkuchen ꝛc. Reichen diese Mittel nicht aus, so gebe sie ihr ein Klystier von lauem Wasser.

Abführende Arzeneien zu verordnen ist der Hebamme nicht erlaubt, vielmehr muß sie dies dem Arzte überlassen.

Den Harn soll eine Schwangere so oft lassen, als sie den Drang dazu fühlt; diese Regel ist besondes während der ersten drei Monate sorgfältig zu beachten.

Die Kleidung einer Schwangeren muß so eingerichtet sein, daß sie nicht durch enges Anliegen oder lästigen Druck die freie Ausdehnung des Bauches und der Brüste ver= hindert, noch auch den Blutlauf in den unteren Körper= theilen erschwert. Schwangere dürfen sich daher nur lose schnüren und müssen jedenfalls nach dem dritten Monate die Stange aus dem Schnürleib entfernen; die Röcke sollen nicht zu schwer sein und nicht über den Hüften gebunden, sondern durch Achselbänder getragen werden, die Strumpfbänder nicht zu fest gebunden sein. In der späteren Zeit der Schwangerschaft müssen Schenkel, Geburtstheile und Unterleib durch hinlänglich weite Beinkleider gegen Erkältung geschützt werden. Mehrgebärenden ist nach dem sechsten Monate das Tragen einer breiten, zweckmäßig eingerichteten Leibbinde sehr zu empfehlen; ganz unerläßlich ist dasselbe, wo ein Hängebauch vorhanden ist.

Die Reinlichkeit trägt überhaupt und vorzugsweise bei Schwangeren viel zur Erhaltung der Gesundheit bei. Die Haut der Brüste, der Schenkel und des Unterleibes muß oft gewaschen werden, die Geschlechtstheile täglich wenigstens einmal, Alles mit kaltem, frischem Waßer. Ueber den Gebrauch allgemeiner Bäder entscheidet der Arzt. Fußbäder sind zu widerrathen.

So viel wie möglich mache sich die Schwangere täglich mäßige Bewegung in freier Luft, sitze nicht zu lange und anhaltend und vermeide alle starken Anstrengungen durch Laufen, Tragen, Springen, Heben schwerer Lasten, Fahren auf holperigen Wegen ꝛc.

Der Beischlaf darf in der Schwangerschaft nur mäßig und mit Vorsicht ausgeübt werden. Am schädlichsten ist er in den ersten Monaten der Schwangerschaft und zu den Zeiten, wo das Monatliche hätte wieder erscheinen sollen. Frauen, die eine Fehlgeburt erlitten haben, müssen sich desselben gänzlich enthalten.

Vor heftigen Gemüthsbewegungen, durch Schreck, Aerger, Zorn suche eine Schwangere sich so viel als möglich zu bewahren. Viele Frauen sind gegen das Ende der

Schwangerschaft zur Traurigkeit geneigt und glauben ihre
Niederkunft nicht überstehen zu können. In solchen Fällen
muß die Hebamme sich bemühen, durch freundlichen Zuspruch
das Gemüth der Schwangeren zu beruhigen und aufzuheitern
und ihr Muth, Hoffnung und Zuversicht einzuflößen.

Beabsichtigt eine Schwangere, ihr Kind demnächst selbst
zu stillen, so muß sie die Brustwarzen sehr rein halten,
sie öfter mit kaltem Seifenwasser waschen und in den letzten
Schwangerschaftsmonaten Morgens und Abends mit Franz=
branntwein oder einer Abkochung von Eichenrinde befeuchten,
um den Schrunden und dem Durchsaugen derselben im
Wochenbette vorzubeugen. Stehen die Brustwarzen nicht
gehörig hervor, so empfehle die Hebamme der Schwangeren,
sie in den letzten Wochen der Schwangerschaft täglich mehr=
mals mit den Fingern oder einem Saugglase behutsam
hervorzuziehen.

Dritter Abschnitt.

Von der regelmäßigen Geburt und dem Verhalten der Hebamme dabei.

Erstes Kapitel.

Von der Geburt im Allgemeinen.

§ 55.

Die Geburt ist der Vorgang bei einer Schwangeren,
durch den die Frucht und die Nachgeburt vermittelst der
dazu bestimmten Naturkräfte aus dem Mutterleibe ausgetrieben

werden. Wenn die Geburt allein durch die eigenen Kräfte der Gebärenden beendigt wird, so nennt man es eine **natürliche Geburt**; ist zur Beendigung derselben aber künstliche Hülfe erforderlich, so heißt es eine **künstliche Entbindung**.

Man kann die Geburten aus verschiedenen Rücksichten sehr verschieden eintheilen; doch genügt es für die Hebamme, sich die folgenden Eintheilungen einzuprägen.

§ 56.

Mit Rücksicht auf den verschiedenen Zeitraum der Schwangerschaft, in welchem die Geburten eintreten, theilt man sie in unzeitige, frühzeitige, zeitige und überzeitige.

1) Die **unzeitige Geburt** ist der Abgang einer Leibesfrucht in den ersten sieben Mondsmonaten der Schwangerschaft. Fast nie gelingt es, eine so früh abgehende Frucht am Leben zu erhalten. Geschieht dieser Abgang vor dem fünften Monate, so kommt gewöhnlich das ganze Ei auf einmal zur Welt, ohne daß die Häute zerreißen. Dies nennt man einen **Umschlag**.

2) Die **frühzeitige Geburt** ist der Abgang einer Leibesfrucht vom Anfange des achten bis gegen die Mitte des zehnten Mondsmonats der Schwangerschaft. Bei dieser kann das Kind, wenn sonst die Umstände günstig sind, mit guter Pflege am Leben erhalten werden.

3) Die **zeitige Geburt** tritt am Ende des zehnten Monats, d. h. zum regelmäßigen Zeitpuncte ein.

4) **Ueberzeitige Geburten** nennt man solche, die nach dem zehnten Monate oder der vierzigsten Woche eintreten. Sie sind selten und gemeinlich liegt ein Irrthum

in der Rechnung zum Grunde, wenn Personen über zehn Monate schwanger zu sein behaupten. Doch giebt es einige Fälle, wo Frauen fast ein Jahr lang eine lebende Frucht im Leibe getragen haben.

§ 57.

Nach der Art des Herganges theilt man die Geburten in regelmäßige und in regelwidrige oder unregelmäßige. Regelmäßige Geburten sind diejenigen, welche auf die Weise erfolgen, die der Erfahrung gemäß am häufigsten vorkommt. Regelwidrige Geburten sind diejenigen, die in irgend einer Beziehung von der Regel, nämlich von der gewöhnlichen Hergangsweise abweichen. Bei diesen müssen die Verhältnisse sehr günstig sein, wenn sie ohne Gefahr oder Schaden für Mutter und Kind durch die Kräfte der Natur beendigt werden sollen.

Mit Rücksicht auf die geringere oder größere Gefahr, die mit einer Geburt verbunden ist, nennt man dieselbe entweder gesundheitgemäß oder fehlerhaft. Diese Eintheilung ist für eine Hebamme die wichtigste, da sie nach derselben zu entscheiden hat, ob die Hülfe eines Geburtshelfers nöthig sei, oder nicht.

Eine gesundheitgemäße Geburt ist eine solche, bei der das Kind und die Nachgeburt ohne Nachtheil und besondere Gefahr für Mutter und Kind durch die dazu bestimmten Naturkräfte allein geboren werden. Auch regelwidrige Geburten, z. B. Gesichts-, Steiß- und Fußgeburten, können unter günstigen Verhältnissen gesundheitgemäß verlaufen. Da aber bei jeder Geburt, sie mag bisher so glücklich verlaufen sein als möglich, doch jeden Augenblick unvorhergesehene üble Zufälle eintreten können, so ist es nie möglich, vor dem Ende der Geburt zu wissen, ob dieselbe völlig gesundheitgemäß sein werde, oder nicht. Doch darf die Hebamme hoffen, daß die Geburt gesundheitgemäß verlaufen werde, wenn 1) die Geburt zur rechten Zeit eintritt; 2) die Frau gesund und kräftig ist; 3) die Geburtstheile von regelmäßiger Weite und Beschaffenheit sind; 4) das Kind eine regelmäßige Lage hat; 5) sich die Wehen regelmäßig einstellen; 6) die Frau früher glücklich geboren hat.

Fehlerhaft ist die Geburt, wenn dieselbe durch die Kräfte der Gebärenden entweder gar nicht, oder doch nicht ohne größere Gefahr oder Schaden für Mutter oder Kind vollendet werden kann. Die Hebamme muß eine fehlerhafte Geburt erwarten, wenn die oben bei der gesundheitgemäßen Geburt angegebenen Umstände sich nicht vorfinden.

Zweites Capitel.
Von den austreibenden Kräften oder der Geburtsthätigkeit.

§. 58.

Die Kräfte, durch welche die Frucht nebst den zu ihr gehörigen Theilen ausgetrieben wird, sind vorzugsweise die mit Schmerz verbundenen Zusammenziehungen der Gebärmutter oder die Wehen, welche gegen das Ende der Geburt durch die Zusammenziehungen der Mutterscheide, so wie der Bauch= und Becken=muskeln unterstützt werden.

§ 59.

Die Zusammenziehungen der Gebärmutter sind unwillkürlich; sie erfolgen in Zwischenräumen, die al=

mählich kürzer zu werden pflegen; sie sind am stärksten im Muttergrunde und gehen von hier anfangend zum Mutterhalse herab; sie drücken auf diese Weise das Ei zusammen, drängen es gegen den Muttermund an, der dadurch gespannt und mehr und mehr erweitert wird, und treiben endlich, wenn die Eihäute unter dem Drucke zerreißen, zuerst einen Theil des Fruchtwassers, dann die Frucht mit dem noch übrigen Fruchtwasser und zuletzt den Mutterkuchen mit den Eihäuten durch die Geburtswege hervor.

Diese Zusammerziehungen der Gebärmutter heißen Wehen, weil sie mit Schmerzen verbunden sind. Die Schmerzen fangen meistens in der Lendengegend und im Kreuze an, und ziehen sich nach vorn zu der unteren Bauch= und Schooßgegend und zuweilen bis zu den Schenkeln herab. Von anderen Schmerzen unterscheidet man sie leicht durch die äußere Untersuchung; denn während der Wehe wird die Gebärmutter ganz hart, bleibt so, bis die Wehe völlig vorüber ist und wird dann allmählich wieder weich. Bei anderen Schmerzen fühlt man ein solches Hartwerden der Gebärmutter nicht, und wenn sie daher auch sonst viel Aehnlichkeit mit den Wehen haben, wie manche Koliken, und selbst zwischen den Wehen der Geburt sich zeigen sollten, so unterscheidet man sie doch sicher an diesem einen Zeichen.

Die gewöhnlichen Schmerzen der Geburt entstehen zum Theil von der Zusammenziehung der Gebärmutter selbst, vor= zugsweise aber von der Spannung und Erweiterung des Muttermundes, der Mutterscheide und der äußeren Geburts= theile. Ungewöhnliche Schmerzen stellen sich ein, wenn die Geburtswege zu eng sind; wenn das Kind eine regelwidrige Lage hat; wenn die Wehen regelwidrig sind u. s. w.

Gegen das Ende der Geburt kann die Gebärende durch ein Drängen nach unten, als wollte sie ihre Nothdurft verrichten, die Wirkung der Wehen etwas verstärken. Zu diesem Drängen fühlen die Gebärenden meistens einen so starken Trieb, daß sie es mit Anstrengung des ganzen Körpers ausführen, weshalb man es das **Verarbeiten der Wehen** oder das **Mitarbeiten** nennt.

§ 60.

Die Wehen sind entweder regelmäßig, oder regelwidrig. Die regelmäßigen Wehen fördern die Geburt, indem sich bei denselben der Muttergrund stärker und anhaltender zusammenzieht, als irgend ein anderer Theil der Gebärmutter und das Kind gegen die Geburtswege antreibt. Doch kann auch bei regelmäßigen Wehen die Geburt zuweilen lange verzögert, ja gänzlich gehemmt werden, wenn der Austritt des Kindes durch ein enges Becken, durch eine regelwidrige Lage u. dergl. m. erschwert wird.

Die Hebamme erkennt die regelmäßigen Wehen an ihrer guten Wirkung, die indeß, wie eben gesagt wurde, zuweilen fehlen oder sich verzögern kann. Deshalb reicht dieses Zeichen allein nicht hin, und die Hebamme muß folgende Merkmale einer regelmäßigen Wehe zu Hülfe nehmen.

1) Bei der äußeren Untersuchung zeigt sich im Anfange der Wehe nur der Muttergrund, später erst die übrige Gebärmutter gleichmäßig gespannt und hart; beim Nachlaß der Wehe verschwindet diese Härte wieder in allen Theilen der Gebärmutter.

2) Die Gebärmutter behält ihre regelmäßige eiförmige Gestalt und zeigt bei mäßigem Druck während der Wehe wenig, außer der Wehe gar keine Empfindlichkeit.

3) Außerdem sind die Geburtsschmerzen nicht übermäßig stark, zeigen sich vorzüglich in der Beckengegend, sind von kurzer Dauer und auf dieselben folgt eine längere schmerzensfreie Zwischenzeit.

Regelwidrige Wehen sind entweder zu stark, oder zu schwach; zu lange oder zu kurz andauernd; zu häufig oder zu selten wiederkehrend; oder sie sind zu schmerzhaft; oder es ziehen sich die unteren Theile der Gebärmutter stärker und anhaltender zusammen, als der Muttergrund.

Drittes Capitel.

Von der regelmäßigen Stellung des Kindes zur Geburt und seinem Durchgange durch das Becken.

§ 61.

Eine der nothwendigsten Bedingungen zu einer gesundheitgemäßen Geburt ist die **gute Lage des Kindes**.

Es kann nämlich ein zeitiges Kind mit der Hauptmasse seines Körpers, d. h. dem Kopfe und Rumpfe nur der Länge nach durch die Geburtswege gehen, mithin muß es mit dem Kopfe oder mit dem Steiße vorankommen. Der Kopf stellt sich entweder mit dem Schädel oder mit dem Gesichte; der Steiß allein oder mit vorangehenden Füßen zur Geburt, und man unterscheidet demnach **Schädel-, Gesichts-, Steiß- und Fußlagen**. Bei **jeder** dieser Kindeslagen kann die Geburt unter übrigens **günstigen** Verhältnissen gesundheitsgemäß verlaufen. Jedoch ist die Schädellage die beste und auch die häufigste von allen und muß daher als die regelmäßige Lage des Kindes angesehen werden.

§ 62.

Bei den Schädellagen hat die Frucht ihre regelmäßige, nach vorn zusammengebogene Haltung, der Kopf ist gegen die Brust geneigt. Die Hebamme kann eine Schädellage vermuthen, wenn sie bei der äußeren Untersuchung findet, daß die Gebärmutter eine regelmäßige, eiförmige Gestalt hat, wenn sie im Grunde derselben einen größeren, eckigen, schwer beweglichen Kindestheil (den Steiß) und daneben kleine Kindestheile (die Füße) fühlt, und wenn sie den Herzschlag des Kindes am deutlichsten links oder rechts unterhalb des Nabels hört. Bei der inneren Untersuchung erkennt sie die Schädellage an der Größe, Härte, Glätte und Rundung des vorliegenden Kindestheils, der, wenn er noch über dem Beckeneingange liegt, gewöhnlich sehr beweglich ist, und an dem sie, wenn er tiefer steht, durch den geöffneten Muttermund, bisweilen selbst schon durch das Scheidengewölbe eine Naht oder eine Fontanelle unterscheiden kann.

§ 63.

Es giebt zwei Arten regelmäßiger Schädellagen.

Bei der ersten Schädellage sind Rücken und Hinterhaupt des Kindes nach der linken Seite der Mutter gewandt, Steiß und Füße fühlt man gewöhnlich rechts im Muttergrunde, wo auch die Schwangere selbst die Bewegungen des Kindes am lebhaftesten zu empfinden pflegt; vom Steiße aus läßt sich meistens der Rumpf des Kindes nach links herunter verfolgen, die Herztöne desselben werden am deutlichsten in der linken Unterbauchgegend der Schwangeren gehört. Der Kopf des Kindes tritt mit dem Scheitel voran in der Weise in den Eingang des Beckens, daß der gerade Durch=

messer des Kopfes sich in den queren Durchmesser des Beckens stellt.

Der untersuchende Finger stößt zunächst auf das nach vorn gelegene rechte Scheitelbein, welches etwas tiefer liegt, als das linke. Ueber das rechte Scheitelbein gelangt der Finger in gerader Richtung nach hinten zur Pfeilnaht, die gewöhnlich etwas hinter der Mittellinie im Querdurchmesser des Beckens verläuft. Längs der Pfeilnaht hingleitend trifft der Finger nach links auf die kleine, nach rechts auf die große Fontanelle. Bisweilen sind beide Fontanellen gleich leicht zu erreichen, öfters steht die eine tiefer, als die andere und im Anfange der Geburt ist oft nur eine derselben fühlbar. Gewöhnlich ist das Hinterhaupt gerade zur Seite gerichtet, bisweilen aber auch ein wenig mehr nach vorn, seltener mehr nach hinten, so daß die Pfeilnaht in mehr schräger Richtung das Becken durchschneidet.

Beim weiteren Vorrücken des Kopfes senkt sich zuerst das Hinterhaupt tiefer herab und dreht sich dann allmälich nach vorn. Ist der Kopf bis in die Mitte der Beckenhöhle vorgedrungen, so findet man das Hinterhaupt dem linken eirunden Loche und die Stirn dem rechten Sitzbeinausschnitt zugekehrt, die Pfeilnaht verläuft im ersten schrägen Durch=messer des Beckens. Je mehr der Kopf sich dem Ausgange des Beckens nähert, um so mehr dreht sich das Hinterhaupt von links nach vorn, während die Stirn von rechts her nach hinten in die Aushöhlung des Kreuzbeins gleitet; die Pfeilnaht verläuft dann beinahe im geraden Durchmesser des Beckens. Nun wird das Hinterhaupt von links her unter dem Schambogen bis zum Nacken herausgetrieben, und während dieser sich unter der Schamfuge anstemmt, das Vorderhaupt immer tiefer herabgedrängt, bis endlich Stirn und Gesicht über den Damm hervortreten.

Nach dem Austritt des Kopfes findet man die Schultern bereits in den Querdurchmesser des Beckeneinganges eingetreten. Beim weiteren Durchgange werden sie, wie der Kopf, durch den schrägen Durchmesser des Beckens dem geraden zugetrieben, wobei das Gesicht des Kindes sich nach dem rechten Schenkel der Mutter wendet. Die rechte Schulter wird von rechts her unter dem Schambogen hervorgeschoben, während die linke von links her über den Damm tritt, worauf auch der übrige Körper in derselben Richtung geboren wird.

§. 64.

Bei der zweiten Schädellage verhält sich Alles umgekehrt. Rücken und Hinterhaupt des Kindes sind nach der rechten Seite der Mutter gewandt; Steiß und Füße liegen links im Muttergrunde, der Rumpf läßt sich von hier nach rechts herunter verfolgen, die Herztöne sind in der rechten Unterbauchgegend der Schwangeren am deutlichsten zu hören; das nach vorn gelegene linke Scheitelbein steht am tiefsten, die kleine Fontanelle nach rechts, die große nach links.

Im Anfange der Geburt ist das Hinterhaupt gewöhnlich etwas mehr nach hinten gerichtet, so daß die Pfeilnaht im ersten schrägen Durchmesser des Beckeneingangs verläuft. Im weiteren Verlaufe dreht sich das Hinterhaupt von rechts nach vorn, die Pfeilnaht tritt aus dem ersten schrägen in den queren, aus diesem in den zweiten schrägen Durchmesser des Beckens und nähert sich im Beckenausgange dem geraden;

beim Durchgange der Schultern wendet sich das Gesicht nach dem linken Schenkel der Mutter, die linke Schulter wird von links her unter dem Schambogen vorgetrieben, während die rechte von rechts her über den Damm tritt.

Die zweite Schädellage kommt etwas seltener vor, als die erste. Sie ist im Allgemeinen deshalb nicht so günstig für die Geburt, weil der an der linken Kreuzdarmbeinfuge herabsteigende Mastdarm die Drehung des Kopfes bisweilen erschwert, besonders, wenn der Mastdarm mit Koth ange= füllt ist.

§ 65.

Warum der Kopf in der angegebenen Weise durch das Becken gehen muß, wird die Hebamme begreifen, wenn sie auf folgendes achtet:

Bei der zusammengedrückten Haltung des Kindes in der Gebärmutter kommt der Scheitel von selbst auf den Muttermund zu liegen. Der gerade Durchmesser des Kopfes ist $4\frac{1}{2}$ Zoll lang, kann daher nicht in den geraden Durch= messer des Beckeneinganges treten; deshalb tritt der Kopf in querer oder in schräger Stellung ein. In der Becken= höhle aber findet der gerade Durchmesser des Kopfes nur im geraden Durchmesser des Beckens Platz; deshalb dreht sich der Kopf in der Beckenhöhle. Der gerade Durchmesser des Beckenausganges ist wieder kleiner als der gerade Durchmesser der Beckenhöhle, deshalb muß das Hinterhaupt zuerst so weit als möglich aus dem Becken heraustreten, damit Scheitel und Gesicht folgen können.

Viertes Capitel.
Von dem Verlaufe der Geburt und den Geburtszeiten.

§ 66.

In dem Verlaufe jeder regelmäßigen Geburt ereignen sich gewisse sehr bemerkbare Umstände in so bestimmter Folge nach einander, daß man hiernach verschiedene Geburtszeiten festsetzen kann.

Es sind dieser Geburtszeiten drei.

§ 67.

Zu Anfang der ersten Geburtszeit bemerkt man eine Senkung des Gebärmuttergrundes, welcher nun noch tiefer steht als in der Mitte des zehnten Monats; ferner eine gewisse Bangigkeit und Unruhe der Schwangeren; einen öfteren Drang zum Harnlassen; stärkeren Abgang von Schleim aus den Geburtstheilen; größere Wärme und Anschwellung der Scheide. Der Mutterhals wird völlig entfaltet und der Rand des Muttermundes dünn und gespannt; man sagt: der Mutterhals ist verstrichen; es öffnet sich der Muttermund in runder Gestalt bis zur Weite eines Zolles und man fühlt die Häute in demselben.

Diese ersten Wehen werden vorhersagende Wehen genannt; die Frau empfindet dabei ein unangenehmes Ziehen vom Kreuze bis nach den Schambeinen, während dessen sie nicht gut gehen oder sprechen kann. Diese Wehen kommen zuerst selten, nach und nach aber immer öfter wieder und halten mehrere Stunden, bei Erstgebärenden oft zwölf bis achtzehn Stunden an. Jede dieser Wehen ist nur von kurzer Dauer.

Der Kopf des Kindes ist im Beckeneingange fühlbar; selten steht er schon tiefer im Becken; zuweilen aber selbst bei gutem Becken so hoch, daß man ihn nicht erreichen kann.

§ 68.

Bei beginnender Erweiterung des Muttermundes wird der abgehende Schleim mit etwas Blut gefärbt: (es zeichnet), welches von der Loslösung der Häute vom Mutterhalse, auch wohl von kleinen Einrissen des immer mehr sich öffnenden Muttermundes herkommt. Die Häute des Eies treten während der Wehen allmählich durch den Muttermund hervor; zuerst nur sehr flach, bei den folgenden Wehen aber immer tiefer herabdrängend und sich stärker anspannend. So wie die Wehe vorüber ist, läßt auch die Spannung wieder nach, und man fühlt dann durch die Häute den Kopf des Kindes.

So vergrößert sich die Oeffnung des Muttermundes allmählich bis zu zwei Zoll Durchmesser, die Häute treten immer mehr durch den Muttermund hervor; man sagt dann: die Fruchtblase stellt sich; später erweitert sich der Muttermund bis zu drei Zoll Weite; die Fruchtblase von der Größe eines halben Gänseeies bleibt auch außer der Wehe gespannt; man sagt dann: die Fruchtblase ist springfertig. Endlich reißen während einer Wehe die Häute ein, und der Theil des Fruchtwassers, welcher zwischen den Häuten und dem dahinter stehenden Kopfe des Kindes eingeschlossen war, fließt ab: die Fruchtblase ist gesprungen. Hiermit endet die erste Geburtszeit.

Die Wehen zu Ende dieser Geburtszeit sind stärker,

als im Anfange derselben und gehen vom Kreuze durch die Schamgegend oft bis zu den Knieen herab; die Frau muß sich während derselben anlehnen und dabei die Knice ein wenig beugen; man nennt sie die vorbereitenden Wehen.

Zuweilen zerreißen die Häute schon bei den ersten Wehen, oder gar ehe die Wehen eintreten, und wenn der Muttermund kaum geöffnet ist. Da nun die Fruchtblase vorzüglich dazu dient, den Muttermund gelinde zu erweitern, so ist in diesem Falle, wo sich keine Fruchtblase bildet, sondern gleich den Kopf auf den Muttermund drängt, der Schmerz bei den Wehen heftiger, und die Oeffnung des Muttermundes erfolgt langsamer. Im Gegentheil springt die Fruchtblase zuweilen nicht bei völlig geöffnetem Muttermunde, und der Kopf kann mit derselben in die Scheide, ja vor die äußeren Geburtstheile herabtreten. Das Ende der Geburtszeit kann in beiden Fällen nur nach der völligen Erweiterung des Muttermundes bestimmt werden.

Der Kopf senkt sich in dieser Zeit mit dem Scheitel auf den Muttermund herab. Nur wo zu viel Wasser vorhanden ist, bleibt er auch bei gutem Becken bis zum Blasensprunge höher stehen, und es geht alsdann eine größere Menge Fruchtwassers ab.

§ 69.

Die zweite Geburtszeit geht an, sobald der Muttermund drei Zoll weit geöffnet ist; anstatt der Fruchtblase stellt sich nun der vorrückende Kopf in den Muttermund, und man fühlt den Rand des Muttermundes wie einen

Kranz den Kopf umgebend und sagt daher: der Kopf steht in der Krönung. Bei den folgenden Wehen kommt der Kopf den äußeren Geburtstheilen näher, so daß er sich endlich ganz durch den Muttermund drängt, und dieser sich hinter den Kopf auf die Schultern zurückzieht; man sagt dann: der Kopf ist aus der Krönung. Darauf rückt der Kopf allmählich durch die Scheide bis zu den äußeren Geburtstheilen vor.

Im Anfange dieser Geburtszeit kann man die Nähte des Kopfes am besten fühlen; nachher schlägt die Haut Falten, welche in der Richtung der Nähte verlaufen, da die Knochenränder durch den Gegendruck der Beckenwände etwas über einander geschoben werden; meistens wird dabei das nach hinten gelegene Scheitelbein unter das vordere geschoben; endlich schwellen diese Falten an und es entsteht auf dem Theile des Kopfes, der im Muttermunde liegt, die sogenannte Kopfgeschwulst. Diese bedeckt gewöhnlich den hinteren Theil desjenigen Scheitelbeins, welches zunächst hinter den Schambeinen steht, also bei der ersten Schädellage des rechten, bei der zweiten Schädellage des linken Scheitelbeins. Die Kopfgeschwulst ist desto stärker, je größer der Druck ist, welchen der Kopf bei der Geburt erleidet, und bildet sich immer auf dem vorangehenden Theile, der am wenigsten gedrückt wird.

Die Wehen im Anfang dieser Geburtszeit, oder die Treibwehen, sind nicht allein viel stärker, als die früheren, sondern jede Wehe währt auch länger; das Ziehen geht bis in die Füße hinab; die Kniee zittern; die Person kann während der Wehe nicht gut stehen, selbst wenn sie sich anlehnen wollte; sie sucht die Füße gegen etwas Festes anzustemmen; ergreift auch mit den Händen einen Körper, woran sie sich halten kann; sie muß selbst wider ihren Willen während der Wehe drängen, als ob sie zu Stuhle gehen wollte, wobei sie den Athem anhält, im Gesichte roth und bis zum Schwitzen warm wird.

§ 70.

Unter kräftigen Wehen kommt nun das Hinterhaupt zwischen den Schamlippen hervor: der Kopf ist im Einschneiden; die Frau kann den Harn nicht lassen, hat aber unwillkürlichen Drang zum Stuhlgange, so daß auch der Unrath oft aus dem After hervorgetrieben wird, wenn der Mastdarm nicht zuvor durch ein Klystier entleert war. Der Damm wird durch den andrängenden Kopf mehr und mehr ausgedehnt, tritt kugelförmig hervor und droht einzureißen; der After steht weit offen; endlich kommt das Hinterhaupt völlig aus den äußeren Geburtstheilen hervor; es heißt: der Kopf ist im Durchschneiden. Endlich schneidet er durch, d. h. der Scheitel und das Gesicht wälzen sich über den sich zurückziehenden Damm von unten nach oben hervor.

Wenn der Kopf so völlig geboren ist, läßt die Spannung des Dammes nach; das Gesicht des Kindes wendet sich schräg nach einer Seite, gewöhnlich nach derjenigen, wohin es vor der Drehung stand. Darauf werden die Schultern bei der nächsten Wehe herabgedrängt und kommen zum Einschneiden. Endlich folgt der Rumpf leicht, gewöhnlich in einer Wehe nach, zugleich der Rest des Fruchtwassers, mit mehr oder weniger Blut gemischt, wenn der Mutterkuchen bereits angefangen hatte, sich zu lösen. Das Kind pflegt schon vor der Geburt der Schultern nach Luft zu schnappen;

nachdem die Brust geboren ist, holt es gewöhnlich sogleich Athem und schreit.

Die Wehen beim Durchschneiden des Kindes heißen er=
schütternde oder Schüttelwehen; sie sind die stärksten
von allen und folgen am schnellsten auf einander; es zittern
dabei nicht allein die Kniee, sondern meist der ganze Körper
der Gebärenden; der Schmerz ist wegen der starken Aus=
dehnung der äußeren Geburtstheile in dieser Zeit am heftigsten;
deswegen nehmen auch Angst und Ungeduld zu und steigen
oft bis zum Schreien.

Gewöhnlich dauert das Ein= und Durchschneiden nicht
lange; bei Erstgebärenden eine halbe bis eine ganze Stunde;
bei Mehrgebärenden noch kürzer. Nur wenn die Wehen sehr selten
und unkräftig sind, und die Gebärmutter zwischen jeder Wehe
wieder völlig erschlafft, tritt der Kopf nach jeder Wehe auch
wieder in die Scheide zurück, und dann dauert es länger.
Das Gleiche findet statt, wenn die äußeren Geburtstheile
einen ungewöhnlichen Widerstand leisten.

Sobald das Hinterhaupt anfängt einzuschneiden, bemerkt
man auf demselben eine Faltung der Haut und die aber=
malige Entstehung einer Kopfgeschwulst. Nur wo der Kopf
länger im Einschneiden steht, wie bei Erstgebärenden, ist
diese Geschwulst bedeutend; bei sehr raschem Durchschneiden
kann sie ganz fehlen. Sie bedeckt den größten Theil des
Hinterhauptes und läßt die Köpfe Neugeborener oft unver=
hältnißmäßig lang erscheinen.

§ 71.

Die angenehme Ruhe nach der Geburt des Kindes
dauert nicht lange, sondern nach einiger Zeit entstehen wieder

neue Wehen, welche schneller oder langsamer die Nachgeburt
austreiben. Dieses geschieht in der dritten oder Nach=
geburtszeit durch die Nachgeburtswehen.

Nach der Geburt des Kindes nämlich zieht sich die
Gebärmutter über dem Mutterkuchen kräftig zusammen, bis
derselbe hierdurch losgelöst wird. Diese Lösung erfolgt zu=
weilen schon bei der letzten Wehe, welche das Kind hervor=
treibt, oft erst später und allmählich. Sobald der Mutter=
kuchen anfängt sich zu lösen, bemerkt man einen Blutabgang,
welcher von der Stelle der Gebärmutter kommt, von welcher
der Mutterkuchen eben abgetrennt wurde, indem bei dieser
Trennung die Adern, welche von der Gebärmutter in den
Mutterkuchen gehen, zerrissen werden. Diese Blutung
wiederholt sich oft mehrere Male, so wie die Lösung theilweise
in mehreren Wehen geschieht. Den völlig gelösten Mutter=
kuchen treiben die Wehen endlich gegen den Muttermund und
in die Scheide, wo dessen innere glatte Fläche zuerst gefühlt
wird und sich in ähnlicher Gestalt, wie die Fruchtblase vor=
drängt. Endlich wird er durch Drang völlig geboren und
die Häute folgen ihm nach. Die ganze Nachgeburt hat
sich hierbei so umgekehrt, daß ihre innere Fläche jetzt nach
außen liegt.

Fünftes Kapitel.
Von dem Verhalten der Hebamme bei der regelmäßigen Geburt.

§ 72.

Jeder Gebärenden ist der Beistand einer Hebamme nöthig,
um sie und das Kind vor Gefahr zu bewahren und bei etwa
eintretender Gefahr frühzeitig einen Geburtshelfer herbeizurufen.

Außerdem gewährt der Beistand einer theilnehmenden Hebamme einer Gebärenden den größten Trost in ihrer Noth, und oft kann die Hebamme die Leiden der Kreißenden bedeutend lindern, immer aber für die Bequemlichkeit derselben am besten Sorge tragen.

§ 73.

Bei regelmäßigen Geburten besteht das Hauptgeschäft der Hebamme darin, sich durch fortgesetzte genaue Untersuchung und Beobachtung der Gebärenden von dem fortwährend regelmäßigen Gange der Geburt zu unterrichten. Die Hebamme soll diese Beobachtung für wichtiger halten, als alle sonstige Hülfe, die sie einer Gebärenden leisten kann.

§ 74.

Eine Hebamme muß für alle Fälle folgende Geräthschaften bei jeder Geburt in einem besonderen Behälter mit sich führen:

1) Eine Klystierspritze mit einem Mutterrohr und einem geraden Klystierrohr; 2) eine kleinere Spritze mit feinerem geradem Rohr zu Klystieren bei Kindern; 3) eine Tamponirungsblase von Kautschuk; 4) einen weiblichen Katheter; 5) eine Nabelschnurscheere; 6) schmales Leinenband zum Unterbinden der Nabelschnur; 7) eine kleine feine Bürste; 8) folgende Arzneimittel: Zimmttropfen, Hallersches Sauer, Hoffmannsche Tropfen, Kamillenblumen.

Außerdem soll die Hebamme im Besitz zweier Brustgläser sein; für ärmere Ortschaften ist es auch ganz passend, daß sie ein Geburtskissen besitzt.

§. 75.

Die Hebamme hat streng darauf zu achten, daß weder ihre Hände, noch die Geräthschaften, deren sie sich bedient, durch faulige oder eiterige Stoffe verunreinigt werden. Hatte sie indeß die Berührung mit solchen Stoffen nicht vermeiden können, so muß sie, ehe sie zu einer Gebärenden geht, ihre Hände sorgfältig mit Chlorwasser waschen und in gleicher Weise ihre Instrumente reinigen, da solche Stoffe, zumal wenn sie auf wunde Stellen der Geburtswege übertragen werden, leicht gefährliche Krankheiten der Wöchnerinnen erzeugen können. Dasselbe muß geschehen, wenn sie Kranke besucht hat, die an ansteckenden Krankheiten, z. B. dem Kindbettfieber, den Blattern u. s. w. leiden; auch muß sie alsdann ihre Kleider wechseln, ehe sie es wagen darf, zu einer Gebärenden oder Wöchnerin zu gehen.

§ 76.

Wird die Hebamme zu einer Frau gerufen, die ihre Niederkunft erwartet, so hat sie sich zu erkundigen: 1) Ob schon Wehen da sind und wie lange sie gewährt haben? Ob das Wasser etwa schon abgegangen sei? 2) Ob die Zeit der Schwangerschaft zu Ende sei oder wie viel daran noch fehle? 3) Ob die Frau früher schon geboren habe? wie lange die Geburt damals gedauert habe? ob sie leicht oder schwer gewesen sei? 4) wie die Frau sich in dieser Schwangerschaft befunden habe? wo sie die Kindesbewegung fühle u. s. w., wobei sie sich nach jedem ungewöhnlichen Umstande genauer erkundigen muß.

§ 77.

Darauf schreitet die Hebamme zuerst zur äußeren, darnach zur inneren Untersuchung.

Bei der äußeren Untersuchung achtet die Hebamme vorzugsweise darauf, ob die Gebärmutter eine regelmäßige Gestalt und Lage hat, ob die Frucht in derselben regelmäßig gelagert erscheint, ob die Herztöne der Frucht an dem gewöhnlichen Orte und deutlich vernehmbar sind. Alsdann untersucht die Hebamme, während die Schwangere eine Wehe zu haben glaubt, ob die Gebärmutter dabei hart und gespannt wird; wo dieses nicht der Fall ist, ist keine wahre Wehe vorhanden.

§ 78.

Bei der inneren Untersuchung forscht sie nach der Beschaffenheit des Mutterhalses und des Muttermundes, ob ersterer etwa schon verstrichen ist; ob der Muttermund geöffnet ist; ob die Häute und der Muttermund sich während einer Wehe anspannen; dann wo dies der Fall ist, beginnt die Geburt; ist der Mutterhals aber noch lang, fühlt man gar keine Spannung der Theile, während die Frau angiebt, eine Wehe zu haben, so geht es auch wahrscheinlich noch nicht zur Geburt.

Ist schon Wasser abgeflossen, der Muttermund aber noch sehr wenig geöffnet, fühlt man gar noch die gespannten Häute, so war das abgeflossene wahrscheinlich falsches Fruchtwasser oder Urin. Nach dem Abfluß des wahren Fruchtwassers ohne Wehen pflegt die Geburt bald, zuweilen aber auch erst nach Tagen, zu beginnen.

Vor Allem sucht die Hebamme zu erkennen, welcher Theil des Kindes vorliegt. Ist ihr dieses nicht möglich, entweder weil der vorliegende Kindestheil noch zu hoch und lose steht, oder weil sie gar keinen vorliegenden Kindestheil erreichen kann, so darf sie sich nur dann vorläufig dabei beruhigen, wenn sie nach der sorgfältig angestellten äußeren Untersuchung mit Sicherheit auf eine gute Lage des Kindes schließen kann; im entgegengesetzten Falle muß sie schon jetzt einen Geburtshelfer rufen lassen. Jedenfalls muß sie sich bemühen, noch vor dem Blasensprunge Gewißheit über die Lage des Kindes zu erlangen.

§ 79.

Hat die Gebärende nicht schon reichliche Leibesöffnung gehabt, so setzt die Hebamme derselben in der ersten Geburtszeit ein Klystier von Kamillenthee und Oel; dies ist um so nöthiger, wenn man bei der Untersuchung den Mastdarm gefüllt findet.

§ 80.

Die Hebamme hat übrigens bei regelmäßigen Verhältnissen in der ersten Geburtszeit nichts Weiteres zu thun, als daß sie Alles für Mutter und Kind etwa Erforderliche in Stand setze; namentlich für ein gehöriges Geburtslager sorge, nachsehe, ob heißes Wasser und ein passendes Gefäß, um das Kind zu baden, bereit seien u. dergl. m.; ob ihre eigenen Gerätschaften im gehörigen Stande und zur Hand seien. In die Spritze setzt sie das Mutterrohr ein.

Außerdem trägt sie für die Bequemlichkeit der Kreißenden die nöthige Sorgfalt und läßt dieselbe eine leichte, passende Kleidung, die nirgends drückt, anlegen. Sie spricht derselben Muth ein, ermahnt sie zur Geduld, je nachdem es nöthig erscheint, und verhütet möglichst, daß die Gebärende durch unpassende Erzählungen schwerer Geburten erschreckt werde. Aus dem Geburtszimmer entfernt sie möglichst alles Störende, Thiere, Kinder und überflüssige Sachen und Personen, und sorgt für eine reine, mäßig warme Luft in demselben.

§ 81.

Die Gebärende kann, wenn sie übrigens gesund und bei Kräften ist und nicht besondere Umstände, wie Hängebauch, Schieflage der Gebärmutter u. s. w. eine bestimmte Lage nothwendig machen, gehen, sitzen, stehen oder liegen, wie es ihr abwechselnd gut däucht.

Ist aber eine Gebärende sonst kränklich, matt oder schwach, oder findet man im Scheidengrunde den Kopf des Kindes nicht fest vorliegend oder gar einen andern Theil als diesen, so ist es besser, wenn die Frau von Anfang an liegt. Blutfluß, Krämpfe und andere schlimme Zufälle erfordern immer eine ganz ruhige Lage.

§ 82.

Kreißende sind öfters zu ermahnen, daß sie ihren Harn lassen. Ist dieses in gewöhnlicher Stellung ihnen nicht möglich, so mögen sie versuchen, ob es ihnen auf Knice und Ellenbogen gestützt gelingen will; drückt der Kopf dennoch zu sehr auf die **Harnröhre**, so muß **die Hebamme** denselben ganz gelinde etwas zurückschieben. Fördert aber dies den Harnabgang auch nicht, fühlt man während der Wehe über den Schambeinen eine weichere, flache Geschwulst, welches die gefüllte Harnblase ist, so muß man den Harn mit dem Katheter wegnehmen.

§ 83.

Die Hebamme darf sich durchaus nicht einfallen lassen, die Geburt durch Ausdehnung des Muttermundes oder der anderen Geburtswege, durch Einschmieren der Theile mit Fett oder durch Aufforderung der Frau zum Mitdrängen fördern zu wollen. Letzteres ist in der ersten Geburtszeit deswegen höchst schädlich, weil die Gebärmutter dadurch herunter gedrängt wird, sich mit dem Kopfe in's Becken einklemmt, die Kräfte aber dadurch unnütz verschwendet werden.

Auch kann dadurch das Wasser zu früh abgehen, ehe der Muttermund völlig geöffnet ist. Die Fruchtblase aber dehnt den Muttermund auf's gelindeste aus, und es schadet nichts, wenn sie selbst bis zu den äußersten Geburtstheilen herabtritt. Die Hebamme soll dieselbe daher weder absichtlich sprengen, noch unvorsichtiger Weise beim Untersuchen zerreißen, da dies die Geburt schmerzhafter macht und möglicherweise sehr gefährlich sein kann.

Im Allgemeinen ist gar keine Gefahr dabei, sondern die fernere Geburt, sowie das Wochenbett endigen am glücklichsten, wenn die erste Geburtszeit nicht zu rasch verläuft, welches der oft ungeduldigen Kreißenden zum Troste gereichen kann.

§ 84.

Zu Ende der ersten Geburtszeit vor dem Wassersprunge muß die Kreißende auf's Geburtslager gebracht werden. Hier wartet sie den Wassersprung ab und verläßt das Lager nicht wieder; nur Ausnahmsweise, wenn die Geburt sich dann noch sehr verzögert, sonst aber Alles in Ordnung ist, kann man der Kreißenden auch später noch gestatten, daß sie das Bett auf einige Zeit verlasse.

Die Lage auf dem Bette zuweilen zu ändern, ist eine große Erquickung für die Gebärende und man muß ihr in gewöhnlichen Fällen gestatten, sich abwechselnd auf die Seite zu legen, wenn sie es wünscht. Bei zögerndem Fortgange der Geburt fördert eine veränderte Lage oft die Wehen und es ist gut, deshalb die Gebärende verschiedene Lagen versuchen zu lassen; doch dürfen sie ihr nicht unbequem sein.

Das beste Lager zur Geburt ist ein einfaches Bett; ist dasselbe fest gestopft, so ist gar keine weitere Vorrichtung an demselben nöthig, als daß man es durch gehörige Unterlagen vor dem Naßwerden schützt und an demselben eine Vorrichtung anbringt, woran die Kreißende sich festhalten und wogegen sie ihre Füße stemmen kann. Auf einem Bette liegt die Frau am bequemsten, kann jede Lage annehmen und bei gehöriger Vorrichtung selbst in demselben Bette ihre Wochen halten. Bei zögernder Geburt, bei üblen Zufällen, Ohnmachten, Blutabgang, Krämpfen u. dergl. darf die Kranke von der Hebamme gar nicht anders als im Bette, nie auf einem Geburtsstuhle entbunden werden.

Federbetten sinken leicht ein und man muß deshalb gegen das Ende der Geburt unter den Steiß und den Rücken der Gebärenden ein festes Kissen legen, so daß man frei zu den Geburtstheilen gelangen kann.

Wünschenswerth ist es, daß man zum Geburtslager von beiden Seiten Zugang habe, um der Frau, wenn sie es verlangt, bequem die Kniee halten und den Rücken unterstützen zu können. Auch ist es oft erforderlich, daß man zur Untersuchung von beiden Seiten an's Lager gelangen könne.

Geburtslager auf Stühlen oder ein Geburtsstuhl sind zur Geburt unnöthig und oft durch Erkältung und andere

Umstände nachtheilig; sie sind höchstens als Nothbehelf bei armen Leuten noch zulässig, deren Bett die nöthige Vorrichtung nicht gestattet.

Sobald die Fruchtblase springfertig ist, benachrichtigt die Hebamme die Gebärende von dem bevorstehenden Abfluß des Wassers, damit diese darüber nicht erschrecke.

§ 85.

Sollte sich der Wassersprung so lange verzögern, daß die Fruchtblase vor den äußeren Geburtstheilen zum Vorschein käme, so darf die Hebamme unter folgenden Bedingungen dieselbe sprengen: 1) sie muß den Kopf deutlich und in guter Stellung gefühlt haben; 2) der Muttermund muß weit geöffnet sein; 3) in der Fruchtblase darf kein kleiner Theil, namentlich nicht die Nabelschnur vorliegen. Da die Hebamme aber selten mit völliger Sicherheit dies wissen kann, so unterläßt sie lieber das Sprengen der Fruchtblase, wenn diese durch sehr starke Spannung nicht offenbar die Geburt aufhält. Doch sind selten die Häute so fest, daß sie nicht von selbst springen sollten. Außerdem muß sich die Hebamme wohl hüten, eine starke Kopfgeschwulst oder gar den gespannten Scheidengrund für die Fruchtblase zu halten. Daher soll sie nie die Fruchtblase sprengen, ehe sie nicht den Rand des geöffneten Muttermundes deutlich gefühlt hat und sich überzeugte, daß wirklich Wasser hinter der Fruchtblase sei und dieselbe nicht etwa dicht am Kopfe anliege, oder die vermeintliche Fruchtblase mit Haaren besetzt, d. h. der Kopf selbst sei.

Um die Fruchtblase zu sprengen, setzt sie die Spitze des Fingers während einer Wehe dicht unter dem Schambogen gegen dieselbe und drückt den Finger dagegen, als wollte sie die Blase ins Kreuzbein drängen. Sollte ein Kind bis über den Kopf in den Häuten geboren werden, so zerreißt sie die Häute rasch, damit das Kind athmen könne, und der Mutterkuchen nicht gewaltsam losgerissen werde.

Das abfließende Wasser untersucht sie, ob dasselbe etwa mit Kindespech verunreinigt oder übelriechend sei.

§ 86.

Nach dem Blasensprunge muß die Hebamme sogleich untersuchen, wie der Kopf des Kindes stehe. Denn es ist dies der geeignetste Zeitpunct, um den Kopf genau zu fühlen; denn früher hinderte oft die gespannte Fruchtblase an genauer Untersuchung, später können durch die Kopfgeschwulst die Nähte und Fontanellen verdeckt werden. Sie darf sich nicht damit begnügen, blos zu wissen, daß der Kopf vorliegt, sondern sie muß auch dessen Stellung zum Becken, die Richtung der Nähte und Fontanellen genau bestimmen. Sie muß ferner sorgfältig nachfühlen, ob neben dem Kopfe nicht noch ein anderer Theil, eine Hand, die Nabelschnur u. dergl. mit vorliege.

§ 87.

Beim weiteren Herabsinken des Kopfes achtet die Hebamme, ohne jedoch allzu oft zu untersuchen, darauf, ob derselbe sich gehörig dreht; widrigenfalls läßt sie die Gebärende eine Lage auf der Seite annehmen, wohin das Hinterhaupt gerichtet ist; kann aber auch zuweilen, wenn dies nicht hilft, die Lage auf der anderen Seite mit Erfolg versuchen.

§ 88.

Sobald der Kopf in die Scheide tritt, fühlt die Frau sich veranlaßt mitzuarbeiten. Die Hebamme muß darauf achten, daß die Gebärende dabei den Kopf nicht zu weit zurückbeuge, daß sie ruhig liege und das Kreuz nicht emporhebe während der Wehe; auch nicht durch lautes Schreien die Wirkung der Wehen störe. Die Gebärende darf nur während einer Wehe mitdrängen, muß sich dessen aber sogleich enthalten, wenn die Wehe vorüber ist. Nur wenn die Geburt bei sonst regelmäßiger Lage des Kindes und Weite der Geburtswege gar nicht vorwärts rückt, nachdem der Kopf in die Scheide getreten ist, darf man die Gebärende zum mäßigen Verarbeiten der Wehen besonders auffordern. Gewöhnlich ist diese Aufforderung ganz unnöthig und den meisten Gebärenden ist anzurathen, ihre Kräfte nicht zu stark anzustrengen. Ein heftiges Antreiben der Gebärenden zum Mitarbeiten darf sich die Hebamme nie erlauben.

§ 89.

Zu Ende der zweiten Geburtszeit muß das Hauptaugenmerk der Hebamme sein, einen Einriß des Dammes möglichst zu verhüten. Hierzu dient: 1) **Eine zweckmäßige Lage**; wenn nämlich die Rückenlage gewählt wird, so darf diese nicht zu steil, sondern muß möglichst flach sein; auch dürfen die Schenkel nur mäßig von einander gespreizt werden. In der Seitenlage müssen die Oberschenkel mäßig an den Leib gezogen werden. 2) **Ein möglichst langsames Durchschneiden des Kopfes.** Deßhalb muß die Kreißende nachdrücklich ermahnt werden sich ganz ruhig zu verhalten, die Wehen, sobald der Kopf im Durchschneiden steht, durch=

aus nicht zu verarbeiten, vielmehr den Geburtsdrang möglichst zu unterdrücken. Man lasse sie die Füße nicht mehr gegenstemmen und sich nicht mehr mit den Händen anhalten, da sie sonst unwillkührlich drängt. 3) Unterstützung des Dammes. Diese wird bei der Rückenlage dadurch bewirkt, daß man eine Hand flach über den Damm legt, so daß die Finger über den After hin, der Ballen aber auf den vorderen Rand des Dammes zu liegen kommen. Wird die Frau auf der linken Seite liegend entbunden, so unterstützt man mit der rechten Hand, bei rechter Seitenlage mit der linken Hand, indem man den Daumen von den übrigen Fingern entfernt und mit der gespannten Haut zwischen Daumen und Zeigefinger das Schamlippenbändchen, mit der flachen Hand den Damm bedeckt.

Ehe der Damm anfängt sich auszudehnen, darf die Hebamme nicht unterstützen. Erst wenn der Kopf stark im Einschneiden begriffen ist, legt sie ihre Hand in Bereitschaft, und wenn der Damm anfängt sich stärker zu spannen, drückt sie gleichmäßig mit der ganzen flachen Hand gegen denselben. Zuerst muß dieser Druck sehr gelinde sein; man verstärkt ihn, so wie der Damm sich mehr ausdehnt. Durch diesen Druck wird bewirkt, daß die Ausdehnung der Schamspalte allmälich erfolgt und daß das Hinterhaupt weit unter der Schamfuge hervortritt und sich fest unter dem Schambogen anlegt, also der Kopf mit einem möglichst kleinen Durchmesser durch die Schamspalte austritt.

Wie stark der Druck überall sein müsse, richtet sich ganz nach den Umständen; so darf die Hebamme nur gelinde drücken, wenn die Geburt sehr langsam fortschreitet und wenn die Wehen schwach sind; stärker muß sie drücken, wenn der

Kopf besonders rasch fortschreitet und die Spannung des Dammes groß ist.

Zuerst drückt die Hebamme nur während der Wehe; wenn der Kopf aber die Schamspalte auch während der Zwischenzeit sehr stark ausdehnt, so drückt sie, jedoch mäßiger, auch außer der Wehe. Mit dem Druck der Hand muß nicht nur bis der Kopf völlig geboren ist, sondern in mäßiger Stärke bis zum Durchgange der Schultern fortgefahren werden.

Alle anderen Mittel, den Dammriß zu verhüten, sind unnütz und schädlich; namentlich ist es ganz unerlaubt, die äußeren Geburtstheile mit der Hand ausdehnen zu wollen, einen Finger in den Mastdarm zu bringen u. dergl. m. Sind die Theile offenbar zu straff oder trocken, so legt man ein in warmes Wasser getauchtes Tuch, oder warme, nicht zu heiße Umschläge auf dieselben und wiederholt dies jede halbe Stunde bis zur Erschlaffung der Geburtstheile.

§ 90.

Sobald der Kopf geboren ist, fühlt die Hebamme nach, ob die Nabelschnur um den Hals geschlungen sei. Dieses ist nicht selten der Fall; zuweilen ist sie gar mehrmals umschlungen. Liegt sie nur Ein Mal locker um den Hals, so schiebt man sie, so wie das Kind geboren wird, über die Schultern des Kindes zurück. Ist sie mehrmals umschlungen, so sucht man die Schlingen, eine nach der anderen über den Kopf zu streifen, wozu man das von dem Mutterkuchen herabkommende Ende etwas hervorziehen kann. Liegt die Nabelschnur aber sehr fest an und schnürt sie den Hals so ein, daß das Gesicht des Kindes blau wird und das Kind zu ersticken droht, so durchschneidet man die Schnur mit der

Nabelschnurscheere vorsichtig, läßt die durchschnittenen Enden fest zuhalten und fördert auf die gleich anzugebende Weise das Kind rasch zur Welt; dann unterbindet man die Nabelschnur. Sollte aber der Körper des Kindes durch die Wehen, wie das oft geschieht, so rasch geboren werden, daß die Hebamme mit der Lösung oder Durchschneidung nicht zu Stande kommen kann, so drückt sie den Kopf des Kindes gegen den Schamhügel, damit die Nabelschnur beim Austritt des Kindeskörpers möglichst wenig gespannt werde und schlingt sie, nachdem das Kind völlig geboren ist, durch Umdrehung des Kindes selbst los.

§ 91.

Nach der Entwicklung des Kopfes muß die Hebamme sogleich dafür sorgen, daß das Kind frei athmen könne, daß der Mund und die Nase frei bleiben und der Schleim aus dem Munde abfließe. Uebrigens darf die Hebamme durchaus nicht am Kopfe des Kindes ziehen und muß sie warten, bis das Kind von selbst weiter geboren wird. Nur wenn das Gesicht des Kindes blauroth und aufgetrieben wird, oder wenn, wie oben gelehrt wurde, die Nabelschnur durschnitten werden mußte, sucht man sogleich durch kreisförmige Reibungen des Muttergrundes Wehen hervorzurufen, und ermahnt die Kreißende, durch Drängen die Geburt zu fördern. Bleibt dies ohne Erfolg, so darf man nicht am Halse ziehen, sondern muß **über den Rücken des Kindes** zu der hinten stehenden Achselgrube mit dem Zeigefinger gehen, diesen hier ein wenig einhaken und so die Schulter vorziehen. Ist eine Schulter geboren, so folgt die andere leicht nach. Gewöhnlich kann man **die** Schulter am leichtesten lösen, welche nach dem Damme zu liegt; zuweilen aber erreicht man die nach vorn liegende eher. Beim Hervorziehen der Schulter muß man sich hüten, den Arm des Kindes von der Brust abzuziehen, damit nicht die Spitze des Ellenbogens bei dieser Bewegung den Damm einreiße.

§ 92.

Auch die übrigen Theile des Kindes darf man nicht ohne Noth hervorziehen, da dies manche Nachtheile haben kann. Das völlig geborene Kind wird auf die Seite, mit dem Gesichte der Mutter zugekehrt, auf ein trocknes, gewärmtes Tuch gelegt und nicht weiter von den Geburtstheilen entfernt, als die Länge der Nabelschnur es ohne Spannung zuläßt.

§ 93.

Mit der Unterbindung der Nabelschnur wartet man in der Regel, bis das Kind laut geschrieen hat, und das Pulsiren in der Nabelschnur anfängt schwächer zu werden oder ganz aufgehört hat. Im Falle man Schleimrasseln im Munde hört, entfernt man den Schleim vorsichtig mit dem kleinen Finger, den man dicht über die Zunge hin zum Rachen führt.

Hierauf unterbindet die Hebamme den Nabelstrang 2 Zoll weit vom Nabel, indem sie auf der einen Seite der Nabelschnur einen einfachen Knoten, auf der andern einen doppelten Knoten oder einen Knoten mit Schleife macht. In gleicher Weise unterbindet die Hebamme an einer zweiten Stelle, 3 Zoll vom Nabel und schneidet nun zwischen beiden unterbundenen Stellen durch. Das Durchschneiden geschieht mit der Nabelschnurscheere, die Unterbindung mit

Leinenband oder mit Zwirnschnüren; sie darf nie mit Wollengarn oder mit anderem schwächeren Bande geschehen. Je dicker die Nabelschnur ist, desto fester muß man die Knoten anziehen, da sonst leicht eine Nachblutung entsteht; eine dünne Schnur aber könnte man bei zu festem Anziehen durchbinden.

Beim Unterbinden muß die Hebamme ja dafür Sorge tragen, daß der Nabel nicht gezerrt werde; dieses kann besonders leicht beim starken Anziehen des Bandes geschehen und da dieses selbst auch wohl zerreißen könnte, so muß man blos durch ein Gegeneinanderdrücken der Hände die Kraft verstärken. Denn zöge man auf gewöhnliche Weise mit der Kraft der ganzen Arme, so würde der Nabelstrang gewiß vom Nabel getrennt, wenn das Band zerrisse, ein Zufall, der dem Kinde wahrscheinlich das Leben kosten würde.

§ 94.

Sobald das Kind völlig geboren ist, muß die Hebamme äußerlich untersuchen, ob die Gebärmutter sich gehörig zusammengezogen habe, und ob etwa noch ein zweites Kind vorhanden sei.

In gewöhnlichen Fällen bildet die Gebärmutter unter dem Nabel eine runde, harte Geschwulst von der Größe zweier Mannsfäuste. Findet die Hebamme, daß die Gebärmutter sich gut zusammengezogen hat, und bemerkt sie noch keinen stoßweisen Blutabgang als Zeichen der Lösung des Mutterkuchens, so besorgt sie nun erst das Kind, wobei sie jedoch immer die Entbundene im Auge behalten, auf alles aufmerksam sein und wiederholt nach einem etwaigen Blutabgange forschen muß.

§ 95.

Sind aber schon Zeichen da, daß die Nachgeburt gelöst sei, so giebt die Hebamme das Kind wohl eingewickelt einer vernünftigen Frau und leistet der Mutter die nöthige Hülfe beim Nachgeburtsgeschäft.

So lange der Mutterkuchen nicht so weit herabgetrieben ist, daß seine glatte Fläche hinter der Schamspalte gefühlt werden kann, darf die Hebamme, wenn sich kein übermäßiger Blutabgang einstellt und die Gebärende nicht schwach wird, nichts unternehmen, um den Abgang der Nachgeburt zu beschleunigen, noch die Gebärende zum Drängen auffordern. Nur muß sie oft nachfühlen, ob die Gebärmutter gut zusammengezogen sei, oder sonst Reibungen des Gebärmuttergrundes machen und, wenn nun eine Wehe kommt, während derselben den Muttergrund mit beiden hinüberfassenden Händen nach unten und hinten zusammendrücken. Vor die Geburtstheile hat sie ein reines, erwärmtes, zusammengefaltetes Tuch zu legen. Die Entbundene muß sich völlig ruhig verhalten, auch nicht viel reden.

Ist der Mutterkuchen bis hinter die Schamspalte getreten, so wickelt die Hebamme die Nabelschnur um einige Finger der einen Hand, spannt dieselbe etwas an und bringt den Zeigefinger und Mittelfinger der anderen Hand auf der Nabelschnur bis zum Mutterkuchen, drückt ihn zuerst gegen das Kreuzbein, zieht ihn darauf nach vorn gegen die Schamspalte, sucht seinen Rand an irgend einer Stelle zu fassen und dreht die ganze Nachgeburt einige Male langsam herum damit die zuletzt kommenden Häute nicht zerreißen, und fördert ihn nebst den Häuten ganz allmählig heraus.

§ 96.

Darauf untersucht sie abermals äußerlich, ob die Gebärmutter sich gut zusammengezogen hat, die nun als eine faustgroße Geschwulst über den Schambeinen liegt, und wartet noch einige Wehen ab; worauf sie die Entbundene reinigt und die nassen Unterlagen mit trocknen und gewärmten vertauscht. Auch später muß sie noch öfter eine gleiche Untersuchung anstellen und nachsehen, ob der Blutabgang nicht übermäßig sei.

Die Nachgeburt soll die Hebamme allemal noch einige Stunden nach der Geburt aufbewahren; nachdem das Kind und die Mutter besorgt sind, dieselbe besichtigen, ob sie von gewöhnlicher Beschaffenheit sei, und kein Stück an derselben fehle; bei jedem ungewöhnlichen Ereigniß aber, oder bei einer ungewöhnlichen Beschaffenheit der Nachgeburt muß dieselbe für den Arzt zurückgelegt werden, da deren Untersuchung für ihn sehr wichtig sein kann.

§ 97.

Verzögert sich der Abgang der Nachgeburt, erfolgt aber keine stärkere Blutung, und bleibt das Befinden und Aussehen der Entbundenen gut, so muß die Hebamme nach Verlauf von zwei, höchstens von drei Stunden einen Geburtshelfer rufen lassen.

Die dritte Geburtsperiode ist für die Gebärende oft die gefährlichste, wegen leicht eintretender Blutung, Krämpfe und anderer Zufälle, von denen später die Rede sein wird; deshalb muß die Hebamme hier ihre Aufmerksamkeit und Vorsicht verdoppeln.

Sechstes Capitel.
Von der mehrfachen Schwangerschaft und der Geburt.

§ 98.

Unter 70 bis 90 Geburten kommt durchschnittlich eine Zwillingsgeburt vor. Gewöhnlich hat jede Frucht ihre besondere Zotten= und Wasserhaut; bisweilen aber liegen beide Früchte, jede von ihrer Wasserhaut umschlossen, in einer gemeinsamen Zottenhaut; sehr selten findet man sie in einer einfachen, von einer gemeinsamen Wasser= und Zottenhaut gebildeten Höhle. Die Mutterkuchen sind bald getrennt, bald zu einem Kuchen verschmolzen. Die Kinder sind gewöhnlich kleiner und magerer als andere Kinder und selten über 5 Pfund schwer.

§ 99.

Die Zeichen einer Zwillingsschwangerschaft sind sehr trüglich. Die Hebamme kann eine Zwillingsschwangerschaft vermuthen, wenn sie bei der äußeren Untersuchung die Gebärmutter ungewöhnlich ausgedehnt findet und wenn sie dabei Kindestheile und Bewegungen in größerer Entfernung von einander fühlt, als daß sie einer einzigen Frucht angehören könnten, und an zwei entgegengesetzten Stellen deutliche Herztöne einer Frucht vernimmt. Die starke Ausdehnung der Gebärmutter kann auch durch ein einfaches, sehr großes Kind oder durch zu vieles Fruchtwasser bedingt sein. Ein sehr großes Kind giebt sich durch den ungewöhnlichen Umfang der einzelnen fühlbaren Kindestheile zu erkennen, während bei Zwillingen eher die Kleinheit der einzelnen Theile auffällt. Bei zu vielem Fruchtwasser findet man die Gebärmutter gleichförmig gespannt und prall und fühlt die Kindestheile weniger deutlich.

Erst nach der Geburt des ersten Kindes kann man mit völliger Sicherheit wissen, daß noch ein zweites vorhanden ist. Man erkennt die Gegenwart desselben daran, daß man bei der äußeren Untersuchung die Gebärmutter noch ungewöhnlich groß findet, daß man wiederum Kindestheile fühlt und wenn die Frucht lebt, die Herztöne derselben hört, und daß man bei der inneren Untersuchung eine zweite Fruchtblase wahrnimmt.

§ 100.

Zwillingskinder werden gewöhnlich, das eine mit dem Kopfe, das andere mit dem Steiße oder den Füßen voran geboren. Nach dem ersten Kinde folgt dessen Nachgeburt nicht sogleich, sondern geht erst nach der Geburt des zweiten Kindes ab. Doch können auch beide Zwillinge mit dem Kopfe oder mit dem Steiße voran geboren werden, und in seltenen Fällen, wenn die Mutterkuchen beider Kinder völlig getrennt sind, folgt die erste Nachgeburt dem ersten Kinde.

Der Hergang bei Zwillingsgeburten ist dem einer einfachen Geburt im Ganzen gleich. Nur sind die Wehen, besonders im Anfange, wegen der großen Ausdehnung der Gebärmutter oft schwach, und das erste Kind wird deshalb langsam geboren. Das zweite folgt dem ersten gewöhnlich in kurzer Zeit nach; doch können zuweilen mehrere Stunden, ja selbst einige Tage vergehen, ehe sich die Wehen für die zweite Geburt einstellen; bisweilen wird das zweite Kind in den unverletzten Eihäuten geboren.

§ 101.

Eine Zwillingsgeburt ist für die Mutter, die gewöhnlich schon in der Schwangerschaft viel litt, anstrengender, als eine einfache Geburt. In der dritten Geburtszeit verliert die Gebärende dabei mehr Blut als gewöhnlich, da die blutende Stelle, von der die Mutterkuchen sich lösten, größer ist. Fehlen in dieser Zeit die guten Wehen, so wird eine solche Blutung der Mutter eher gefährlich, als bei einfacher Geburt.

Für die Kinder verläuft die Geburt meistens günstig, wenn nicht besondere Umstände Gefahr bringen: z. B. daß das erste Kind bei schlechten Wehen mit den Füßen vorankommt; daß ein Kind sich regelwidrig zur Geburt stellt; daß Theile beider Kinder gleichzeitig in das Becken eintreten zc. Doch lehrt die Erfahrung, daß Zwillinge in der ersten Zeit nach der Geburt leichter sterben als andere Kinder, weil sie schwächer geboren werden. Auch werden sie oft zu früh geboren.

§ 102.

Geburten, wo mehr als zwei Kinder bis zu sechsen, wovon man ein Beispiel hat, geboren werden, sind sehr selten, und von ihnen gilt dasselbe wie von Zwillingsgeburten, nur in höherem Maaße. Drillinge leben zuweilen noch fort, von Vierlingen ist dies unerhört.

§ 103.

Bei Zwillingsgeburten ist folgendes Besondere zu beobachten: Hat man sich überzeugt, daß noch ein zweites Kind vorhanden ist, so unterbindet man auch den zum Mutterkuchen laufenden Theil der Nabelschnur des ersten Kindes recht sorgfältig, um die mögliche Verblutung des zweiten Kindes zu verhüten, da beide Kinder nur **einen** Mutterkuchen haben könnten.

Die Gebärende muß man nicht plötzlich, sondern nach und nach vorsichtig unterrichten, daß noch ein zweites Kind vorhanden sei.

Stellen sich nach der Geburt des ersten Kindes auch selbst nach Stunden noch keine Wehen wieder ein, so darf die Hebamme doch, wenn sonst nichts Besonderes, namentlich keine Blutung eintritt, zur Beförderung der Wehen nichts thun und muß nur für die Bequemlichkeit der Gebärenden sorgen. Selbst bei fehlerhafter Lage des zweiten Kindes müssen erst neue Wehen abgewartet werden, ehe Hülfe eintreten kann. Verzögert sich aber der Eintritt der Wehen länger als einen ganzen Tag, so muß jedenfalls ein Geburtshelfer gerufen werden.

Da bei Zwillingsgeburten eine regelwidrige Kindeslage häufiger vorkommt, als sonst, so muß die Hebamme besondere Sorgfalt auf die Untersuchung und Erkenntniß des vorliegenden Kindestheils verwenden, um nöthigen Falls einen Geburtshelfer zeitig herbeizurufen.

Die größte Aufmerksamkeit erfordert wieder die dritte Geburtszeit, weil der Blutfluß hier doppelt zu fürchten ist. Doch gelten sonst ganz dieselben Regeln wie bei einfacher Geburt; nur muß die größere Gefahr der Blutung die Hebamme veranlassen, bei schwächeren Frauen oder solchen, die schon früher Blutsturz erlitten haben, einen Geburtshelfer zu verlangen.

Vierter Abschnitt.
Von dem regelmäßigen Wochenbette und dem Verhalten der Hebamme dabei.

Erstes Kapitel.
Von den Veränderungen des weiblichen Körpers im Wochenbette.

§. 104.

Im Wochenbette werden die Veränderungen, welche die Schwangerschaft in den Geburtstheilen und deren Umgebung hervorgebracht hatte, so weit es geschehen konnte, wieder beseitigt, und die Theile kehren allmälich in den Zustand zurück, in dem sie sich gesundheitsgemäß vor dem Eintritte der Schwangerschaft befanden. In den Brüsten dagegen schreitet die während der Schwangerschaft begonnene Entwickelung weiter vor, wodurch sie in den Stand gesetzt werden, dem neugeborenen Kinde die Nahrung, deren es bedarf, zu liefern.

§ 105.

Die Gebärmutter kehrt allmälich zu ihrer früheren Größe und Gestalt zurück, indem sie gleichzeitig tiefer in das kleine Becken herabsinkt. Doch kann man gewöhnlich noch in der zweiten Woche den Grund derselben oberhalb der Schambeine durch die Bauchdecken hindurchfühlen. Das Hauptmittel, durch welches die Verkleinerung der Gebärmutter bewirkt wird, sind die zeitweisen Zusammenziehungen derselben, die N a c h w e h e n. Bei Erstgebärenden sind die Nachwehen meist ohne Schmerz und man bemerkt sie nur bei äußerer Untersuchung; bei Mehrgebärenden sind sie schmerzhaft und können bei manchen Frauen so schmerzhaft wie die eigentlichen Geburtswehen sein und Tage lang anhalten. Am stärksten ziehen sich gleich anfangs Grund und Körper der Gebärmutter zusammen, während der Mutterhals noch weit geöffnet mit weichen, wulstigen, oft seitwärts eingerissenen Lippen in den Scheidengrund herabhängt. Erst nach und nach zieht sich auch der Mutterhals zusammen, schwillt ab, der Muttermund schließt sich, und der Scheidentheil bildet sich wieder hervor.

§ 106.

In den ersten Tagen des Wochenbettes geht mit den Nachwehen noch flüßiges, bisweilen auch geronnenes Blut aus der Gebärmutter ab, die **rothe Wochenreinigung**. Mit der zunehmenden Verkleinerung der Gebärmutter werden die Oeffnungen der Adern an der Stelle, wo der Mutterkuchen saß, mehr und mehr geschloßen, die Blutung läßt nach, der Ausfluß wird schmutzig-bräunlich, fleischwasserähnlich, vom 5ten bis 6ten Tage an dick-gelblich, weißlich, eiterartig, bis vom 9ten Tage an gewöhnlich nur noch ein milchiger Schleim abgeht, die **weiße Wochenreinigung**. Die Dauer dieses Ausflusses ist verschieden, von 2 bis 6 Wochen.

§ 107.

Gleichzeitig mit der Verkleinerung der Gebärmutter faltet sich auch die durch die Geburt ausgedehnte Scheide, die großen und kleinen Schamlippen ziehen sich ebenfalls wieder zusammen und werden kürzer, der ausgedehnte Damm hat sich meistens schon innerhalb der ersten 24 Stunden auf seine frühere Breite zusammengezogen.

§ 108.

In den Brüsten kommt die Milchabsonderung, welche schon während der Schwangerschaft vorbereitet wurde, wenn dem Kinde gehörig bald nach der Geburt die Brust gereicht wird, allmählig und ohne Störung des Wohlbefindens zu Stande. Wird aber das Kind nicht zur rechten Zeit angelegt, so füllen sich die Brüste am 2ten oder 3ten Tage übermäßig, sie schwellen an, verursachen schmerzhafte Spannung und es stellt sich auch wohl ein Frost mit nachfolgender Hitze und Schweiß, das sogenannte Milchfieber, ein. In den ersten Tagen ist die Milch sparsam, dünn, gelblich, später wird sie reichlicher, dicker, weißer, zugleich süßer und nahrhafter.

Zweites Capitel.
Von der Pflege der Wöchnerinnen.

§ 109.

Ist die Geburt vollendet, so muß die Neuentbundene noch einige Zeit in ruhiger Lage bleiben, ehe man sie nach gehöriger Reinigung der Geburtstheile und nach behutsamer nicht zu fester Anlegung einer gewärmten Leibbinde sehr vorsichtig ins Wochenbett bringt, oder die Unterlagen wechselt. Vor Erkältung muß man sie hierbei besonders schützen, der sie auf einem Geburtsstuhle und beim Wechsel des Bettes sehr ausgesetzt ist. Ebenso muß man dafür sorgen, daß sie völlig ruhig liege, sich nicht aufrichte, und beim Umlegen nur sehr vorsichtig bewegt werde, weil sonst leicht Blutflüsse eintreten. Nie darf eine Neuentbundene von dem Geburtslager zu ihrem Wochenbette hingehen, oder sich ohne gehörige Beihülfe im Bette umlegen.

§ 110.

Jedesmal, wenn die Hebamme die Wöchnerinn besucht, hat sie äußerlich nach der Gebärmutter zu fühlen und sich zu unterrichten, ob die Gebärmutter sich in regelmäßiger Weise verkleinert. Dabei hat sie besonders zu beachten, ob die Gebärmutter unter der Betastung empfindlich ist. Niemals darf die Hebamme bei ihrem Wochenbesuche diese Betastung unterlassen.

Für die Reinlichkeit im Wochenbette sorgt man durch vorsichtiges Wechseln der Unterlagen und vorsichtiges Waschen mit warmem Wasser. Der Schwamm, dessen sich die Hebamme zum Reinigen der Geburtstheile bedient, darf zu keinem anderen Zwecke verwandt werden. Vor die Geburtstheile, wenn sie anschwellen, wie es besonders nach einem Einriß des Dammes geschieht, legt man in warmen Kamillenthee getauchte Tücher, die man stündlich wechseln läßt.

§ 111.

Wöchnerinnen haben eine große Neigung zum Schwitzen, vorzüglich in den ersten Tagen und es ist sehr gefährlich, wenn der Schweiß gestört wird. Es muß daher jede Erkältung sorgfältig vermieden werden, wozu eine unvollkommene Bedeckung der Brust, das Entblößen derselben beim Stillen, das unvorsichtige Wechseln der Wäsche ɛc. leicht Veranlassung geben. Die neue Wäsche muß stets trocken und gewärmt sein.

Andrerseits darf das Wochenzimmer aber auch nicht zu warm gehalten werden, worin es die Hebammen häufig versehen. Dadurch wird ebenfalls Erkältung begünstigt.

§ 112.

Um eine reine frische Luft im Wochenzimmer zu erhalten, muß man täglich wenigstens zweimal eine Zeitlang einen der oberen Fensterflügel öffnen. Natürlich sind Mutter und Kind dabei vor Zugluft zu schützen. Es ist ferner Alles zu vermeiden, was die Luft des Wochenzimmers verdirbt, namentlich das Trocknen der Kindertücher an dem Ofen, das Aufbewahren schmutziger Wäsche, verunreinigter Nachtgeschirre ꝛc. in dem Zimmer der Wöchnerin.

§ 113.

Das Kind kann an die Mutterbrust gelegt werden, sobald es saugen will, und ist die Mutter kräftig und gesund, so kann es nicht zu früh geschehen. Stellt sich am zweiten oder dritten Tage ein Milchfieber ein, so ist während desselben besonders alles Erhitzende zu vermeiden. Wenn das Kind nicht im Stande ist, die überfüllten, strammen Brüste auszusaugen, so muß die Milch mittelst eines Saugglases behutsam aus den Brüsten gesogen werden. Sanftes Einreiben der Brüste mit erwärmtem Oel, oder öfteres Bähen derselben durch warme Dämpfe eines Kamillenaufgusses tragen ebenfalls dazu bei, die lästige Spannung in denselben zu lindern.

§ 114.

Die ersten neun Tage muß die Wöchnerin ruhig liegend im Bette zubringen, selbst wenn sie sich ganz wohl befindet und sich kräftig fühlt. Auch nachdem sie das Bett verlassen hat, muß sie während der nächsten 3 bis 4 Wochen noch jede schwere Beschäftigung meiden, da dergleichen Anstrengungen leicht Blutungen, Senkungen der Gebärmutter ꝛc. nach sich ziehen können. In kalter Jahreszeit, bei rauher Witterung soll sie, wo es angehen kann, nicht vor vier oder sechs Wochen das Zimmer verlassen.

§ 115.

In den ersten drei Tagen muß die Wöchnerin nur eine Wassersuppe, Haferschleim, dünne Grütze u. dgl. zu sich nehmen und darf erst später allmälich nahrhaftere Speisen genießen. Zum Getränk dient der Wöchnerin Milch und Wasser, oder schwacher Thee; erhitzende Getränke, Wein oder gar Branntwein sind sehr schädlich.

§ 116.

Die Hebamme muß die Wöchnerin anhalten, regelmäßig und täglich mehrere Male ihr Wasser zu lassen. Erfolgt der Abgang desselben nicht von selbst, helfen dagegen warme Ueberschläge auf den Unterleib gelegt nicht alsbald, fühlt man über den Schambeinen die ausgedehnte, gegen Druck sehr empfindliche Harnblase, so muß der Harn mit dem Katheter entleert und sogleich ein Arzt zu Rathe gezogen werden; nöthigenfalls aber das Abzapfen des Harns zweimal täglich geschehen.

§ 117.

Wöchnerinnen sind in der Regel zur Verstopfung geneigt. Vom dritten Tage an muß die Hebamme täglich durch ein eröffnendes Klystier für leichte Leibesöffnung sorgen. Beim Stuhlgange muß sich die Wöchnerin in der ersten Woche eines Beckens oder eines Topfes bedienen; sie darf dabei nicht aufstehen und muß sich auch des Pressens möglichst enthalten. Gelingt es nicht durch Klystiere die Verstopfung zu heben, so muß ein Arzt herbeigerufen werden. Abführ= mittel zu verordnen ist der Hebamme nicht erlaubt.

§ 118.

Wöchnerinnen erkranken leicht, ihre Krankheiten sind gefährlich und verlaufen gewöhnlich sehr rasch. Deshalb muß die Hebamme sehr aufmerksam sein, daß Alles vermieden werde, was der Wöchnerin schaden könnte. Die schlimmsten Krankheiten sind entweder Folge schwerer Geburten oder entstehen durch Gemüthsbewegung, durch Erkältung oder durch Ueberladung des Magens. Zu Gemüthsbewegungen geben am häufigsten die unnöthigen Besuche und die frühe Feier der Taufe Anlaß; zu Erkältung sowohl ein zu warmes Verhalten, als zu geringe Bedeckung; besonders aber das frühe Aufstehen der Wöchnerin; Ueberladung des Magens aber bewirkt jede schwere und zu nahrhafte Speise. Manche Wöchnerin schadet sich auch durch erhitzende Getränke, namentlich durch Genuß vielen Kamillenthees, Kaffees, Weines oder gar Branntweines. Letzterer besonders kann leicht tödtliche Krankheiten bewirken. Allen diesen Mißbräuchen muß die Hebamme nach besten Kräften entgegen wirken.

Schwere Krankheiten sind besonders zu befürchten, wenn die Reinigung stockt, oder sehr übelriechend, scharf und wäßrig wird; wenn die Milch zurücktritt; wenn die Gebärmutter empfindlich und der Leib schmerzhaft wird, oder gar aufschwillt; wenn sich Fieber einstellt, das nach einem Tage noch nicht wieder aufhört; wenn die Neuentbundene die ersten Nächte gar nicht schlafen kann ꝛc. In allen diesen Fällen muß sogleich ein Arzt zu Rathe gezogen werden.

Drittes Capitel.
Von der Pflege des neugeborenen Kindes.

§ 119.

Das erste, was eine Hebamme mit dem Kinde nach Durchschneidung der Nabelschnur zu thun hat, ist, daß sie es reinige und wasche. Dies geschieht am besten, indem man es in einer kleinen Wanne oder Mulde badet. Man muß zu diesem Zwecke immer warmes Wasser bereit halten und es zum Bade mit dem entblößten Arme prüfen. Derselbe darf das Wasser nur angenehm warm finden; die Hand darf man zur Prüfung des Bades nie allein brauchen. Am besten ist es, wenn die Hebamme die Wärme des Badewassers mit dem Thermometer prüft. Nach dem achtzigtheiligen Thermometer muß das Badewasser 28 Grad warm sein.

Die neugeborenen Kinder haben gewöhnlich einen zähen Schleim auf der Oberfläche ihres Körpers, welchen man **Kindesschleim** nennt. Er sitzt fest an der Haut: reibt man aber diese nur mittelst eines feinen wollenen Lappens mit etwas frischem Oel, ungesalzenem Fett oder Eigelb ein, so läßt er sich leicht abwaschen.

§ 120.

Wenn das Kind vorsichtig rein gewaschen und mit warmen Tüchern gut abgetrocknet ist, so muß die Hebamme dasselbe genau besichtigen, ob es auch vollkommen wohl gebildet sei, oder ob es an irgend einem Theile seines Leibes einen Fehler habe; ob z. B. der After, die Harnröhre, die Geburtstheile widernatürlich verschloßen sind, in welchen Fällen sie sogleich einen Arzt rufen lassen, der Frau aber die Sache verheimlichen, oder doch nur sehr vorsichtig mittheilen muß.

§ 121.

Alsdann löset sie am Bändchen, womit die Nabelschnur unterbunden wurde, die Schleife auf, untersucht ob der Knoten fest genug liegt, zieht ihn nöthigenfalls noch einmal an und befestigt die Schleife wieder. Die Nabelschnur selbst legt sie, ohne dieselbe zu zerren, zwischen ein Stückchen Leinewand, das vorher mit Fett bestrichen wurde, auf die linke Seite des Bauches, worüber alsdann die Nabelbinde, aber ja nicht zu fest angelegt wird.

Bei dem ferneren Einwickeln des neugeborenen Kindes müssen die Arme frei bleiben und auch die Beine nicht ganz gerade gestreckt werden. Während des Waschens und Bekleidens müssen die Kinder sorgfältig gegen Zugluft und ihre Augen gegen zu helles Licht geschützt werden.

Der Nabelstrang muß bis zum Abfallen, welches um den fünften bis achten Tag zu geschehen pflegt, täglich in ein neues Läppchen gewickelt werden, wobei man sich aber hüten muß ihn zu zerren, weil er leicht abreißen könnte. Ist er abgefallen, so legt man ein trockenes oder ein mit Fett bestrichenes Leinwandläppchen auf den Nabel, bis dieser völlig geheilt ist; worauf man auch die Nabelbinde wegläßt.

§ 122.

Am sichersten liegt ein neugeborenes Kind in einer besonderen kleinen Bettstelle; ist das Zimmer aber, wie bei manchen armen Leuten, zu kalt, so legt man dasselbe zur Mutter ins Bett. Nur muß man dieselbe, wenn sie einen schweren Schlaf hat, vor der Gefahr warnen, ihr Kind zu erdrücken. Zu einer Amme oder einer Wärterin muß man das Kind nie ins Bett legen, noch weniger zu alten, kranken Leuten. Immer muß das Kind auf der Seite liegen, damit, wenn es Milch ausbricht, diese seitwärts aus dem Munde abfließen kann und es nicht daran ersticke.

§ 123.

Reinlichkeit ist ein Haupterforderniß für die Gesundheit des Kindes. So oft es sich verunreinigt hat, muß es trocken gelegt und gewaschen werden. Auch ist öfteres warmes Baden den Kindern sehr zuträglich. So oft das Kind gesogen hat, reinige man ihm den Mund mit einem in kaltes Wasser, oder eine Mischung von Wasser und etwas Wein getauchten Leinwandläppchen.

§ 124.

Die Muttermilch ist für das Kind immer die geeignetste Nahrung und wo diese reichlich vorhanden ist, ist alles Uebrige unnütz und schädlich. Ein gesundes Kind bedarf keines Kinderpulvers oder Rhabarbersaftes zu seiner Reinigung; noch weniger eines Mittels zum Schlafen, das immer sehr nachtheilig ist; ja geben ihm einfältige Leute unsinniger Weise gar Branntwein u. dergl., so kann es darnach schnell sterben. Auch Saugläppchen sind schädlich. Sehr wichtig ist es, das Kind früh an eine bestimmte Ordnung in der Zeit des Trinkens zu gewöhnen. Die Unruhe und das Schreien des Kindes ist keineswegs immer ein Zeichen des Hungers; durch ein zu häufiges Anlegen wird im Gegentheil die Verdauung gestört und die Unruhe vermehrt.

Daß ein Kind seine hinreichende Nahrung bekommt, sieht man daraus, daß es ruhig ist, die Brust nicht zu oft begehrt, sich rasch vollsaugt und gut gedeiht; daß es sich oft naß macht, täglich mehrere Male Oeffnung hat, sich gelegentlich auch wohl bespeit, nachdem es sich voll gesogen. Ein Kind, welches seine gehörige Nahrung nicht bekommt, wird unruhig, welk, beschmutzt sich selten und macht sich selten naß. Besonders hat eine Hebamme bei unerfahrenen, jungen Frauen und bei schwachen Kindern auf diese Zeichen zu achten; solche Kinder, zumal frühgeborene, haben oft eine so große Neigung zum Schlaf, daß der Hunger sie nicht erweckt, können fast verhungern, ohne große Unruhe zu zeigen, bekommen dann plötzlich Krämpfe, an denen sie ohne schleunige Hülfe eines Arztes sterben. Um diese schlimmen Zufälle zu verhüten, müssen schwache Kinder regelmäßig alle drei bis vier Stunden geweckt und an die Brust gelegt werden.

§ 125.

Kann oder will eine Mutter ihr Kind nicht stillen, so ist eine Amme jeder künstlichen Ernährung vorzuziehen. Eine Amme muß vollkommen gesund, kräftig und von blühendem Aussehen sein, nicht älter als 30 Jahre, nicht zum Trübsinn oder Zorn geneigt und von gutem sittlichen Betragen. Sie darf wo möglich nicht über ein Viertel Jahr früher nieder=gekommen sein, als die Mutter des zu stillenden Kindes. Ihre Brüste müssen voll sein und wenn sie das Kind einige Stunden nicht angelegt hat, gespannt, übrigens ohne Knoten und mit regelmäßigen Brustwurzen versehen, aus denen die Milch leicht ausgesogen werden kann. Die Milch muß dünn, bläulich sein, nicht viel Rahm absetzen und süß schmecken. Den besten Beweis, das die Amme gut ist, liefert ihr eigenes wohlgenährtes und gesundes Kind.

Uebrigens muß eine Amme aus keiner Familie sein, wo Schwindsucht und andere erbliche Krankheiten herrschen. Ammen, die eine unreine Haut, Ausschläge, die Zeichen von Drüsenkrankheit, Lustseuche haben, die an schlechten Zähnen, üblem Athem, riechendem Schweiß, weißem Fluß oder irgend einer anderen Krankheit leiden, sind ganz zu verwerfen und die Hebamme muß daher keine Amme empfehlen, die nicht von einem Arzte besichtigt ist, da sie die Zeichen der Krankheiten nicht kennen kann. Auch muß man sich hüten, eine Amme zu nehmen, deren Kind an Schwämmchen im Munde, schlimmen Augen oder irgend einer anderen Krankheit leidet, die leicht auf das zweite Kind übertragen werden kann.

§ 126.

Das Auffüttern der Kinder ohne Mutter= oder Ammen= milch erfordert eine große Sorgfalt und gelingt selbst dabei nicht immer. Die Kuhmilch scheint unter allen Nahrungs= mitteln nach der Milch der menschlichen Brust den Kindern am besten zu bekommen. Man wählt dazu die Milch von einer jungen, gut gefütterten Kuh, die man drei Mal des Tages frisch melken läßt, verdünnt sie Anfangs mit doppelt so vielem warmem Wasser und setzt etwas Zucker hinzu. Später kann man etwas weniger Wasser nehmen. Diese Mischung giebt man dem Kinde aus einem Saugglase, das äußerst reinlich gehalten werden muß, und wobei man dafür zu sorgen hat, daß das Getränk immer dieselbe Wärme habe, nie zu warm sei und nicht während des Saugens erkalte, zu welchem Ende es gut ist, das Saugglas jedesmal mit einem Tuche oder etwas Flanell zu umwickeln. Hat man nicht so oft frische Milch, so giebt man sie lieber gekocht.

Gedeiht ein solches Kind gut, so kann man ihm nach einigen Monaten einen feinen, durchgesiebten Brei von gut ausgebackenem Zwieback mit etwas Zucker geben, der jedes Mal frisch bereitet wird. Später reicht man dem Kinde öfter dünne Fleischsuppe mit Gries oder dergl. Sieht man sich gezwungen, ein Kind selbst ohne Kuhmilch mit Mehl= oder Zwiebacks=Brei aufzufüttern, so ist es durchaus nöthig, daß man ihm zuweilen etwas dünne, frische Fleischsuppe giebt; sein Gedeihen wird auch so noch schwer, ohne die Fleischbrühe aber nie gelingen.

Einem Kinde, das nicht genügende, jedoch einige Muttermilch bekommt, kann man zuweilen etwas Kuhmilch mit Wasser vermischt, oder einen Brei von Zwieback geben. Ist das Kind fünf Monate alt und sonst gesund, so pflegt es auch ohne Muttermilch bei sonst guter Nahrung ohne Mühe zu gedeihen. Zu dieser Zeit noch eine neue Amme zu wählen, ist daher nicht rathsam. Nur bei schwachen Kindern ist dies nöthig.

Zweiter Theil.
Von dem regelwidrigen Verlaufe der Schwangerschaft, der Geburt und des Wochenbettes, und dem Verhalten der Hebamme dabei.

§ 127.

Die Hülfeleistung bei einem regelwidrigen Verlaufe der Schwangerschaft, der Geburt oder des Wochenbettes ist zwar nicht eigentlich Sache der Hebamme, sondern des Arztes und Geburtshelfers, allein die Hebamme muß mit diesen Regelwidrigkeiten bekannt sein, damit sie 1) wo es geschehen kann, ihnen vorbeuge; 2) damit sie vorhandene Regelwidrigkeiten frühzeitig erkenne und zu rechter Zeit einen Geburtshelfer herbeirufen lasse; 3) damit sie in gewissen Fällen nach den Regeln, die ihr im Unterrichte ertheilt sind, selbst eine erlaubte Kunsthülfe anwenden könne und 4) damit sie es verstehe, dem Geburtshelfer den nothwendigen Beistand zu leisten.

Die Hebamme ist daher verpflichtet, in jedem Falle, wo ihre Hülfe verlangt wird, auf das Genaueste zu untersuchen und sobald sie eine Regelwidrigkeit erkannt hat, die Herbeirufung eines Geburtshelfers zu verlangen und bis derselbe zur Stelle ist, nach den Anweisungen des Lehrbuchs zu handeln.

Erster Abschnitt.
Von dem regelwidrigen Verlaufe der Schwangerschaft.

Erstes Capitel.
Von der Schwangerschaft außerhalb der Gebärmutter.

§ 128.

Die Schwangerschaft außerhalb der Gebärmutter entsteht, wenn das Ei im Eierstocke sich ausbildet, oder wenn es in den Mutterröhren sitzen bleibt, oder wenn es in die Bauchhöhle gelangt. In allen diesen Fällen kann das Ei eine Zeitlang wachsen, aber nur in der Bauchhöhle erreicht zuweilen die Frucht ihre vollständige Reife.

§ 129.

Sehr schwer ist es, eine solche Schwangerschaft zu erkennen. Es zeigen sich bei derselben im Anfange die gewöhnlichen Schwangerschaftszeichen, selbst die Gebärmutter und die Brüste schwellen etwas an. Bei der Schwangerschaft in den Eierstöcken, oder in den Mutterröhren entstehen bald heftige Schmerzen im Leibe, welche öfter wiederkehren, endlich sehr heftig werden, worauf die Schwangere meistens unter den Zeichen innerer Verblutung, nämlich großer Blässe, Ohnmachten und Krämpfen, stirbt. Es platzt nämlich das Ei mit dem Eierstocke oder der Mutterröhre gewöhnlich vor dem vierten Monate der Schwangerschaft und die Frau verblutet.

§ 130.

Nur bei einer Schwangerschaft in der Bauchhöhle wird die Frucht zuweilen ausgetragen ohne sehr große Beschwerden, da man Beispiele kennt, daß solche Schwangerschaften bis dahin für ganz regelmäßig gehalten wurden. Am Ende des zehnten Monates stellen sich dann Wehen ein, die aber natürlich die Geburt nicht fördern können, sondern wieder vorüber gehen. Hier ist es besonders wichtig, daß die Hebamme die Sache bei Zeiten richtig erkenne.

Die wichtigsten Zeichen sind: daß man die Kindestheile bei äußerer Untersuchung deutlicher als sonst fühlt; daß der Leib eine sehr unregelmäßige Gestalt hat; daß der Mutterhals immer lang bleibt, der Muttermund ungeachtet eintretender Wehen sich gar nicht öffnet; daß der Mutterkörper, den man bei innerer Untersuchung oft erreichen kann, klein und fest bleibt; daß der Scheidengrund leer gefunden wird, oder sehr unregelmäßig ausgedehnt.

Tritt nun, wenn die Wehen sich einstellen, nicht bald Hülfe ein, so stirbt das Kind im Mutterleibe ab, vertrocknet und kann so viele Jahre liegen bleiben; in anderen Fällen bildet sich nach dem Tode des Kindes ein großes Geschwür am Leibe, in den Gedärmen oder in der Scheide ꝛc., welches aufbricht und allmälich die einzelnen Knochen des Kindes entleert. In beiden Fällen kann die Frau gerettet werden.

§ 131.

Es versteht sich von selbst, daß in allen Fällen, wo die Hebamme eine Schwangerschaft außerhalb der Gebärmutter vermuthet, ein Geburtshelfer sogleich gerufen werden muß.

Zweites Capitel.
Von der Molenschwangerschaft.

§ 132.

Molen, Mondkälber sind krankhaft entartete Eier, die entweder gar keine Frucht, oder nur undeutliche Ueberreste derselben enthalten. Die Frucht ist schon im Anfange der Schwangerschaft abgestorben und die Eihäute sind allein fortgewachsen, oder auch durch zwischen sie ergossenes Blut bis zur Unkenntlichkeit zerstört. Gewöhnlich bestehen die Molen aus einer Menge mit Wasser gefüllter Bläschen (Blasen= oder Traubenmole), oder aus einem unförmlichen fleischigen Klumpen (Fleisch= oder Blutmole).

§ 133.

Die Hebamme kann eine Molenschwangerschaft vermuthen, wenn neben den sonstigen Zeichen der Schwangerschaft der Leib sich ungewöhnlich schnell ausdehnt, die Gebärmutter dabei sehr gespannt ist, die Schwangere über Spannung und Schwere im Leibe klagt, und sich endlich ein unregelmäßiger Blutabgang zeigt.

§ 134.

Gewöhnlich geht die Mole im dritten oder vierten Monate unter bedeutendem Blutverluste ab, und dieser Abgang gleicht so sehr einer unzeitigen Geburt, daß man ihn vor Abgang des Eies oft nicht von derselben unterscheiden kann. Auch ist das Verhalten der Hebamme bei dem Abgange einer Mole völlig dasselbe, wie es ihr in einem späteren Capitel bei der unzeitigen Geburt vorgeschrieben wird.

Drittes Capitel.

Von den fehlerhaften Lagen der Gebärmutter und der Mutterscheide in der Schwangerschaft.

1) Von der Zurückbeugung der Gebärmutter.

§ 135.

So nennt man eine regelwidrige Lage der Gebärmutter, bei der sich der Muttergrund nach hinten in die Aushöhlung des Kreuzbeins senkt, der Mutterhals aber nach vorn gegen die Schamfuge oder selbst über dieselbe hinaufsteigt und die Gebärmutter so ins Becken eingeklemmt wird. Nur in den ersten vier Monaten der Schwangerschaft kann diese Zurückbeugung eintreten, wenn die Frau ihr Wasser sehr lange zurückhält, sich beim Heben sehr anstrengt, sehr heftig zum Stuhl drängt, hustet, nieset oder bricht; auf den Hinteren fällt ɪc. Oft bestand schon ein geringer Grad von Zurückbeugung der Gebärmutter vor dem Eintritt der Schwangerschaft, der mit der Vergrößerung derselben allmählich zunahm und stärkere Beschwerden hervorrief. Die Folgen der Einklemmung der Gebärmutter im Becken sind erschwerter oder gänzlich verhinderter Abgang des Harns und Stuhls; heftiger Schmerz und Drängen im Becken; der Tod kann sehr schnell in Folge der Zerreißung der überfüllten Harnblase, oder durch Entzündung im Unterleibe erfolgen. In anderen Fällen führt die Einklemmung rasch eine Blutung und eine unzeitige Geburt herbei.

§ 136.

Bei der inneren Untersuchung fühlt man in der Aushöhlung des Kreuzbeins eine feste, runde, große Geschwulst, nämlich den Grund der Gebärmutter, welcher die hintere

Wand der Scheide hervorgedrängt hat; den Muttermund findet man nicht an seiner gewöhnlichen Stelle, sondern nach vorn dicht hinter oder selbst über den Schambeinen; zuweilen erreicht man ihn hier gar nicht, sondern fühlt nur einen Theil des Mutterhalses, der hart gegen die Schambeine angedrängt ist. Bei der äußeren Untersuchung fühlt man den Unterleib oft schon nach einigen Stunden sehr ausgedehnt, hart, gespannt und schmerzhaft, welches von der großen Anfüllung der Harnblase herrührt.

§ 137.

Sobald die Hebamme die Zurückbeugung erkannt hat, muß sie schleunigst einen Geburtshelfer herbeirufen lassen. Bis derselbe kommt, versuche sie vorsichtig, der Kranken mit dem Katheter das Wasser abzunehmen und lasse dieselbe ruhig auf der Seite liegen, wobei sie ihr alles Drängen untersagt. Auch setze sie der Kranken, wenn sie längere Zeit keine Oeffnung gehabt hat, ein Klystier.

2) Von dem Vorfalle der Gebärmutter und der Mutterscheide.

§ 138.

Vorfall der Gebärmutter nennt man die regelwidrige Lage derselben, wobei sie tiefer als gewöhnlich herabsinkt, so daß der Muttermund am Eingange der Mutterscheide, oder gar außerhalb der Geburtstheile liegt. Im letzteren Falle kann die Gebärmutter ganz und gar außen vor liegen und ist dann von der mit vorgefallenen Scheide bedeckt.

§ 139.

Um den Gebärmutter=Vorfall zu erkennen, muß man nothwendig den Muttermund gefühlt oder gesehen haben.

So lange derselbe noch in der Scheide liegt, findet man ihn hier immer an der hinteren Wand; zwischen den Schamlippen kommt er zuerst zum Vorschein und ist bei ganz vorgefallener Gebärmutter der unterste Theil. Im letzten Falle zeigt die Gebärmutter nicht mehr ihre gewöhnliche Gestalt, sondern der ganze Vorfall bildet eine unförmliche, trockene, hellrothe Geschwulst, an der sich nur die Oeffnung des Muttermundes noch mit Sicherheit erkennen läßt. Andere krankhafte Gewächse und Geschwülste unterscheiden sich dadurch, daß an ihnen kein Muttermund zu finden ist.

§ 140.

Die Ursachen des Vorfalls der Gebärmutter sind entweder ein Stoß, Fall oder Schlag auf den Unterleib; oder eine Erschlaffung der Geburtstheile in Folge von frühem Aufstehen im Wochenbette und schwerer Arbeit kurz nach der Entbindung. Auch entsteht leicht ein Vorfall, wenn der Damm tief eingerissen ist.

§ 141.

In der Schwangerschaft pflegt sich selten ein Vorfall zu zeigen; ja ein früher vorhandener, geringerer Vorfall pflegt nach dem dritten Monate zurückzugehen, weil die Gebärmutter wegen ihrer Größe nicht mehr im Becken Platz hat. Bisweilen aber bleibt die Gebärmutter auch nach dem dritten Monate im kleinen Becken, klemmt sich hier ein und ruft Harn- und Stuhlbeschwerden, Schmerzen und Drängen im Becken hervor. In ruhiger Rückenlage pflegen sich jedoch diese Beschwerden bald wieder zu verlieren. Schwangere, die an einem Vorfalle der Gebärmutter leiden, müssen sich jeder schweren Arbeit enthalten und sobald die genannten

Beschwerden sich einstellen, sich zu Bette legen und das Bett nicht eher wieder verlassen, als bis die Beschwerden vollständig gewichen sind. Nur in sehr schlimmen Fällen tritt die Gebärmutter selbst in der Schwangerschaft vor die Geburtstheile hervor. Hier ist die Hülfe eines Geburtshelfers schon in der Schwangerschaft nöthig und bei der Geburt durchaus erforderlich.

§ 142.

Um den Vorfall der Gebärmutter zu vermeiden, muß keine Wöchnerin vor dem neunten Tage das Bett verlassen und vor sechs Wochen keine schwere Arbeit thun. Denn so lange bleiben die Bänder der Gebärmutter schlaff und die Scheide weit.

Hat aber die Frau schon einmal einen Vorfall gehabt, so muß sie im folgenden Wochenbette mehrere Wochen, nach Umständen selbst Monate lang das Bett hüten und dabei flach, abwechselnd auf der Seite oder auf dem Rücken liegen; das Kind nicht selbst aufheben oder umlegen und sich zu allen ihren Bedürfnissen Hülfe leisten lassen. Für regelmäßige Leibesöffnung muß nöthigenfalls durch Klystiere gesorgt werden.

§ 143.

Das Weitere muß die Hebamme dem Geburtshelfer überlassen. Nur wo die Gebärmutter etwa plötzlich vorfallen sollte, kann sie dieselbe zurückschieben, ehe sie anschwillt, wobei sie sich stets an die krumme Richtung der Geburtswege erinnern muß. Sie lasse die Frau, nachdem die Harnblase und der Mastdarm entleert sind, mit erhöhtem Steiß und angezogenen Schenkeln im Bette liegen und schiebe mit zwei eingeölten Fingern den Vorfall nicht gerade, sondern so zurück, daß der Muttermund an der hintern Wand der Scheide in die Höhe geführt wird. Nach dem Zurückbringen muß die Frau flach liegen bleiben. Wie lange dieses nöthig sein wird, muß ein Arzt entscheiden, so wie derselbe auch zu bestimmen hat, welche andere Mittel zur Beseitigung des Uebels anzuwenden sind.

§ 144.

Bisweilen tritt die Mutterscheide allein, entweder mit ihrer vorderen, oder mit ihrer hinteren Wand durch die Schamspalte hervor; letzteres findet namentlich Statt, wo der Damm tief eingerissen ist. Die Hebamme fühlt hier den Muttermund höher liegen und wird diesen Zufall dadurch selbst bei starker Geschwulst der Theile vom Vorfalle der Gebärmutter unterscheiden. Wie er zurückzuhalten sei, muß der Entscheidung eines Arztes überlassen bleiben.

Viertes Capitel.
Von dem Blutflusse aus den Geburtstheilen in der Schwangerschaft.

§ 145.

Die Blutflüsse aus den Geburtstheilen gehören zu den gefährlichsten Zufällen, welche Schwangere treffen können. Sie erfordern meistens die schleunige Hülfe eines Arztes; doch würde manche Frau sterben müssen, ehe derselbe kommt, wenn die Hebamme im Nothfalle nicht selbst zu helfen wüßte. Nur für diese Nothfälle empfängt sie die in diesem Abschnitte enthaltene Anweisung zur Behandlung solcher Zufälle.

Es giebt drei Mittel, welche gegen alle Blutungen passend sind und oft schon ganz allein dieselben stillen. **Das erste Mittel** ist eine völlige Ruhe des Körpers und Geistes. Die Frau, welche an einer Blutung leidet, muß sich sogleich flach niederlegen, mit geschlossenen Schenkeln, und im schlimmsten Falle so ruhig liegen, daß sie kein Glied regt, nicht spricht, zu ihren Bedürfnissen sich nur durch Andere vorsichtig aufheben läßt und die Sorge für ihren Hausstand Anderen überläßt. In dieser Lage bleibt sie, bis alle Gefahr der Blutung vorüber ist.

Das zweite Mittel ist ein kühles Verhalten. Dazu gehört, daß die Frau nur in einem mäßig warmen Zimmer liege, sich im Bette nur mäßig bedecke. Alles, was sie genießt, muß kühl sein; im schlimmsten Falle darf sie nur Kaltes zu sich nehmen; alle erhitzende Dinge, Gewürze, Kaffee, Thee, Wein, Bier oder gar Branntwein muß man ihr streng untersagen.

Drittens kann man bei starken Blutungen fünf bis sechs saure Hallersche Tropfen in einer Tasse Wassers täglich drei bis vier Mal, in schlimmeren Fällen alle Stunde nehmen lassen.

1) Von den Blutungen in den ersten 28 Wochen der Schwangerschaft und von der unzeitigen Geburt.

§ 146.

Entsteht in den ersten sieben Monaten der Schwangerschaft eine stärkere Blutung aus den Geburtstheilen, so folgt darauf gewöhnlich eine unzeitige Geburt. Am häufigsten findet dies in den ersten drei bis vier Monaten der Schwangerschaft Statt.

Es giebt indessen Fälle, wie schon einmal bemerkt wurde, wo eine Schwangere in dieser Zeit noch ihr Monatliches einige Male bekommt; hierbei ist aber die Blutung gering, und die Hebamme hat, wenn sie zu Rathe gezogen wird, blos Ruhe und kühles Verhalten anzurathen, damit die Blutung nicht stärker werde.

Auch sind nicht alle unzeitigen Geburten mit einem gefährlichen Blutflusse verbunden, und manchmal verliert die Gebärende dabei nicht mehr Blut als bei einer regelmäßigen Geburt. In solchen Fällen reicht die Hebamme mit Vorsicht und den drei allgemeinen Mitteln gegen die Blutung vollkommen aus und darf keine andere anwenden.

Gewöhnlich aber verliert eine Schwangere bei unzeitigen Geburten viel Blut und es ist hierbei eigenthümlich, daß die Blutung sich oft schon Tage lang vor der Geburt einstellt und sich erst stillt, wenn das Ei abgegangen ist. Nach einer solchen Geburt ist die Blutung gewöhnlich unbedeutend, da die Gebärmutter bei ihrer noch geringeren Ausdehnung sich leicht zusammenziehen kann

§ 147.

Wird die Hebamme zu einer Schwangeren gerufen, die von einer solchen Blutung befallen ist, so muß sie sogleich für die Herbeirufung eines Geburtshelfers sorgen. Bis derselbe kommt, verfährt die Hebamme folgendermaaßen:

Bei der Untersuchung der Schwangeren muß sie sehr behutsam zu Werke gehen, um nicht dadurch die Blutung zu steigern. Die abgegangenen Blutgerinsel lasse sie aufbewahren, damit der Arzt nachsehen könne, ob etwa das Ei oder Theile desselben darin enthalten seien. So lange sie nicht weiß, ob die unzeitige Geburt wirklich eintreten werde, darf sie nur die oben genannten drei Mittel anwenden. Denn die anderen gleich zu nennenden Mittel bewirken alle Wehen und würden daher oft die Geburt herbeiführen, wo sie noch vermieden werden könnte.

§ 148.

Deshalb ist es wichtig, daß die Hebamme den Eintritt der Geburt richtig erkenne, der sich ziemlich sicher erwarten läßt, wenn die Blutung so stark war, daß die Schwangere ohnmächtig und blaß wurde und sich nicht schnell wieder erholte; oder wenn sich deutliche Wehen eingestellt haben; oder wenn man fühlt, daß die Gebärmutter sich öffnet; aber erst ganz unzweifelhaft ist, wenn schon ein Theil des Eies sich im Muttermunde zeigt. In diesem Falle ist es wünschenswerth, daß die Geburt baldigst erfolge, da die Blutung gewöhnlich nicht vor dem Abgange des Eies gestillt wird. Verzögert sich daher die Ausstoßung desselben, so darf die Hebamme jetzt zur Beförderung der Wehen neben den sauren Tropfen stündlich bis zweistündlich 30 bis 40 Zimmettropfen geben. Zur Mäßigung der Blutung lege sie in kaltes Wasser getauchte und wieder ausgedrückte Tücher fest vor die Geburtstheile, gebe ein Klystier von kaltem Wasser und spritze kaltes Wasser in die Scheide.

§ 149.

Das wirksamste Mittel aber die Blutung zu stillen und gleichzeitig die Gebärmutter zu stärkeren Zusammenziehungen anzuregen, besteht in der Ausstopfung der Scheide. Die Hebamme muß es daher überall anwenden, wenn unter den

angegebenen Verhältnissen die Blutung auf eine bedenkliche
Weise fortdauert, und noch kein Geburtshelfer zur Stelle
ist. Am zweckmäßigsten bedient sie sich dazu der Kaut=
schuckblase. Die Blase wird, nachdem sie in Oel getaucht
war, leer in die Scheide gebracht und durch die Röhre
mittelst einer Klystierspritze mit kaltem Wasser gefüllt, worauf
die Röhre durch einen Hahn oder eine Klemme geschlossen
wird. Gewöhnlich erhält sich die gefüllte Blase von selbst
im Scheidengrunde; zeigt sie indeß Neigung sich hervorzu=
drängen, so legt man ein leinenes Stopftuch zusammengefaltet
vor die Schamspalte und befestigt es mittelst einer T-Binde.
Will man die Blase wieder entfernen, so wird vorher das
eingespritzte Wasser abgelassen. Auch ohne die Blase zu
entfernen, kann man von **Zeit zu Zeit** das Wasser ablassen
und durch frisches ersetzen. Da die Blasen **bisweilen** während
des Gebrauches platzen, so ist es **wünschenswerth**, daß die
Hebamme eine zweite zum Wechseln zur Hand habe.

Eine andere Weise der Ausstopfung ist folgende: Die
Hebamme bringe einen in Essig getauchten Schwamm vor
den Muttermund, drücke ihn gegen denselben an und fülle
die Mutterscheide mit anderen Stopfmitteln, alter gezupfter
Leinwand, weichen Waschschwämmen oder Preßschwämmen,
die vorher in Oel getaucht wurden, so aus, daß der zuerst
eingebrachte Schwamm dadurch gegen den Muttermund an=
gedrückt wird. Oder sie nehme eine weiche leinene Nabel=
binde, tauche sie gänzlich in reines Oel, fasse das eine
Ende zwischen dem Zeige= **und** Mittelfinger einer Hand und
führe es hoch hinauf in die Scheide. Indem sie nun mit
diesen beiden Fingern immer mehr von der Binde in die
Scheide zu ziehen und mit dem Zeigefinger der anderen Hand

von außen nachzuschieben sucht, fülle sie zunächst den Scheidengrund von allen Seiten mit der Binde aus und verstopfe dann den unteren Theil der Scheide so vollkommen es ihr nur möglich ist. Den übrigen Theil der Binde lege sie fest vor den Eingang der Scheide und bedecke sie noch mit einem weichen, fest anliegenden Tuche.

Sollte die Gebärende heftiges Zucken und Drängen bekommen und die Ausfüllung der Scheide nicht mehr ertragen können, so muß man die Stopfmittel herausnehmen, kann sie aber durch neue und reine wieder ersetzen, wenn es wegen der Blutung nöthig sein sollte.

§ 150.

Steht die Blutung, so entfernt man die Stopfmittel. Findet man nun etwa das Ei völlig gelöst in der Mutterscheide, ohne daß es abgeht, wie es zuweilen in den ersten Monaten der Fall ist, so nimmt man es vorsichtig fort, ehe es faul wird. Das abgegangene oder weggenommene Ei bewahre die Hebamme unversehrt in kaltem Wasser auf, um es dem Arzte zu zeigen.

§ 151.

Stellt sich nach beendigter Geburt wieder eine bedenkliche Blutung ein, so muß man gegen diese dieselbe Mittel, namentlich auch das Ausstopfen der Mutterscheide anwenden. Da die Höhle der Gebärmutter noch klein und wenig ausdehnbar ist, so hat man hier nicht zu befürchten, daß sich eine größere Menge Blutes in der Gebärmutter anhäufe. Die genannten Mittel sind zugleich die geeignetsten, um den Abgang der Nachgeburt zu befördern, wenn diese noch zurückgeblieben sein sollte.

§ 152.

Nach einer unzeitigen Geburt muß die Wöchnerin sich ganz so verhalten, wie nach einer rechtzeitigen Geburt und darf namentlich das Bett nicht zu früh verlassen.

Einer Frau, die öfter eine unzeitige Geburt erlitten hat, muß die Hebamme den Rath ertheilen, sich in Zeiten mit einem Arzte zu besprechen.

§ 153.

Nach dem siebenten Monate pflegen der Geburt, wenn nicht der Mutterkuchen einen regelwidrigen Sitz hat, keine Blutungen vorherzugehen. Der Hergang einer früh= zeitigen Geburt unterscheidet sich bei regelmäßigem Sitze des Mutterkuchens nicht wesentlich von dem Hergange einer rechtzeitigen Geburt, nur daß die ersten beiden Geburtszeiten wegen der geringeren Vorbereitung des Mutterhalses ge= wöhnlich langsamer verlaufen. Die Hebamme hat sich daher bei einer solchen frühzeitigen Geburt ebenso zu ver= halten, wie bei der Behandlung einer rechtzeitigen Geburt. Verzögert sich der Abgang der Nachgeburt, wie es hier nicht selten geschieht, so verfahre sie nach den Regeln, die weiterhin für diesen Fall angegeben werden. Die Pflege eines frühzeitigen Kindes erfordert große Sorgfalt; es bedarf namentlich sehr viel äußerer Wärme zu seiner Erhaltung.

2) Von den Blutungen in den drei letzten Monaten der Schwangerschaft.

§ 154.

Diese im späteren Verlaufe der Schwangerschaft ein= tretenden Blutungen sind im Ganzen viel gefährlicher, als die Blutungen bei unzeitiger Geburt. Denn sie pflegen mit großer Heftigkeit und ohne Wehen einzutreten, wiederholen sich mehrere Male und werden jedes Mal stärker und bewirken dennoch nicht immer den Eintritt der Geburt, durch deren Beendigung die Gefahr allein völlig gehoben werden könnte. Sie zeigen sich selten schon im achten, häufiger erst im neunten oder zehnten Monate zum ersten Mal, ohne besondere äußere Veranlassung; kehren auch ohne solche nach Tagen oder Wochen wieder und werden bei eintretender Geburt am furchtbarsten.

Sie rühren her von einer Lösung des Mutterkuchens, der einen unregelmäßigen Sitz auf oder neben dem Muttermunde hat. Denn der untere Theil der Gebärmutter dehnt sich vom achten Monate an schneller aus und der Mutterkuchen, welcher dieser Ausdehnung nicht folgen kann, löst sich allmälich und theilweise los und jedes Mal entsteht danach eine heftige Blutung. In seltenen Fällen kann der Mutterkuchen, auch wenn er einen regelmäßigen Sitz hat, in Folge äußerer Veranlassung, eines Falles, Stoßes und dergl., losgerissen werden, wonach ebenfalls eine ähnliche Blutung entsteht, die jedoch, nachdem sie einmal gestillt ist, nicht leicht wiederkehrt.

§ 155.

In den schlimmsten und seltensten Fällen kann sich die Schwangere verbluten, ehe noch irgend Wehen eintreten. Meistens erlebt die Schwangere noch den Eintritt der oft frühzeitigen Geburt. Der Blutfluß erreicht nun bald eine solche Höhe, daß die Mutter und mit ihr das Kind, wenn keine schleunige und geschickte Hülfe eintritt, vor Beendigung der Geburt sterben kann.

In den weniger schlimmen Fällen zeigt sich die Blutung erst bei eintretender Geburt, oder wenigstens nicht lange vorher und nur in geringerem Grade. Hier kann die Natur noch allein helfen, wenn die Fruchtblase früh springt, der Kopf oder der Steiß tief in den geöffneten Muttermund tritt und auf diese Weise die Blutung gestillt wird. Doch ist ein solcher glücklicher Ausgang nie mit Sicherheit vorherzusehen.

§ 156.

Das wichtigste Zeichen, an dem die Hebamme den regelwidrigen Sitz des Mutterkuchens erkennt, ist die Blutung, welche sich auf die angegebene Weise in den letzten Monaten der Schwangerschaft zeigt. Bei der inneren Untersuchung vor Eröffnung des Muttermundes findet man die Kindestheile entweder hoch liegend, oder man erreicht sie gar nicht und findet den Scheidengrund von dem aufliegenden Mutterkuchen teigicht und nicht so nachgiebig, wie sonst. Im geöffneten Muttermunde fühlt man oft die äußere, rauhe Seite des Mutterkuchens, gleich einem weichen Waschschwamm; oft liegen auch nur die Häute vor, da der Mutterkuchen nicht immer den Muttermund selbst bedeckt.

§ 157.

Das Verhalten der Hebamme bei diesen Blutungen besteht in Folgendem: Vor allem hat sie die Hülfe eines Geburtshelfers sogleich und bei jeder Blutung dieser Art zu verlangen und am größten würde ihre Verantwortlichkeit sein, wenn sie dessen zeitige Hülfe bei eintretender Geburt nicht dringend genug begehrt hätte, da hier die Gefahr außerordentlich groß, die Hülfe schwer und von der Hebamme nie vollständig zu leisten ist. Da indeß der Geburtshelfer nicht immer gleich zur Stelle sein kann, so muß die Hebamme bis zu seiner Ankunft doch versuchen zu helfen, so gut sie kann; und dies geschieht auf folgende Weise.

§ 158.

In der Schwangerschaft, ehe sich Wehen einstellen, empfiehlt sie hier die drei Mittel, welche gegen Blutungen anzuwenden sind. Vor allem ist die ruhigste Lage nothwendig, nicht allein während der Blutung, sondern auch noch mehrere Tage nach ihrem Stillstande. Eine Schwangere darf unter diesen Umständen das Zimmer vor der Entbindung überall nicht mehr verlassen und muß alle Anstrengung und Bewegung vermeiden. Sehr oft ist es selbst nothwendig, daß sie bis zur Entbindung auch das Bett hüte; namentlich, wenn der Zeitpunct der Geburt nahe ist, wenn die Blutung so stark war, daß die Frau danach blaß und schwach geblieben ist; wenn der Blutabgang in geringem Grade immer fortdauert u. s. w.; kurz in allen schlimmen Fällen.

§ 159.

Bei jeder stärkeren Blutung muß die Hebamme noch besonders darauf achten, ob nicht Wehen damit verbunden sind, d. h. ob die Geburt nicht eintritt, weil dann die Hülfe des Geburtshelfers noch dringender nöthig ist. Den Eintritt der Geburt erkennt man zwar hier auch an den gewöhnlichen Zeichen, der Spannung der Gebärmutter und der Eröffnung des Muttermundes; indeß lehrt die Erfahrung, daß man diese Zeichen hier leichter übersehen kann, da die Zusammenziehungen der Gebärmutter oft schwach sind, der Gebärenden gar keine oder nur wenige Schmerzen erregen und der Muttermund sich hier sehr langsam öffnet und lange Zeit wulstig und ohne Spannung bleibt. Die Hebamme muß deshalb ihre Aufmerksamkeit verdoppeln.

§ 160.

Erkennt die Hebamme, daß die Geburt eingetreten ist, oder steigert sich die Blutung auch ohne die Zeichen der begonnenen Geburt bis zu einem bedenklichen Grade, so muß sie, bis der Geburtshelfer kommt, die Scheide ausstopfen auf die Weise, wie es oben bei der unzeitigen Geburt gelehrt wurde. Nur muß dies hier sorgfältiger geschehen, da die Umstände hier kräftigere Hülfe erfordern und man bedarf einer größeren Menge Stopfmittel oder einer stärkeren Anfüllung der Kautschuckblase, um die Scheide, die anjetzt viel weiter ist, so auszufüllen, daß auf den Muttermund einiger Druck ausgeübt werde; denn ohne diesen hilft das Ausstopfen nicht. Durch Zusammenlegen der Schenkel verhütet man, daß das Eingebrachte wieder herausdringe und läßt es bis zur Ankunft des Geburtshelfers liegen.

§ 161.

Gewöhnlich erreicht die Hebamme durch dieses Mittel Stillung der Blutung für einige Zeit; oder doch eine solche Minderung, daß man ohne die äußerste Lebensgefahr bis zur Ankunft des Geburtshelfers warten kann. Schlimm ist es sowohl für die Gebärende als für das Kind, wenn dessen Ankunft sich viele Stunden verzögerte und sich die Hebamme gezwungen sähe, die Mutterscheide wieder zu entleeren. Denn die Hebamme kann von den sonstigen jetzt passenden Mitteln keines mit völliger Sicherheit anwenden. Damit sie aber auch in solchem schlimmen Falle nicht ganz rathlos sei, wird ihr Folgendes vorgeschrieben:

1) Sie muß die Mutterscheide wieder entleeren, wenn die Gebärende von der Ausstopfung unerträgliches Jucken, Brennen oder Drängen bekommt; alsdann nimmt man alles aus der Scheide, bringt aber, wenn die Blutung dies noch erfordert, neue reine Stopfmittel oder die Kautschuckblase vorsichtig wieder ein. Auf diese Weise erträgt die Frau oft noch längere Zeit die Anwendung dieser Mittel.

2) Schreitet die Geburt vorwärts und öffnet sich der Muttermund weiter, so beginnt die Blutung oft wieder ungeachtet der Ausfüllung der Scheide. Die Hebamme untersuche alsdann genau den Stand der Geburt und nehme dazu, wenn es nöthig ist, das Stopfmittel aus der Mutterscheide. Fühlt sie nun im geöffneten Muttermunde nur den Mutterkuchen, so suche sie durch abermaliges Ausfüllen der Mutterscheide der Blutung Grenzen zu setzen; fühlt sie aber im Muttermunde Eihäute und dahinter deutlich den Kopf, den Steiß oder die Füße vorliegen, so sprenge sie, wenn auch der Muttermund nicht viel über einen Zoll weit geöffnet sein sollte, die Fruchtblase, damit die Kindestheile möglichst schnell eintreten und so die Blutung auf die wirksamste Weise stillen können. Um den schnellen Eintritt der Kindestheile zu befördern, kann die Hebamme, wo der Kopf oder Steiß vorliegt, durch Reibungen des Muttergrundes und kaltes Waschen des Bauches die Wehen befördern; wo aber ein Fuß oder beide über dem Muttermunde liegen, da ziehe sie dieselben durch die Scheide so weit herab, daß der Steiß in den Muttermund tritt, worauf die Blutung gewöhnlich

steht und die fernere Austreibung des Kindes der Natur überlassen werden kann.

Bei dieser Sprengung der Häute muß sich die Hebamme besonders in Acht nehmen, daß sie sich in der Stellung des Kindes nicht irre; denn hätte dasselbe eine Querlage und die Wasser flössen ab, so würde die hier nöthige Wendung dem Geburtshelfer so erschwert werden, daß sie nur mit äußerster Gefahr für Mutter und Kind vollendet werden könnte. Um also vor diesem Irrthume desto sicherer zu sein, unterlasse die Hebamme es nie, auch äußerlich zu untersuchen, da eine Querlage sich ihr durch die Breite und Unebenheit des Bauches kund geben würde; bei regelmäßiger Lage aber der Bauch schmal und regelmäßig von Gestalt ist.

§ 162.

Auch nach der Geburt des Kindes ist hier immer eine abermalige Blutung zu fürchten, weil der Mutterkuchen sich sehr langsam löst, da der Mutterhals, in dem er sitzt, sich nur schwach zusammenzieht. Deshalb muß der Mutterkuchen, sobald sich nur irgend eine Blutung zeigt, sogleich hinweggenommen werden. Gelingt dieses nicht durch einen mäßigen Zug an der Nabelschnur, so muß es sogleich mit der in die Scheide geführten Hand geschehen, die hier den Mutterkuchen zum Theil schon im Muttermunde findet. Man faßt den freien Theil an einer Seite und zieht ihn vorsichtig und langsam herab. Dabei muß man mit der anderen Hand die Gebärmutter von außen in ihrer Lage festhalten.

Darauf macht man sogleich eine kalte Einspritzung und wendet die Mittel an, welche bei Blutungen in der dritten Geburtszeit weiterhin angegeben werden.

§ 163.

Alle diese Hülfen darf die Hebamme, wie gesagt, nur dann selbst anwenden, wenn kein Geburtshelfer schnell genug zur Stelle sein kann.

Fünftes Capitel.
Von dem Absterben der Frucht in der Schwangerschaft.

§ 164.

Zu jeder Zeit der Schwangerschaft kann die Frucht im Mutterleibe absterben. Daß die Frucht im Mutterleibe abgestorben sei, kann die Hebamme vermuthen, wenn die Bewegungen der Frucht gänzlich aufhören und an keiner Stelle die Herztöne derseben vernommen werden, wenn die Schwangere einen mehr oder weniger starken Frostanfall bekommt, wenn sie ein Gefühl von Schwere und Kälte im Unterleibe empfindet, wenn der Umfang der Gebärmutter nicht weiter zunimmt, wenn die Brüste schlaff werden. Doch sind diese Zeichen trüglich und die Hebamme muß sich daher hüten ihren Verdacht auszusprechen; am wenigsten darf sie die Schwangere selbst durch unvorsichtige und besorgliche Aeußerungen erschrecken. Leidet bei den angegebenen Zeichen die Gesundheit der Mutter, so muß die Hebamme sogleich einen Arzt zu Rathe ziehen.

§ 165.

Ein in der Schwangerschaft abgestorbenes Kind wird gewöhnlich bald, selten erst nach Wochen geboren. Stirbt aber Ein Zwilling und der andere bleibt lebendig, so kann der abgestorbene oft Monate lang in der Gebärmutter verweilen, bis auch der lebende geboren wird.

Bei der Geburt eines in der Schwangerschaft abgestorbenen Kindes ist es Pflicht der Hebamme, dieselbe Vorsicht anzuwenden, wie bei lebendem Kinde, weil die Zeichen des Todes immer ungewiß sind.

Zweiter Abschnitt.
Von dem regelwidrigen Verlaufe der Geburt.

§ 166.

Die Ursachen der regelwidrigen Geburten liegen entweder in dem mütterlichen Körper, oder in der Frucht, oder in den übrigen Theilen des Eies.

I. **Regelwidrige Geburten von Seiten der Mutter.**

Erstes Capitel.
Von den regelwidrigen Wehen.

§ 167.

Das gewöhnliche Zeichen regelwidriger Wehen ist, daß sie die Geburt nicht fördern. Indeß kann der Widerstand, den das Kind findet, z. B. bei engen Geburtswegen, oder die fehlerhafte Lage des Kindes auch Ursache sein, daß sonst gute Wehen unwirksam bleiben. Deshalb muß die Hebamme auf die besonderen Zeichen regelwidriger Wehen achten. Die verschiedenen Arten regelwidriger Wehen sind folgende:

1) **Zu schwache Wehen.**

§ 168.

Die zu schwachen Wehen erkennt man daran, daß sie selten kommen, sehr kurz, wenig schmerzhaft und von geringer

Wirkung sind; die Gebärmutter zeigt während derselben wenig Härte und Spannung und erschlafft in den Zwischenzeiten vollständig. Bei guter Stellung des Kindes und regelmäßiger Weite der Geburtstheile kommt die Geburt dabei gewöhnlich, wenn auch langsam zu Stande. Bei Steiß- und Fußgeburten sind die schwachen Wehen gefährlich, wenn sie sich in der zweiten Geburtszeit zeigen und der Kopf und die Schultern des Kindes zu langsam durchtreten. Bis zu Ende der ersten Geburtszeit bringen sie keine Gefahr. Bei engem Becken oder engen weichen Geburtstheilen kommt die Geburt ohne Kunsthülfe gar nicht zu Ende. In der dritten Geburtszeit sind schwache Wehen besonders gefährlich und die gewöhnliche Ursache der Blutungen.

§ 169.

Einige sonst gesunde Gebärende haben immer schwache Wehen; bei anderen sind sie Folge von Krankheiten, von Gemüthsbewegung u. dergl. Frauen, die wiederholt schwere Geburten überstanden haben, leiden oft an schwachen Wehen. Bei großer Ausdehnung der Gebärmutter durch zu vieles Fruchtwasser oder Zwillinge findet meistens Wehenschwäche Statt. Häufig werden die Wehen dadurch geschwächt, daß man die Kreißenden zu früh zur Geburt mitarbeiten läßt, oder ihnen erhitzende Getränke, besonders viel Kamillenthee giebt. Ist die Austreibung des Kindes durch Enge der Geburtswege erschwert, so können die Anfangs kräftigen Wehen schwach werden, weil sich die Gebärmutter an dem Widerstande erschöpft hat.

Große Vollblütigkeit der Gebärenden ist eine besondere Ursache schwacher Wehen. Die Wehen sind hierbei kurz, der Muttermund öffnet sich sehr langsam, die Kreißende ist heiß, träge, schläfrig, roth im Gesichte oder am ganzen Körper; hat Beängstigung und Kopfschmerz.

§ 170.

Bei schwachen Wehen hat die Hebamme, wenn sonst Alles in Ordnung ist und sich keine Vollblütigkeit zeigt, in den ersten beiden Geburtszeiten wenig zu thun. Sie mache es der Gebärenden möglichst bequem, lasse sie nicht mitarbeiten, ermahne sie freundlich zur Geduld und gebe ihr, wenn die Geburt lange dauert, eine Tasse Thee, oder ein anderes nicht erhitzendes Getränk. In der dritten und vierten Geburtszeit kann sie ihr zuweilen eine Tasse Kamillenthee geben.

§ 171.

Geht aber die Geburt gar nicht vorwärts, ist das Fruchtwasser schon längere Zeit abgeflossen, fühlt sich die Gebärende matt und angegriffen, oder werden die Herztöne des Kindes schwächer, oder bestehen neben der Wehenschwäche noch andere Regelwidrigkeiten, hat das Kind eine ungünstige Lage, mit dem Gesichte, mit dem Steiße oder den Füßen voran, oder sind die Geburtswege eng, so muß sie einen Geburtshelfer rufen lassen. Selbständig wehentreibende Mittel, z. B. Zimmttropfen zu verordnen, ist der Hebamme nicht erlaubt. Besonders hüte sie sich, wenn die Frau vollblütig ist, ihr irgend etwas Erhitzendes zu geben, oder auch nur Kamillenthee; dagegen setze sie der Gebärenden ein Klystier mit etwas Essig. Zum Getränk gebe sie ihr nur kühle Sachen, etwa reines Wasser, und lasse die Kreißende aufstehen, wenn ihr das Bett zu heiß ist.

§ 172.

Sollten bei einer Steiß- und Fußgeburt sich die Wehen schwach zeigen, und der Geburtshelfer nicht zur rechten Zeit anlangen, so muß die Hebamme selbst das Kind auf die später anzugebende Weise zur Welt zu bringen suchen, sobald dasselbe bis zur Brust gekommen ist und die Nabelschnur, die man jetzt leicht fühlen kann, aufhört zu schlagen.

2) Zu schmerzhafte Wehen.
§ 173.

Bisweilen sind die Wehen ungewöhnlich schmerzhaft, dabei kurz und von geringer Wirkung. Man beobachtet diese Regelwidrigkeit am häufigsten in den ersten beiden Geburtszeiten bei empfindlichen Personen, jungen und zarten Erstgebärenden. Die Hebamme sorge hier für eine bequeme Lage der Gebärenden, verbiete ihr alles Mitarbeiten, suche ihr Gemüth durch freundlichen Zuspruch zu beruhigen und gehe bei der Untersuchung so schonend, wie möglich, zu Werke. Ueber den Leib lege sie einen warmen Umschlag oder warme Tücher. Helfen diese Mittel nicht bald, so rufe sie einen Geburtshelfer.

§ 174.

Gewöhnlich ist die Gebärmutter während der Wehe wenig und in der Zwischenzeit der Wehen gar nicht empfindlich gegen leisen Druck. Zuweilen aber wird die Gebärmutter im Laufe der Geburt sehr empfindlich gegen Berührung, die Wehen sind schmerzhaft und unwirksam. Hier ist die Hülfe eines Arztes nöthig. Unter diesen Umständen erhitzende und wehentreibende Mittel zu geben und die Kreißende zum Mitarbeiten aufzufordern, ist sehr gefährlich und der Hebamme streng untersagt.

§ 175.

Zuweilen ist der Leib über den Schambeinen schmerzhaft und etwas aufgetrieben; hier untersuche die Hebamme sogleich, ob sich nicht etwa viel Harn in der Blase angesammelt hat und dieselbe schmerzhaft ausdehnt, wodurch die Wirkung der Wehen völlig gehemmt werden, auch eine gefährliche Lähmung entstehen kann. Die gefüllte Blase erkennt man am besten während der Wehe, wo sie sich weicher anfühlt, als die Gebärmutter zu dieser Zeit. Man muß gleich dafür sorgen, daß die Blase entleert werde; kann die Gebärende das Wasser nicht von selbst lassen, so muß es abgezapft werden.

3) Zu heftige Wehen.

§ 176.

Die Wehen sind zu stark, wenn die Geburt zu rasch fortschreitet, oder wenn die Gebärmutter durch die Wehen so gespannt wird, daß man fürchten muß, daß sie zerreiße. Letzteres kommt fast nur bei engem Becken oder bei einer Querlage des Kindes vor. Auch können die Wehen, wenn sie besonders häufig und stark sind, die Gebärende zu sehr angreifen, ihr das Blut zu sehr zu Kopf treiben und Krämpfe veranlassen. Die Hebamme muß unter diesen Umständen die Frau flach und ruhig liegen lassen, alles Drängen untersagen und einen Arzt verlangen. Schneidet der Kopf ein, so muß sie besonders den Damm gut unterstützen, darf aber das Kind nicht etwa gewaltsam zurückhalten, um die Geburt langsamer zu machen.

Schießt das Kind gar zu rasch vor, so kann sich gleich nach demselben der Gebärmuttergrund herabdrängen und eine Umstülpung der Gebärmutter eintreten. Um dieses zu verhüten, darf die Frau gar nicht mitdrängen, auch muß die Hebamme das Kind, nachdem der Kopf geboren ist, nicht sogleich hervorziehen, sondern dies allein durch die Wehen geschehen lassen.

4) Krampfhafte Wehen.

§ 177.

Krampfhaft nennt man solche Wehen, bei denen sich ein anderer Theil der Gebärmutter stärker zusammenzieht, als der Muttergrund. Gewöhnlich ist es der Muttermund oder der Mutterhals, der hier durch starke Zusammenziehung die Geburt hindert.

Krampf im Muttermunde stellt sich gewöhnlich nur in der ersten Geburtszeit ein; alsdann ist der Muttermund schmerzhaft bei der Berührung und zieht sich bei jeder Wehe zusammen, statt daß er sich erweitern sollte; die Gebärende klagt dabei über einen ungewöhnlich großen Schmerz im Kreuze, und die erste Geburtszeit verläuft sehr langsam.

Krampf im Mutterhalse oder dem unteren Theile des Mutterkörpers zeigt sich gewöhnlich in der zweiten Geburtszeit; alsdann ist der Muttermund oft schlaff und die innere Untersuchung läßt nichts vom Krampfe erkennen. Bei der äußeren Untersuchung aber findet man den Leib dicht über den Schambeinen platt, hart und selbst außer den Wehen sehr empfindlich gegen Druck; dagegen hebt sich der obere Theil des Leibes bei der Wehe kugelförmig in die Höhe. Die Gebärende fühlt dabei unerträgliche Schmerzen im Kreuze und über den Schambeinen, kann nicht mitdrängen, ist unruhig und klagt selbst außer der Wehe. Die Geburt steht still, und der vorliegende Kindestheil schwillt stark an, ohne vorzurücken.

§ 178.

Selbst bei guter Stellung des Kindes ist der Krampf, wenn er länger dauert, gefährlich für Mutter und Kind, und wo er nicht nachläßt, kommt die Geburt gar nicht zu Stande; sein Vorkommen ist indeß selten. Höchst gefährlich ist der Krampf bei jeder regelwidrigen Stellung, namentlich bei Fuß- und Steißgeburten, oder wenn er in der dritten Geburtszeit eintritt und die Nachgeburt zurückhält.

§ 179.

Die Hebamme muß in allen Fällen bald einen Geburtshelfer herbeirufen und bis dieser kommt, setzt sie der Frau öfter ein Klystier von starkem Kamillenthee und macht über den Leib warme Ueberschläge von Flanelltüchern, die in Kamillenaufguß getaucht und wieder ausgerungen sind.

Zweites Capitel.

Von den fehlerhaften Lagen der Gebärmutter unter der Geburt.

1) Von den Schieflagen der Gebärmutter.

§ 180.

Man unterscheidet zwei Arten von schiefer Lage der Gebärmutter, indem der Muttergrund dabei kann gerichtet sein: 1) nach der rechten oder der linken Seite; 2) nach vorn.

§ 181.

Bei der Schieflage zur Seite findet man bei der äußeren Untersuchung den Leib ungleich, fühlt den Muttergrund in der einen, die Gedärme in der anderen Seite; bei der inneren Untersuchung zeigt sich der Muttermund in der dem Muttergrunde entgegengesetzten Seite. Sollte aber der Muttermund nach derselben Seite abweichen, als der Grund, so ist eine regelwidrige Gestalt der Gebärmutter vorhanden.

§ 182.

Erkennt die Hebamme in der Schwangerschaft oder bei der Geburt eine solche Schieflage, so räth sie der Frau die passende Seitenlage an, d. h. auf der dem Muttergrunde entgegengesetzten Seite. Legt man nämlich eine Gebärende flach auf eine Seite, so sinkt der Grund der Gebärmutter nach dieser Seite herab, weil er der größte und schwerste Theil der Gebärmutter ist und im Bauche gar keine Befestigung hat. Zu gleicher Zeit steigt der Muttermund nach der entgegengesetzten Seite etwas in die Höhe. Mit dem Gebärmuttergrunde sinkt natürlich der Theil des Kindes, welcher im Grunde liegt, niederwärts; der Theil desselben, welcher im Mutterhalse liegt, wird gegen die andere Seite erhoben, das ganze Kind stellt sich in eine andere Richtung zum Becken. Die Seitenlage ist um so dringender nöthig, wenn sich kein Kindestheil in regelmäßiger Stellung über dem Beckeneingange zeigt. Gewöhnlich wird die Schieflage auf diese Weise bald gehoben, und das Kind nimmt auch eine regelmäßige Lage an, sonst muß ein Geburtshelfer gerufen werden.

§ 183.

Hängt der Grund der Gebärmutter zu weit nach vorn über, so nennt man dieses einen Hängebauch. Denn der Bauch hängt dabei tiefer über die Schambeine herab; ja er kann im schlimmsten Falle auf den Schenkeln der Frau selbst bei aufrechter Stellung ruhen. Die gewöhnliche Ursache des

Hängebauchs ist eine zu große Nachgiebigkeit und Schlaffheit der Bauchdecken, weshalb man ihn am häufigsten bei Mehrgebärenden findet. Bei Erstgebärenden kommt ein Hängebauch in der Regel nur dann vor, wenn der Beckeneingang verengt, und die Gebärmutter dadurch mehr als gewöhnlich aus dem kleinen Becken emporgehoben ist, zumal wenn das Becken zugleich stark geneigt, und die Bauchhöhle niedrig ist. Bei den höheren Graden des Hängebauchs ist die Gebärmutter in der Gegend des inneren Muttermundes immer etwas geknickt, da der Mutterhals nicht in gleichem Maaße nach hinten emporweichen kann, als der Muttergrund sich vorüberneigt. Gewöhnlich ist zugleich die vordere Wand der Gebärmutter über den Schambeinen sackartig ausgezerrt. Mit der Gebärmutter ist auch die Frucht schief nach vorn gegen das Becken geneigt. Es kann selbst die Frucht so tief in die sackige Ausbuchtung der vorderen Gebärmutterwand herabsinken, daß der vorliegende Kindestheil mehr vor, als über der Eingangsöffnung des Beckens liegt und man ihn innerlich nur dann erreicht, wenn man gleichzeitig die Gebärmutter über den Schambeinen emporheben läßt.

§ 184.

Schon in der Schwangerschaft ist dieser Zustand sehr beschwerlich durch das schmerzhafte Gefühl von Zerrung und Spannung in den Bauchdecken; den häufigen Harndrang; die Beschwerden beim Gehen 2c. Die Hebamme muß deshalb der Schwangeren rathen, eine gute Binde zu tragen, welche mit Achselbändern versehen ist, unter dem Bauche durchgeht und diesen mehr in die Höhe hebt, als gewaltsam zurückdrückt.

§ 185.

Auf den Hergang der Geburt können die höheren Grade des Hängebauchs, wenn sie übersehen und vernachlässigt werden, einen sehr nachtheiligen Einfluß haben. Gewöhnlich sind die Wehen von Anfang an schwach; der Muttermund erweitert sich nur langsam; der Kindeskopf bleibt hoch auf dem Schambeinrande stehen und deckt nur unvollkommen den Beckeneingang; beim Blasensprunge fließt daher der größte Theil des Fruchtwassers ab, und leicht fällt ein Arm oder die Nabelschnur neben dem Kopfe vor; nach dem Blasensprunge sind die Wehen oft nicht im Stande, den Kopf ins Becken einzutreiben; oder der Kopf tritt in einer ungünstigen Stellung ins Becken, in welcher er nicht weiter bewegt werden kann; die Gebärmutter erschöpft sich, wird schmerzhaft; die zwischen Kopf und vorderer Beckenwand gelegenen Weichtheile, Harnblase und Mutterscheide, werden ungebührlich gequetscht; das Kind leidet durch den Druck, dem der Mutterkuchen in der wasserleeren Gebärmutter bei den Wehen ausgesetzt ist u. s. w. Die Gefahren sind natürlich um so größer, wenn zugleich das Becken verengt ist.

§ 186.

Unter übrigens günstigen Verhältnissen wird indeß die Hebamme meistens im Stande sein, durch ein zweckmäßiges Verfahren die angegebenen Nachtheile zu verhüten. Sie lege die Gebärende gleich beim Anfange der Geburt flach auf den Rücken, unterstütze den Leib durch eine gut angelegte Bauchbinde und halte streng darauf, daß die Frau in den ersten beiden Geburtszeiten die Wehen nicht verarbeite. In den weniger schlimmen Fällen genügt dies Verfahren, um die Gebärmutter mit der Frucht in die richtige Stellung zum

Becken zu bringen, und der Kopf tritt regelmäßig in das Becken ein. In den schlimmeren Fällen von Hängebauch aber, zumal wenn das Becken zugleich etwas verengt ist, reicht die Hebamme damit nicht aus. Hier muß sie, sobald der Muttermund sich mehr erweitert und besonders nach dem Blasensprunge während jeder Wehe mit beiden oberhalb der Schambeine flach aufgelegten Händen den Leib emporheben oder zurückdrücken, bis der Kopf in einer günstigen Stellung in das Becken eingetreten ist. Wenn dies geschehen ist, so bedarf es keiner weiteren Hülfe. Bleibt jedoch das angegebene Verfahren, obwohl es längere Zeit mit Beharrlichkeit fortgesetzt wurde, ohne den gewünschten Erfolg, so muß ein Geburtshelfer gerufen werden.

2) Von dem Vorfalle der Gebärmutter unter der Geburt.

§ 187.

Ein Vorfall der Gebärmutter unter der Geburt gehört zu den großen Seltenheiten und erfordert immer die Herbeirufung eines Geburtshelfers. Bis zu dessen Ankunft verfahre die Hebamme auf folgende Weise. Sie lasse die Gebärende sich flach auf den Rücken oder die Seite legen und untersage ihr alles Drängen und Mitarbeiten bei den Wehen. Liegt die Gebärmutter noch innerhalb des Beckens, so suche sie dieselbe mit den eingeölten und becherartig ausgestreckten Fingern zurückzuhalten. Ist aber die Gebärmutter bis vor die äußeren Geburtstheile hervorgetreten, so unterstütze sie dieselbe mittelst einer in Oel getauchten und mit einem Ausschnitt für den Muttermund versehenen Serviette, deren vier Zipfel unter und über den Schenkeln der Gebärenden in der passenden Richtung angezogen werden.

Drittes Capitel.
Von der fehlerhaften Beschaffenheit und Stellung des Muttermundes.

§ 188.

Bisweilen zeigt sich der Muttermund sehr unnachgiebig unter der Geburt und erweitert sich schwer, ohne daß man eine Veränderung seines Gewebes erkennt. In anderen Fällen rührt die Unnachgiebigkeit des Muttermundes von einer Verhärtung, Vernarbung oder Verwachsung, oder von einer krebsigen Entartung seiner Lippen her. Die Wehen sind alsdann sehr schmerzhaft, und die Gebärende klagt über anhaltende heftige Schmerzen im Kreuze. Wenn nicht rechtzeitig Hülfe geleistet wird, ist eine Zerreißung des Muttermundes zu befürchten. Die Hebamme muß daher bei Zeiten den Beistand eines Geburtshelfers verlangen. Bis derselbe zur Stelle ist, empfehle sie der Gebärenden die möglichste Ruhe und ermahne sie, sich alles Drängens bei den Wehen zu enthalten.

§ 189.

Nicht selten findet die Hebamme im Anfange der Geburt den Kindeskopf, von dem unteren Gebärmutterabschnitt umgeben, bereits tief im Becken, während der Muttermund noch wenig geöffnet, sehr hoch und weit nach hinten steht, so daß ihn der Finger oft nur mit Mühe erreicht. Die ersten beiden Geburtszeiten pflegen alsdann sehr langsam und schmerzhaft zu verlaufen. Während der Wehen wird zunächst nur die vordere Wand des unteren Gebärmutterabschnittes durch den Kopf immer tiefer ins Becken herabgedrängt und der Muttermund weicht, ohne sich zu erweitern, noch mehr nach hinten in die Höhe. Erst nach längerer Geburtsarbeit zieht sich die vorgestülpte vordere Wand des Mutterhalses über den Kopf zurück, der Muttermund tritt allmälig in die Mittellinie des Beckens herab und erweitert sich dann oft überraschend schnell. Bisweilen aber erleidet die vordere Muttermundslippe in Folge der Einklemmung zwischen Kopf und vorderer Beckenwand eine beträchtliche Anschwellung und kommt wie ein schwarzblauer Wulst unter dem Schambogen zum Vorschein.

§. 190.

Die Hebamme lasse auch hier die Gebärende gleich im Beginne der Geburt sich flach auf den Rücken oder die Seite legen und ihre Wehen durchaus nicht verarbeiten. Sie enthalte sich jedes Versuches durch Ziehen und Zerren am Muttermunde ihn ausdehnen zu wollen, oder zurecht zu schieben. Wird die Geburt übermäßig verzögert und stellen sich beunruhigende Zustände ein, so rufe sie sogleich einen Geburtshelfer herbei. Drängt sich die angeschwollene vordere Muttermundslippe unter dem Schambogen hervor, so suche sie dieselbe mit den beölten Fingern gelinde zurückzuhalten.

Viertes Capitel.
Von der Zerreißung der Gebärmutter und des Scheidengrundes.

§ 191.

Die Zerreißung der Gebärmutter ist ein seltenes, aber höchst gefährliches Ereigniß bei der Geburt. Gewöhnlich wird sie durch heftige und gewaltsame Wehen bewirkt, wenn die Austreibung des Kindes wegen Enge der Geburtswege, namentlich des Beckens, oder wegen regelwidriger Größe oder fehlerhafter Lage des Kindes behindert ist. Oder die Gebärmutter zerreißt auch ohne heftige Wehen, wenn das Gewebe derselben an einer Stelle mürbe und schadhaft geworden ist, z. B. durch den Druck scharfer Knochenleisten und Spitzen im Beckeneingange. Auch kann ein rohes und ungestümes Verfahren bei der Hervorziehung des Kindes Schuld an dem Unglück sein. Meistens erfolgt der Riß im Halse oder im unteren Theile des Gebärmutterkörpers und das Kind tritt durch den Riß in die Bauchhöhle. Das Kind stirbt dann bald, weil die Nachgeburt sich löst; die Mutter stirbt gewöhnlich innerhalb der ersten 24 Stunden. Die Hebamme muß fürchten, daß die Gebärmutter reißen könne, wenn die Wehen sehr gewaltsam werden und die Gebärmutter steinhart gespannt bleibt, ohne daß das Kind verrückt, oder wenn die Gebärmutter an einer bestimmten Stelle ungewöhnlich schmerzhaft und empfindlich gegen Berührung ist.

§ 192.

In anderen Fällen zerreißt nicht die Gebärmutter, sondern der Scheidengrund, wenn bereits ein größerer Kindestheil durch den Muttermund hervorgetreten ist, aber wegen eines Widerstandes in den Geburtswegen nicht weiter vorrücken kann. Dies ist besonders dann zu fürchten, wenn bei engem Becken der Muttermund sich über den Kindeskopf zurückgezogen hat, ehe derselbe ins Becken eingetreten ist. Auch in diesen Fällen pflegt, wie bei einem Riß der Gebärmutter, das Kind durch die Oeffnung des Scheidengrundes in die Bauchhöhle getrieben zu werden.

§ 193.

Gewöhnlich empfindet die Kreißende, wenn der Riß geschieht, plötzlich einen schneidenden Schmerz, ja man hört zuweilen das Platzen; zuweilen aber bemerken weder die Frau, noch die Umstehenden etwas; doch hören die Wehen danach fast gänzlich auf; die Gebärende wird blaß, ohnmächtig, erbricht eine oft schwarze Masse, wie Kaffeesatz. Untersucht man äußerlich, so findet man den Leib sehr ungleich, breiter als früher, in demselben sehr deutlich lose Kindestheile und oft daneben die leere und hart zusammengezogene, nur faustgroße Gebärmutter. Innerlich ist der vorliegende Kindestheil entweder ganz zurückgewichen, oder er steht jetzt wieder so lose, daß er leicht vor dem Finger zurückweicht. Die äußere Blutung ist hierbei gewöhnlich unbedeutend.

§ 194.

Die wichtigste Aufgabe der Hebamme besteht darin, die Umstände, welche eine Zerreißung der Gebärmutter oder des Scheidengrundes befürchten lassen, frühzeitig zu erkennen und dann sofort einen Geburtshelfer herbeizurufen, da derselbe öfters noch im Stande sein wird, die drohende Gefahr abzuwenden. Natürlich muß sie selbst Alles vermeiden, wodurch eine Zerreißung bewirkt werden könnte. Ist das Unglück einmal geschehen, so kann sie nicht füglich etwas zur Rettung unternehmen, sondern muß sich so schnell als möglich den Beistand eines Geburtshelfers verschaffen.

Fünftes Capitel.
Von dem fehlerhaften Becken.

§ 195.

Das Becken ist nicht immer von gleich guter Beschaffenheit; es kann zu weit, zu eng, oder auch völlig verunstaltet sein.

§ 196.

Zu weit kann ein Becken in allen Richtungen sein, wie man es bei Frauen findet, die sehr breite Hüften haben. Oefter ist ein Becken nur in einer Gegend, z. B. im Eingange zu weit, in einem anderen kann es zugleich zu eng sein, oder seine gewöhnliche Weite haben. Ein zu weites Becken ist öfters die Ursache einer Senkung oder eines Vorfalls der Gebärmutter, oder auch einer übereilten Geburt, namentlich bei Mehrgebärenden, wo der Widerstand der weichen Geburtstheile gering ist.

§ 197.

Zu eng kann ein Becken ebenfalls in allen Durchmessern sein, oder nur in einzelnen. Hiernach giebt es verschiedene Arten von engen Becken, als:

1) **Das allgemein verengte Becken**, welches in allen Durchmessern um einen halben Zoll, oder selbst um noch mehr zu klein ist. Die Hebamme kann vermuthen, daß eine Frau ein so verengtes Becken habe, wenn sie in den Hüften ungewöhnlich schmal ist, ihre Schenkel und Waden dünner sind, als sie sonst bei Frauen gleicher Leibesstärke zu sein pflegen; mit Gewißheit wird dieser Fehler vor der ersten Geburt nicht erkannt.

§ 198.

2) Am häufigsten ist eine Verengung des Beckens, welche bei Kindern durch die sogenannte englische Krankheit oder die doppelten Glieder bewirkt wird. Solche Becken sind gewöhnlich nur in dem geraden Durchmesser des Beckeneinganges verengt, in allen anderen Durchmessern sind sie von gewöhnlicher Weite, oder selbst weiter. Der gerade Durchmesser kann aber bis auf drei, zwei, ja bis auf einen Zoll verkürzt sein.

Die Hebamme muß einen solchen Fehler vermuthen, wenn sie erfährt, daß die Schwangere oder Gebärende in der Jugend so stark an doppelten Gliedern litt, daß sie erst spät, im dritten oder vierten Jahre, oder selbst noch später gehen lernte; wenn die Gliedmaßen verkrüppelt, besonders wenn die Beine verbogen, mager und schwach, oder kurz und plump sind; die Lendengegend eingezogen und der Gang wackelnd und unsicher ist. Bei bloßer Verbiegung des Rückgrats, oder bei sogenannten Buckeligen findet man oft ein sehr gutes Becken, besonders wenn die Beine dabei gerade und stark sind; wogegen bei sehr geringer Verbiegung der Beine oft ein sehr enges Becken sich vorfindet.

§ 199.

3) Durch eine Krankheit, welche man Erweichung der Knochen nennt und welche, wie die Gicht, mit heftigen Schmerzen und Lähmung der Glieder verbunden ist, kann das Becken auch bei Erwachsenen noch so verunstaltet werden, daß das Kind gar nicht geboren werden kann. Diese Krankheit, welche aber in unserer Gegend höchst selten ist, befällt meistens Frauen, die schon ein oder mehrere Male

glücklich geboren haben, und pflegt mit jeder neuen Schwangerschaft zuzunehmen. Das erweichte Becken wird unter der Last des Körpers sowohl von oben und unten, als von den Seiten her zusammengeknickt. Am frühesten leidet gewöhnlich der Beckenausgang. Der Schambogen ist bisweilen so verengt, daß man nur eben einen Finger in den Zwischenraum einführen kann.

§ 200.

4) Sehr selten findet man das Becken durchweg in **querer Richtung** verengt, während es in der Richtung der geraden Durchmesser seine gehörige Weite besitzt.

§ 201.

5) Der Beckenausgang kann im geraden Durchmesser zu eng werden, wenn das Steißbein nicht beweglich ist.

§ 202

6) Endlich können Knochengeschwülste, schlecht geheilte Brüche des Beckens, oder selbst Geschwülste der weichen Theile im Becken dasselbe verengen, worüber nur die genaue Untersuchung Aufschluß geben kann.

§ 203.

Das enge Becken gehört zu den schlimmsten Geburtshindernissen, und die Hebamme kann bei demselben selbst wenig helfen. Desto wichtiger ist, daß sie es zur rechten Zeit erkenne, um zeitig einen Geburtshelfer rufen zu lassen.

Die Hebamme muß daher bei einer jeden Schwangeren, die sich ihr anvertraut, wohl Acht geben, ob sie an ihr einige der angegebenen Zeichen findet, welche ein enges Becken vermuthen lassen. Bei Mehrgebärenden erkundige sie sich genau nach dem Verlaufe der früheren Geburten. Denn da sich bei erwachsenen Frauen die Weite des Beckens selten mehr verändert, so kann die Hebamme meistens aus den früheren Geburten mit einiger Sicherheit schließen, ob das Becken regelmäßig weit, oder ob es verengt sei. Seltene Ausnahmen hiervon bewirken, wie gesagt, die Knochenerweichung; ferner Auswüchse im Becken und Brüche der Beckenknochen. Vor allem achte die Hebamme bei der inneren Untersuchung auf die Größe und Gestalt des Beckenraumes, namentlich, ob sie die hintere Beckenwand und den Vorberg erreichen kann. Bei gutem Becken kann man nämlich den Vorberg mit einem oder zwei Fingern ohne ganz besondere Uebung gar nicht erreichen; bei etwas verengtem Becken erreicht man ihn wohl; wo man ihn aber leicht mit einem Finger erreicht, da ist das Becken wenigstens um einen Zoll im geraden Durchmesser verengt.

Bei engem Becken sinkt der Kopf vor der Geburt nicht in den Beckeneingang herab, sondern bleibt hoch über demselben und lose stehen und ist oft gar nicht zu fühlen. Jedoch findet man dieses Zeichen auch bei fehlerhafter Kindeslage und bei einer übermäßigen Menge Fruchtwassers und beim Wasserkopf; darf also daraus noch nicht zu voreilig auf ein enges Becken schließen. Wo der Kopf tief steht, kann das Becken im Eingange nicht verengt sein.

§ 204.

Am häufigsten ist, wie schon erwähnt wurde, das Becken im geraden Durchmesser des Eingangs verengt. Der Hergang der Geburt bei dieser Verengung des Beckens ist folgender:

Der erste Zeitraum der Geburt verläuft hier wie bei regelmäßiger Geburt; nur bleibt der Kopf hoch stehen, die Blase tritt oft weit in die Mutterscheide herab und wenn sie springt, kann die Nabelschnur leicht vorfallen.

Nach dem Wassersprunge fällt der vorher durch die Fruchtblase ausgedehnte Mutterhals wieder schlaff vor dem Kopfe zusammen, und die Hebamme findet den Muttermund weniger geöffnet, als vorher. Der Kopf stellt sich auf den Beckeneingang, ohne jedoch weiter zu rücken. Gewöhnlich steht er quer; das Vorderhaupt tiefer als sonst, die große Fontanelle mehr nach der Mitte des Beckens zu und leichter zu erreichen, als die kleine, da der Kopf in der Gegend der Kranznaht schmäler ist und leichter in dem verkürzten geraden Durchmesser des Beckeneinganges Platz findet, als die breitere Gegend der Scheitelbeinhöcker, die deshalb zur Seite weicht; die Scheitelnaht weicht nach hinten und dem Vorberge nahe, indem das hinterwärts gelegene Scheitelbein von demselben zurückgehalten wird. Die Wehen werden nun gewöhnlich sehr heftig, erregen einen Schmerz im Kreuze, als werde dasselbe gebrochen; die Frau ist unruhig und hat große Neigung mitzudrängen. Sehr bald bildet sich am Kopfe eine starke Kopfgeschwulst, welche zuweilen so stark wird, daß sie tiefer in die Beckenhöhle tritt, wenn der Kopf selbst noch über dem Beckeneingange steht. Deshalb täuschen sich Hebammen sehr oft, indem sie glauben, der Kopf rücke vor und werde bald geboren werden; untersuchen sie aber dicht hinter den Schambeinen, wo der Kopf nicht anschwillt, so können sie die Kopfknochen selbst fühlen und sich überzeugen daß der Kopf nicht vorrückt.

§ 205.

Der weitere Verlauf der Geburt ist nach Umständen verschieden, nämlich: nach den Wehen, nach der größeren oder geringeren Enge des Beckens, nach der verschiedenen Größe und Härte des Kopfes.

§ 206.

Bei mäßig verengtem Becken, wo man den Vorberg kaum erreicht, bei guten Wehen und bei kleinem, nachgiebigem Kopfe erfolgt oft nach längerer Zeit die glückliche Geburt des Kindes. Durch starke Wehen wird der Kopf in den Beckeneingang gepreßt, die Kopfknochen schieben sich sehr stark über einander, besonders wird das hinterwärts gelegene Scheitelbein an der Scheitelnaht unter das vordere geschoben, und nachdem der Kopf völlig in den Beckeneingang ein= gekeilt ist, wie man sagt, tritt er plötzlich ins Becken und wird schnell geboren, da die Wehen stark sind und der Beckenausgang gewöhnlich nicht verengt ist. Die Hebamme muß daher Acht haben, den Damm gut und noch zur rechten Zeit zu unterstützen, damit er nicht einreiße.

§ 207.

Bei ungünstigeren Umständen wird das Kind zwar noch ohne Kunsthülfe geboren, kommt aber in Folge des langen Druckes auf den Kopf todt und nach langer Geburtsarbeit zur Welt. Der Kopf ist zuweilen ganz verbogen; in seltenen Fällen sind einzelne Knochen sogar eingedrückt oder gebrochen. Auch sind Kinder, die unter diesen Umständen zuweilen noch lebend geboren werden, schwach und zeigen ein blaues Gesicht, athmen röchelnd und sterben leicht schlagflüssig.

§ 208.

Bei noch ungünstigeren Umständen kommt die Geburt gar nicht zu Stande, und Kind und Mutter verlieren nothwendig ihr Leben, wenn nicht ein Geburtshelfer zur rechten Zeit Hülfe leistet. Die Ereignisse, die in solchem Falle eintreten können, sind folgende:

1) **Die Gebärmutter oder die Scheide platzt.** Von diesem für das Kind und meistens auch für die Mutter tödtlichen Zufalle war schon oben die Rede.

2) Die Gebärende wird durch die Anstrengung der Geburt völlig *entkräftet*, die Wehen hören allmählig auf, das Kind stirbt ab und die Mutter verfällt in Fieber, Bewußtlosigkeit, worin sie, wenn sie nicht erlöst wird, alsbald stirbt. Dieser Ausgang ist zu fürchten, wenn die zweite Geburtszeit zwölf Stunden, ja zuweilen Tage lang dauert.

3) Es entsteht, wenn auch endlich die Gebärende mit dem Leben davon kommt, ein leider oft unheilbarer Schade; besonders ist Lähmung und Verletzung der Harnblase, wonach der Urin unwillkürlich abgeht, zu fürchten.

§ 209.

Nach jeder schweren Geburt bei engem Becken tritt in der dritten Geburtszeit leicht ein starker Blutfluß ein. Im Wochenbette entwickeln sich leicht lebensgefährliche Krankheiten: als Entzündung der Geburtstheile, des Unterleibes, Verhaltung des Harns u. s. w.

§ 210.

Bei den *anderen Arten der Beckenenge* treten ähnliche Zufälle ein, sobald der Kopf den engen Theil des

Beckens erreicht. Er bleibt hier stehen, schwillt stark an
und der Ausgang der Geburt ist nach Umständen verschieden.
Die Hebamme kann hier desto besser fühlen, wie der Kopf
gegen die enge Stelle angedrängt wird, je näher diese am
Beckenausgange liegt. Bei allgemein zu engem Becken
schwellen die Geburtstheile besonders stark an und der Kopf
geht mit gleicher Schwierigkeit durch das ganze Becken.
Gewöhnlich findet hier die Hebamme die kleine Fontanelle
schon früh auffällig tiefer, als die große, indem das Vorder=
haupt über dem Seitenrande des Beckens zurückgehalten wird.

§ 211.

Außerdem ist zu bemerken, daß bei engem Becken das
Kind sich häufiger als sonst in einer regelwidrigen Lage zur
Geburt stellt. Sollte es mit dem Steiße oder den Füßen
eintreten, so wird die Entwickelung der Arme sehr schwierig
werden, der Kopf aber ganz stecken bleiben; die Hebamme
darf nie eine solche Geburt allein besorgen wollen, wo ein
Arzt in der Nähe zu haben ist.

§ 212.

Das Verhalten der Hebamme bei engem
Becken ist folgendes:

Einer jeden Schwangeren, von der sie weiß, daß sie
ein enges Becken hat, muß sie ernstlich anrathen, sich bald
nach der Hälfte der Schwangerschaft von einem Geburtshelfer
untersuchen zu lassen, damit dieser im Voraus die Maß=
regeln treffe, welche die Geburt erleichtern können; oder in
den schwersten Fällen für die Aufnahme der Schwangeren
in eine Gebäranstalt Sorge trage.

Bei der Geburt muß der Geburtshelfer immer gerufen werden, sobald die Hebamme gewiß weiß, daß das Becken zu eng ist. Aber auch in solchen Fällen, wo sie dieses nur vermuthet, wo aber die zweite Geburtszeit sich sehr in die Länge zieht, wo der Kopf nicht vorrückt und eine starke Kopfgeschwulst entsteht, muß die Hebamme einen Geburts= helfer herbeirufen rufen. Bei regelwidriger Kindeslage ver= steht sich dieses außerdem von selbst; eben so, wenn irgend ein gefährlicher Zufall eintritt.

Bis der Geburtshelfer kommt, hat die Hebamme be= sonders darauf zu achten, daß sie die Fruchtblase beim Untersuchen nicht sprenge. Die Gebärende muß in der ersten Geburtszeit durchaus nicht, in der zweiten aber nur mäßig und in der Zwischenzeit zwischen den Wehen gar nicht mitdrängen, wozu sie oft große Neigung hat. Höchst gefährlich ist es, die Kreißende noch zum starken Mitarbeiten anzutreiben, und dies allein kann die eben geschilderten traurigen Ausgänge der Geburt bewirken.

Bei engem Becken darf man die Gebärende nicht auf ein künstliches Lager oder auf den Geburtsstuhl bringen, bis der Kopf im Einschneiden ist; vielmehr muß man sie im Bette so flach als es ihr möglich ist, liegen lassen, und es ist nie ein Schade dabei, wenn die Gebärende im Bette niederkommt, dagegen ist das lange Liegen auf dem Geburts= stuhle sehr nachtheilig. Doch ist es nicht nöthig, daß die Kreißende immer auf dem Rücken liege; sondern man kann sie vorsichtig auf eine Seite legen, wobei man zu beobachten hat, in welcher Lage der Kopf sich am besten zur Geburt stellt, und die Wehen sich am wirksamsten zeigen und den erträglichsten Schmerz verursachen. Doch muß man, wenn der Leib zu stark zur Seite fällt, ihn durch Kissen unterstützen. Im Ganzen muß man sich sehr nach der Bequemlichkeit der Gebärenden richten, ihr aber keine unvernünftige Bewegung, kein unruhiges Herumwerfen im Bette, kein Herumgehen u. dergl. gestatten.

Erhitzende, wehentreibende Mittel, namentlich auch Kamillenthee zu geben, ist hier besonders gefährlich und würde die Hebamme in große Verantwortlichkeit bringen.

Besonders achte die Hebamme darauf, daß die Gebärende ihr Wasser oft lasse. Sie fühle während der Wehen oft nach, ob die Harnblase gefüllt sei, die dann wie eine weiche Geschwulst unter dem Nabel auf der harten Gebärmutter liegt. Ist dieses der Fall, so suche sie, wenn die Gebärende ihr Wasser nicht lassen kann, dasselbe vorsichtig mit dem Katheter abzuzapfen.

Schwellen die Geburtstheile sehr an und werden sie trocken, so lege sie Tücher in Kamillenthee getaucht wiederholt über dieselben.

Sollte das Kind mit dem Steiße oder den Füßen voran durch ein enges Becken getrieben worden und bis zum Kopfe geboren sein, so hüte sich die Hebamme, am Halse des Kindes zu ziehen, da dieses das Kind sicher tödtet; auch kann der Hals abreißen, was höchst gefährlich für die Mutter ist. Die Hebamme muß, nachdem sie vergeblich auf die später anzugebende Weise versucht hat, den Kopf zu entwickeln, davon abstehen und ruhig warten bis der Geburtshelfer kommt.

Sechstes Capitel.
Von einigen Fehlern der Mutterscheide und der äußeren Geburtstheile.

1) Verengung und Verschließung der Mutterscheide. Enge der Schamspalte.

§ 213.

Bisweilen ist die Scheide in der Nähe des Scheideneingangs oder höher hinauf so eng, daß sie die Spitze des Fingers nicht zuläßt; oder sie ist an irgend einer Stelle ihres Verlaufes durch eine häutige, mit einer Oeffnung versehene Scheidewand, oder ein fleischiges Querband in eine obere und eine untere Abtheilung geschieden, oder der Scheideneingang ist durch das noch unverletzte Jungfernhäutchen verlegt; oder die Wände der Scheide sind in Folge voraufgegangener Verschwärung mit einander verwachsen. In allen diesen Fällen muß die Hebamme frühzeitig den Beistand eines Geburtshelfers verlangen, da die natürlichen Kräfte nur selten im Stande sind, das Hinderniß zu überwinden, die Gebärende heftige Schmerzen dabei erleidet, und leicht gefährliche Zerreißungen sich ereignen können.

Auch durch regelwidrige Enge der Schamspalte, wenn die Schamlippen kurz und wenig dehnbar sind, der Damm sehr breit und straff ist, kann, besonders bei Erstgebärenden, der Austritt des Kindes ungebührlich verzögert werden. Die Hebamme darf hier ebenfalls selbst bei regelmäßiger Kindeslage nicht zu lange mit der Herbeirufung eines Geburtshelfers säumen, da nicht nur die Kräfte der Mutter durch die längere Geburtsdauer geschwächt werden, sondern auch das Kind in Gefahr kommt, sein Leben zu verlieren, theils wegen des starken Druckes, dem der vorangehende Kopf ausgesetzt ist, theils weil in der schon theilweise entleerten Gebärmutter Nabelschnur oder Mutterkuchen so gedrückt werden können, daß der freie Blutlauf in ihnen gestört wird, oder der Mutterkuchen sich vorzeitig löst.

2) Vorfall der Mutterscheide.

§ 214.

Bei einem Vorfalle der Mutterscheide muß die Gebärende, wie bei einem Vorfalle der Gebärmutter, eine wagerechte Lage im Bette beobachten und jedes heftige Drängen bei den Wehen vermeiden. Wird der Vorfall durch den Kindeskopf zur Schamspalte herausgepreßt, so suche ihn die Hebamme mit den beölten Fingern zurückzuhalten. Verzögert sich aber die Geburt und schwillt die vorgedrängte Partie der Scheide stärker an, so muß die Hebamme den Beistand eines Geburtshelfers verlangen.

3) Zerreißung eines Blutaderknotens in der Mutterscheide oder den äußeren Geburtstheilen.

§ 215.

Das ist ein seltener, aber höchst gefährlicher Zufall, der sich bisweilen schon in der Schwangerschaft oder im Anfange der Geburt, meistens aber erst in der zweiten Geburtszeit ereignet. Da die Gebärmutter alsdann durch den vorliegenden Kindestheil verschlossen wird, so kann aus derselben nicht viel Blut abfließen. Tritt daher plötzlich, wenn der Kopf schon im Muttermunde, oder gar in der Scheide steht, eine heftige Blutung ein, so kann diese nur von einem Aderknoten in der Mutterscheide oder den äußeren Geburtstheilen herrühren, der durch den Geburtsdrang geborsten ist.

Solche Blutungen sind sehr heftig, können die Gebärende in kurzer Zeit tödten und stillen sich erst, wenn der vorliegende Kindestheil tief herunter tritt und die Ader zusammendrückt.

§ 216.

Die Hebamme muß hier versuchen zu helfen, weil der Arzt, den sie jedes Mal doch muß rufen lassen, fast immer zu spät kommt. Sie untersucht deshalb sogleich, woher die Blutung kommt; gewöhnlich findet man die Aderknoten nahe an den äußeren Geburtstheilen, wo man oft die blutende Oeffnung selbst sehen kann. Auf dieselbe legt man drei Finger und drückt sie so fest an, daß die Blutung steht. Man darf die Finger nicht eher entfernen, als bis der Kopf so weit gekommen ist, daß er die Blutung stillt. Unter die Finger legt man, wenn man den Druck lange fortsetzen muß, ein großes Stück Feuerschwamm oder zusammengelegte Leinwand.

Sollte die blutende Ader sich aber nicht sogleich auffinden lassen, so kann die Hebamme versuchsweise nach allen Richtungen die Scheide gegen die Beckenwand andrücken, bis sie eine Stellung der Hand findet, bei welcher die Blutung steht. Hier muß sie dann die Hand ruhig liegen lassen, bis die Blutung auch nach Wegnahme der Hand nicht wieder erscheint. Gelingt es nicht, die blutende Stelle zu finden, so bleibt in der Noth nichts übrig, als die Mutterscheide auszustopfen, wie bei den Blutungen in den früheren Geburtszeiten gelehrt wurde.

Die Aderknoten, aus welchen die Blutung kommt, fühlt man gewöhnlich schon bei der ersten Untersuchung. Es ist

Von einigen Fehlern der Mutterscheibe u. s. w.

gut, wenn die Hebamme sich dann ihre Lage genauer merkt, damit sie sie schnell finden könne, wenn es Noth thut, und damit sie nicht beim Untersuchen unvorsichtig darauf drücke.

§ 217.

Zuweilen platzt eine Ader in der Scheide, die Haut darüber aber bleibt unverletzt und das ergossene Blut häuft sich unter ihr an. Alsdann entsteht unter sehr heftigen Schmerzen eine Geschwulst einer Schamlippe, die schnell wächst und bald eine bläuliche, selbst schwarzblaue Farbe annimmt. Diese Geschwulst kann vor der Geburt des Kindes sich zeigen; gewöhnlich bemerkt man sie aber erst in der dritten Geburtsperiode, oder etwas später. Die Entbundene klagt über einen heftigen Schmerz und Drang im Kreuze und Becken, da die Geschwulst sich gewöhnlich mehr oder weniger hoch in die Scheide hinauf erstreckt. In diesem Falle muß schnell ein Geburtshelfer gerufen und bis zu dessen Ankunft die Geschwulst mit kalten Wasser-Umschlägen bedeckt und gegen Druck sorgfältig geschützt werden.

4) Venerische Geschwüre in der Mutterscheibe und an den äußeren Geburtstheilen.

§ 218.

Unter Lustseuche oder Venerie versteht man bekanntlich eine sehr böse, ansteckende Krankheit, welche die Hebamme deshalb kennen muß, damit sie sich selbst oder andere Frauen durch Fortpflanzung derselben nicht unglücklich mache.

Gewöhnlich zeigt die Krankheit sich zuerst mit kleinen Geschwüren und Auswüchsen an den Geburtstheilen, oder als ein dunkelrother, erhabener Ausschlag an der inneren Seite der Schenkel und um den After herum. Nicht immer ist sie jedoch äußerlich leicht sichtbar, sondern hat ihren Sitz bloß in der Scheide. Deshalb muß eine Hebamme schon bei einem üblen Schleimfluß aus der Scheide vorsichtig sein, da er oft ein Zeichen der Krankheit ist.

Bei weiterem Fortschritte der Krankheit schwellen die Leistendrüsen oft an, brechen auf und bilden ein hartnäckiges Geschwür; der Ausschlag kann sich über den ganzen Körper verbreiten; es zeigen sich dann zerstreute dunkelrothe Flecken; die Mundwinkel werden wund und bilden kleine Borken; endlich ergreift das Uebel den Hals, die Nase; die Sprache wird dadurch rauh, schnaubend; die Nase ist zuerst verstopft, später sinkt sie ein; es entstehen auch Ausschläge mit dicken Borken am Kopfe, offene Geschwüre an verschiedenen Theilen ꝛc.

§ 219.

Wo das Uebel so weit fortgeschritten ist, wird die Hebamme gewöhnlich schon anderweitig davon in Kenntniß gesetzt sein. Am gefährlichsten ist das Uebel wegen der leichten Ansteckung, wo es bloß an den Geburtstheilen vorhanden ist. Bemerkt es die Hebamme hier, so hüte sie sich, mit einem wunden Finger zu untersuchen, sollte auch nur ein wunder Reißnagel an demselben sein. Auf der heilen Haut der Hände ist keine Ansteckung zu fürchten. Eher kann diese schon auf der feineren Haut der Arme stattfinden, zumal wenn ein venerischer Ausschlag vorhanden ist.

Sollte aber eine Hebamme ungeachtet der Vorsicht, oder ohne daß sie irgendwo Verdacht hatte, ein Geschwür an den Händen oder Fingern bekommen, das nicht alsbald wieder heilt, oder bemerkt sie einen Ausschlag an sich, so muß sie jedes Mal sogleich einen Arzt um Rath fragen und keine

Frau untersuchen oder entbinden, bis dieser es erlaubt hat. Widrigenfalls wird sie sich schwere Verantwortlichkeit zuziehen.

Hat sie eine Person untersucht, von der sie nachgehends erfährt oder vermuthet, daß sie venerisch sei, so zeige sie ihre Hände dem Arzte, ob derselbe etwas Verdächtiges daran bemerke.

§ 220.

Kinder, die von venerischen Müttern geboren werden, reinige sie sorgsamer als andere und wasche sie am Körper im Bade mit weißer Seife. Zeigt sich an ihnen ein Ausschlag oder ein Geschwür, so verlange sie sogleich den Rath eines Arztes.

Jedes Mal, wenn sie eine venerische Person entbunden hat, mache sie auf die dringende Nothwendigkeit ärztlicher Hülfe aufmerksam. Weigert sich die Kranke durchaus, irgend eine ärztliche Hülfe zu suchen, so ist es Pflicht der Hebamme, die Sache dem Physicus anzuzeigen.

§ 221.

Auch bei andern Ausschlägen hat die Hebamme dieselbe Vorsicht anzuwenden, namentlich bei der Krätze, und es darf keine Hebamme, die irgend einen Ausschlag hat, einer Frau beistehen, wenn der Arzt es ihr nicht erlaubt hat.

Siebentes Capitel.
Von den allgemeinen Krämpfen oder Convulsionen der Gebärenden.

§ 222.

Zu den gefährlichsten Zufällen gehören die allgemeinen Krämpfe, die sich in jeder Geburtszeit, ja selbst vor und nach der Entbindung zeigen können.

Denselben geht gewöhnlich ein schmerzhafter Druck im Kopfe und in der Magengegend voraus; die Gebärenden klagen öfters über Flimmern oder Dunkelheit vor den Augen, werden betäubt, unbesinnlich, zucken mit einzelnen Gliedern; bei einigen, die später von Krämpfen ergriffen werden, bemerkt man in der letzten Zeit der Schwangerschaft Geschwulst des Gesichts und der Hände als ein verdächtiges Zeichen. Wo die Hebamme dasselbe wahrnimmt, muß sie jedesmal auf die Zuziehung eines Arztes dringen. Der Anfall selbst tritt mit einer Wehe ein; das Gesicht wird dabei roth, blau, aufgedunsen; die Augen rollen wild umher; der Kopf verdreht sich nach einer Seite; es tritt Schaum vor den Mund; die Brust röchelt, der ganze Körper geräth in eine heftige, stoßende Bewegung und verdreht sich nach verschiedenen Richtungen.

Ein solcher Anfall dauert nur kurze Zeit; aber die Kreißenden liegen danach bewußtlos, wie in einem tiefen Schlafe, schnarchen und können nicht erweckt werden. Der Anfall kehrt gewöhnlich nach einiger Zeit wieder und der Zustand der Gebärenden verschlimmert sich schnell, so daß ihr Leben in der höchsten Gefahr schwebt. Man muß indeß unterscheiden, ob eine Frau etwa die fallende Sucht habe; denn bei solcher ist der Anfall nicht so gefährlich und tritt gewöhnlich nur ein Mal ein.

Die Geburt steht unter diesen Umständen meistens still; in seltenen Fällen nimmt sie dabei ihren regelmäßigen Verlauf; das Kind wird häufig todt geboren.

§ 223.

Die Hebamme muß schleunigst einen Geburtshelfer rufen lassen, sobald sie die Krämpfe, oder auch nur die

Vorboten derselben bemerkt. Ehe derselbe kommt, setzt sie
der Frau ein Klystier von Essig und Wasser und macht kalte
Umschläge auf den Kopf. Während der Anfälle sorgt sie
dafür, daß die Gebärende sich nicht beschädige, nicht etwa
aus dem Bette falle und sich die Zunge nicht zerbeiße, da
diese sich oft zwischen die Zähne drängt. Sie suche sie daher
zurückzuschieben und bringe den Stiel eines mit Leinwand
umwickelten Löffels zwischen die Zähne. Dagegen ist das
sogenannte Ausbrechen der eingeschlagenen Daumen, so wie
das übermäßige Festhalten der Glieder unnütz oder selbst
schädlich. Innerliche Mittel gebe sie der Kranken nicht, vor
Allem keine erhitzenden Getränke, sondern, wenn sie schlucken
kann, nur Wasser, Zuckerwasser oder säuerliches kaltes
Getränk.

§ 224.

Manche Gebärende bekommen wohl einige Zuckungen
in den Gliedern, werden aber dabei nicht bewußtlos, sondern
klagen viel und zeigen sich sehr empfindlich. An diesen
Zeichen, daß nämlich die Gebärende ihre Besinnung nicht
ganz verliert, nicht in tiefen Schlaf verfällt, noch sprechen
kann u. dergl. unterscheidet man diese Zuckungen von den
gefährlichen allgemeinen Krämpfen. Ein eröffnendes Klystier,
eine Tasse Kamillenthee oder dgl. schafft hier gewöhnlich Er=
leichterung, und in der dritten Geburtszeit pflegen sich diese
Zufälle meistens von selbst zu verlieren. Sie verzögern
zwar die Geburt, sind aber nicht besonders gefährlich.

II. Regelwidrige Geburten von Seiten des Kindes.

Erstes Capitel.
Von den regelwidrigen Kindeslagen.

§ 225.

Regelwidrige Kindeslagen sind solche, bei denen sich das Kind in einer von dem gewöhnlichen Hergange abweichenden Weise zur Geburt stellt. Dahin gehören:

1) Kindeslagen, wo zwar, wie bei der regelmäßigen Geburt, der Schädel der vorangehende Kindestheil ist, aber in einer von der Regel abweichenden Stellung auf oder in das Becken eintritt, oder durch das Becken hindurchgeht; regelwidrige Schädellagen.

2) Gesichtslagen.

3) Steiß-, Fuß- und Knielagen.

4) Kindeslagen, wo neben dem Kopfe (oder dem Steiße) andere Gliedmaßen des Kindes gleichzeitig mit in das Becken treten.

5) Kindeslagen, bei welchen das Kind nicht der Länge nach, sondern quer in der Gebärmutter liegt, also weder mit dem Kopfe, noch mit dem Steiße oder den unteren Gliedmaßen, sondern mit einem anderen Theile des Rumpfes, am häufigsten der Schulter, voraus sich zur Geburt stellt; Querlagen.

§ 226.

Unter den regelwidrigen Kindeslagen sind diejenigen noch die günstigsten, bei welchen das Kind mit der Hauptmasse seines Körpers, d. h. dem Kopfe und Rumpfe der Länge nach, also mit dem Kopfe, oder dem Steiße, oder den unteren Gliedmaßen voran durch die Geburtswege geht. Bei diesen Lagen kann unter übrigens günstigen Verhältnissen die Geburt gesundheitsgemäß verlaufen, d. h. ohne Schaden für Mutter und Kind durch die natürlichen Kräfte beendigt werden. Doch kann das Kind auch sowohl mit dem Schädel, als mit dem Gesichte in einer solchen Stellung in das Becken eintreten, daß ohne eine Aenderung derselben eine natürliche Beendigung der Geburt unmöglich, oder doch mit großer Gefahr für Mutter und Kind verbunden ist. Immer ist es ein ungünstiges Ereigniß, wenn neben dem Kopfe noch andere Gliedmaßen des Kindes gleichzeitig in das Becken eintreten; hier ist in der Regel Kunsthülfe nothwendig. Am ungünstigsten sind die Querlagen des Kindes, da ein zeitiges, lebendes Kind in der Querlage nicht geboren werden kann. Diese Lagen sind entschieden **fehlerhaft**.

1) Von den regelwidrigen Schädellagen.
a) Von den regelwidrigen Lagen des Schädels über dem Beckeneingange.

§ 227.

Oft fühlt man vor dem Wassersprunge innerlich den Kopf gar nicht, obgleich er nach der äußeren Untersuchung vorliegen sollte; oder er steht sehr hoch; oder er ist nur auf einer Seite des Beckeneinganges zu fühlen. Dabei öffnet sich der Muttermund langsam, unregelmäßig und die Fruchtblase tritt tiefer als gewöhnlich herab.

Die Ursachen dieses mangelhaften Eintritts in den Beckeneingang können sein: ein verengtes Becken, ein sehr großer, z. B. wassersüchtiger Kopf, eine große Menge Fruchtwassers, ein regelwidriger Stand des Kopfes und der

Gebärmutter. Die Hebamme wird nach genauer Untersuchung oft eine dieser Ursachen sicher erkennen; öfter aber wird sie darüber im Zweifel bleiben.

§ 228.

In jedem Falle muß sie versuchen, in der ersten Geburtszeit durch eine passende Lagerung, die sie der Gebärenden giebt, die Stellung des Kopfes zu verbessern. Bei der Wahl dieser Lagerung richtet sie sich nach einer etwaigen Schieflage der Gebärmutter, oder der abweichenden Lage des Kindes; und wo man diese nicht erkennen kann, versuche sie vorsichtig verschiedene Lagerungen auf der Seite und dem Rücken, wodurch es oft noch gelingt, den Kopf richtig auf's Becken zu leiten.

Wo der Kopf nicht fest auf dem Becken steht, muß die Gebärende sich schon in der ersten Geburtszeit auf's Bett legen und sich hier ruhig verhalten, damit der Blasensprung nicht zu früh erfolge und etwa die Nabelschnur mit herabgleite. Auch muß die Hebamme sich sehr in Acht nehmen, beim Untersuchen die Fruchtblase zu sprengen.

Den Geburtshelfer muß die Hebamme rufen lassen, wenn sie ein enges Becken vermuthet und wenn sie bei geöffnetem Muttermunde gar keinen Kindestheil fühlt.

b) **Von dem regelwidrigen Eintritt des Schädels in's Becken.**

§ 229.

Der Eintritt des Schädels in's Becken ist regelwidrig, wenn sich ein anderer Theil als der Scheitel im Beckeneingange zeigt.

Nicht ganz selten tritt die Stirn zuerst in's Becken. Man fühlt alsdann die große Fontanelle mitten im Becken, kann zuweilen selbst die Augen, aber nie die kleine Fontanelle erreichen. Nur ein sehr kleiner oder nachgiebiger Kopf kann so durch's Becken treten; ein gewöhnlicher Kopf findet dabei große Schwierigkeit, weshalb die Hebamme die Gebärende auf die Seite legen muß, wohin das Hinterhaupt gerichtet ist, damit dieses wo möglich herabkomme. Wenn bei gutem Becken eine bloße Schieflage der Gebärmutter die Ursache dieses regelwidrigen Eintrittes ist, so wird eine passende Seitenlage der Gebärenden fast immer zur Verbesserung der Kopfstellung genügen. Die Hebamme vergesse jedoch nicht, daß eine Verengung des Beckens im geraden Durchmesser des Einganges die Ursache sein kann, daß bei querstehendem Kopfe der breitere Scheitel zur Seite weicht, und die schmälere Stirn tiefer herabkommt.

§ 230.

In der Regel tritt bei den Schädellagen die der vorderen Beckenwand zugekehrte Seite etwas tiefer in das Becken herab, als die andere. Regelwidrig ist es, wenn die vorgelagerte Seite so tief herabsinkt, daß das Ohr des Kindes im Muttermunde fühlbar wird. Bei guten Wehen und regelmäßigem Becken pflegt jedoch diese Schieflage des Kopfes im Fortgange der Geburt ohne Kunsthülfe beseitigt zu werden. Wäre dies nicht der Fall, so muß ein Geburtshelfer gerufen werden.

§ 231.

Viel bedenklicher wird die Schieflage des Kopfes, wenn der Schädel mit der dem Kreuzbeine zugekehrten Seite auf oder in den Beckeneingang tritt. Dies geschieht bisweilen, wenn in Folge eines Hängebauchs der Kopf zu weit nach vorn über den Schambeinrand vorgesunken ist. Die Hebamme

fühlt hier die Scheitelnaht dicht hinter der Schambein=
fuge und gelangt, wenn sie den Finger von da nach hinten
führt, zu dem Höcker des hinterwärts gelegenen Scheitel=
beines, ja kann bisweilen selbst das Ohr erreichen. Je
tiefer die nach hinten gelegene Seite des Schädels in das
Becken herabsinkt, um so mehr wird die andere gegen die
Schulter emporgedrängt. In dieser Stellung kann der Kopf
nicht weiter bewegt werden. Aber nur bei weitem Becken
und guten Wehen ist eine Verbesserung der Kopfstellung
durch die Naturkräfte zu hoffen, indem das nach vorn ge=
legene Scheitelbein allmälich hinter der Schambeinfuge herab=
gepreßt wird, während das andere nach hinten in die Höhe
weicht. Sind aber die Wehen schwach und ist vollends das
Becken im geraden Durchmesser des Eingangs verengt, so
bleibt der Kopf in seiner fehlerhaften Stellung, ohne vor=
zurücken, und die Geburt steht still. Die Hebamme kann
diese fehlerhafte Kopfstellung öfters verhüten, oder sie im ersten
Entstehen beseitigen, wenn sie die für die Behandlung des
Hängebauchs gegebenen Vorschriften genau befolgt. Gelingt
ihr dies nicht, so muß sie ungesäumt den Beistand eines
Geburtshelfers verlangen. Es ist um so wichtiger, daß die
Hebamme durch eine sorgfältige Untersuchung frühzeitig die
fehlerhafte Kopfstellung erkenne, da später durch die ein=
tretende Kopfgeschwulst ihr sowohl, als dem Geburtshelfer
die Erkenntniß derselben erschwert wird.

c) Von der regelwidrigen Drehung des Kopfes im Becken.

§ 232.

Bei regelwidrigen Wehen, bei einem in den geraden
Durchmessern verengten Becken, oder wenn ein Arm neben

dem Kopfe liegt, kann sich der Kopf im Becken zuweilen gar nicht, oder doch nur unvollkommen drehen. Alsdann tritt das Hinterhaupt überall nicht, oder erst beim Durch=schneiden unter den Schambogen.

Die Geburt wird hierdurch immer sehr erschwert und die Hebamme kann hier nur versuchen, ob eine Lagerung der Gebärenden auf die Seite, wohin das Hinterhaupt gerichtet ist, die Drehung befördert. Verzögert sich die Geburt längere Zeit, so muß sie einen Geburtshelfer rufen lassen.

§ 233.

Bisweilen geschieht es, daß das Hinterhaupt, wenn es schon im Beckeneingange ein wenig nach hinten gerichtet war, sich im Beckenausgange ganz gerade nach hinten wendet. Alsdann zeigt sich die große Fontanelle zuerst in der Scham=spalte, demnächst tritt der Scheitel und endlich das Hinter=haupt über den Damm vor. Erst wenn dieses geboren ist, erscheint das Gesicht nach vorn unter dem Schambogen. Nur bei kleinen und nachgiebigen Köpfen, oder sehr weitem Becken erfolgt dieser Austritt des Kindes ohne große Schwierigkeit, und die Hebamme muß dabei den Damm besonders gut unterstützen, da dieser sehr stark gedehnt wird. Die Kopfgeschwulst bedeckt gewöhnlich die große Fontanelle und die anstoßenden Ränder des zumeist nach vorn gelegenen Scheitel= und Stirnbeins. Bei längerer Verzögerung der Geburt ist die Hülfe eines Geburtshelfers nöthig.

2) Von den Gesichtslagen.

§ 234.

In seltenen Fällen entfernt sich das Kinn des Kindes im Mutterleibe von der Brust und das Hinterhaupt stützt sich gegen den Nacken und so geschieht es, daß das Gesicht statt des Scheitels in den Beckeneingang tritt. Der Rücken des Kindes ist dabei eingebogen und die Brust mehr oder weniger vorgedrängt.

In der ersten Geburtszeit fühlt man alsdann nicht den runden, harten Schädel des Kindes auf dem Beckeneingange, sondern einen zum Theil weichen großen Theil, woran man jetzt noch nichts genau unterscheidet. Dabei stellt sich die Fruchtblase oft unregelmäßig; ragt weiter vor als gewöhnlich, ist nicht völlig rund. In der zweiten Geburtszeit fühlt man das Gesicht und die Stirn deutlich im Muttermunde; die Nase steht fast mitten im Becken, daneben erkennt man die Augen, die Stirn, nach der anderen Seite den Mund. Man muß sich hüten, das Gesicht mit dem Steiße zu verwechseln, welches bei eintretender Geschwulst möglich ist.

§ 235.

Man unterscheidet zwei Arten von Gesichtslagen.

Bei der ersten Gesichtslage ist die Stirn nach der linken, bei der zweiten Gesichtslage nach der rechten Seite der Mutter gewandt. Das Kinn steht Anfangs höher, als die Stirn und entweder gerade zur Seite, oder in schräger Richtung nach hinten im Beckeneingange und in dieser Stellung geschieht der Eintritt ins Becken. Während das Gesicht durchs Becken geht, senkt sich das Kinn allmälich tiefer herab und dreht sich nach vorn unter den Schambogen, indem Stirn und Scheitel nach hinten in die Kreuzbein= aushöhlung gleiten. Der Austritt in der zweiten Geburts= zeit geschieht mit vorangehendem Kinne, der Unterkiefer wird soweit als möglich unter dem Schambogen hervorgetrieben, dann folgen zuerst die Stirn und darauf der Scheitel und das Hinterhaupt über den Damm nach.

§ 236.

Die Gesichtsgeburten verlaufen bei guten Wehen und regelmäßigen Geburtstheilen gewöhnlich glücklich für Mutter und Kind, wenn auch etwas langsamer, als die Schädelgeburten. Nur wo dieselben, zumal in der zweiten Geburtszeit, sehr langsam verlaufen, kann der Druck, welchen der stark hintenüber gebogene Hals erleidet, dem Kinde nachtheilig werden. Die Geschwulst, welche sich hier gewöhnlich an einer Seite des Gesichts befindet und dasselbe sehr entstellt, hat keinen Nachtheil für das Kind und verschwindet in kurzer Zeit von selbst.

§ 237.

Die Erkenntniß der Gesichtslagen ist in der ersten Geburtsperiode immer schwierig und die Hebamme muß besonders aufmerksam und sorgfältig untersuchen, um das Gesicht schon jetzt von anderen Theilen, namentlich vom Steiße oder einer Schulter, zu unterscheiden. Erst nach dem Blasensprunge erkennt man in der Regel das Gesicht mit Sicherheit; die Nase an dem harten Nasenrücken und den Nasenflügeln, das Auge an der kugelichen Hervorwölbung hinter der Spalte der Augenlider, den Mund an den harten Zahnladen und der Zunge. Die Hebamme muß aber beim Untersuchen besonders vorsichtig sein und bedenken, daß die zarten Theile des Gesichts, zumal die Augen, durch einen unbehutsamen Druck leicht verletzt werden können. Die Herztöne des Kindes hört sie gewöhnlich am deutlichsten auf der Seite, wohin Brust und Kinn gewandt sind.

§ 238.

Im Ganzen ist übrigens die Behandlung der Gesichtsgeburt bei günstigen Umständen nicht abweichend von der einer gewöhnlichen Schädelgeburt. Bei der Unterstützung des Dammes darf die Hebamme weder zu früh noch zu stark drücken, damit der Hals des Kindes nicht zu sehr gegen das Schambein gedrängt und die Geburt nicht aufgehalten werde, was für das Kind gefährlich sein kann.

Der Mutter muß man das oft durch die Geschwulst des Gesichts sehr entstellte Kind nicht eher zeigen, als bis sie davon unterrichtet und durch die Versicherung der völligen Unschädlichkeit dieser Geschwulst gehörig vorbereitet ist.

§ 239.

Da bei Gesichtsgeburten leichter Unregelmäßigkeiten eintreten, als bei der Schädelgeburt, so ist einer Hebamme Vorsichts halber anzurathen, daß sie einen Geburtshelfer, wenn ein solcher in der Nähe ist, benachrichtigen lasse von den vorhandenen Umständen, damit er bereit sei, wenn sie seiner bedarf. Sie muß ihn aber jedenfalls rufen lassen, wenn die zweite Geburtszeit sich verzögert, weil dabei das Kind durch Druck auf den Hals leiden kann.

Wo man aber entweder aus früherer Erfahrung oder nach anderen Umständen Grund hat, zu glauben, daß die Wehen schwach sein werden, oder wo die Geburtswege nicht gehörig weit sind im Verhältnisse zum Kinde, also auch bei Erstgebärenden, wo die weichen Theile immer weniger nachgiebig sind, und wo man nicht mit Zuverlässigkeit die Verhältnisse des Beckens kennt, muß die Hebamme, sobald sie eine Gesichtsgeburt erkannt hat, einen Geburtshelfen rufen lassen.

§ 240.

Bisweilen bleibt bei einer Gesichtsgeburt die nöthige Drehung des Kinnes nach vorn aus, oder das Kinn wendet statt nach vorn sich nach hinten. Beides ist hier von viel schlimmeren Folgen, als bei der Schädelgeburt, und die Hebamme muß zeitig die Hülfe eines Geburtshelfers suchen, da das Kind diese Stellung nicht lange ohne Lebensgefahr ertragen kann. Wo das Kinn sich nach hinten dreht, kann der Kopf ohne Kunsthülfe nicht geboren werden.

3) Von den Steiß-, Fuß- und Knielagen.

a) Von den Steißlagen.

§ 241.

Bei den Steißlagen hat die Frucht ihre gewöhnliche Haltung; die Beine sind an den Leib gezogen, die Füße liegen in der Nähe der Geschlechtstheile Aeußerlich erscheint die Gebärmutter von regelmäßig-eiförmiger Gestalt; bisweilen kann man seitlich im Grunde den Kopf des Kindes als einen großen, runden, harten und beweglichen Theil deutlich unterscheiden; die Herztöne hört man oberhalb des Nabels auf der Seite, wohin der Rücken des Kindes gekehrt ist; die Bewegungen des Kindes werden von der Schwangeren mehr nach unten empfunden. Bei der inneren Untersuchung fühlt man im Scheidengrunde einen großen, runden, meistens weichen und nur stellenweis harten, nicht sehr beweglichen Kindestheil. Mit Sicherheit läßt sich der vorliegende Steiß gewöhnlich erst nach dem Blasensprunge erkennen. Die Merkmale, auf welche die Hebamme besonders achten muß, sind: das Steißbein, die Oeffnung des Afters, die Geschlechtstheile und der nach vorn gelegene Sitzbeinknorren. Bald liegt mehr die Rückenfläche, bald mehr die Bauchfläche, bald mehr die Seitenfläche des Steißes auf dem Beckeneingange; im letzteren Falle kann die Hebamme den vorderen Theil des Darmbeinkammes und die Schenkelbeuge erreichen. Tritt der Steiß tiefer in's Becken, so geht gewöhnlich das Kindespech in größerer Menge ab. Es kann auch ein Fuß oder eine Hand neben dem Steiße liegen und mit ihm herabkommen.

§ 242.

Man unterscheidet zwei Arten von Steißlagen. Bei der ersten Steißlage ist der Rücken des Kindes nach links, bei der zweiten Steißlage nach rechts gerichtet.

Beim Eintritt des Steißes in's Becken steht der Rücken gewöhnlich schräg nach einer Seite, entweder nach vorn, oder nach hinten. Bei der Drehung des Steißes in der Beckenhöhle wendet sich die eine Hüfte des Kindes unter den Schambogen, und in dieser Stellung geschieht auch der Austritt, indem diese Hüfte zuerst durchschneidet und darauf die andere über den Damm hervorgleitet. Während nun die Schenkel, welche am Bauche des Kindes hinaufliegen, geboren werden, dreht sich der Rücken des Kindes gewöhnlich nach vorn und so wird das Kind bis zur Brust hervor getrieben. Untersucht man jetzt, so findet man die Arme in der Aushöhlung des Kreuzbeins auf der Brust des Kindes, gerade so wie sie vor der Geburt im Mutterleibe lagen. Die Ellenbogen kommen auch alsbald mit der Brust zugleich zum Vorschein; worauf Arme und Schultern schnell geboren werden. Der Eintritt des Kopfes, welcher nun noch allein zurück ist, geschieht mit dem Kinne voran; dasselbe ist nämlich schräg nach hinten, oder ganz zur Seite gewendet,

Von den regelwidrigen Kindeslagen. 159

wo man es neben dem Halse des Kindes fühlt. Ist der Kopf aber einmal in der Beckenhöhle, so **dreht sich das Kinn ganz nach hinten**, und während der Nacken unter der Schamfuge sich anstemmt, tritt das Kinn über den Damm hervor, und ihm folgt das Gesicht und der Scheitel.

§ 243.

Obgleich auch die Steißgeburten im Ganzen glücklich für Mutter und Kind verlaufen, so kommt doch das Kind dabei nicht selten in Lebensgefahr, wenn der übrige Körper, nachdem der Steiß geboren ist, demselben nicht schnell folgt. Die Gefahr für das Kind entspringt aus **dem Drucke, den die Nabelschnur von der Brust, besonders aber vom Kopfe des Kindes erleidet, während es noch nicht athmen kann.** Die Kinder kommen deshalb bei Steißgeburten häufig scheintodt, seltener todt zur Welt.

Damit eine Steißgeburt glücklich verlaufe, ist es besonders wichtig, daß die Geburtstheile vor Eintritt des Kopfes möglichst erweitert seien, wozu ein langsamer Geburtsverlauf das Meiste beiträgt. Außerdem muß die Gebärende gut bei Kräften und die Wehen müssen regelmäßig sein, damit der Kopf und die Arme rasch herabgetrieben werden, wobei die Gebärende durch kräftiges Mitarbeiten wesentliche Hülfe leisten kann.

Wo die Geburtstheile, namentlich das Becken, regelwidrig eng sind, ist die Steißgeburt immer sehr gefährlich für das Kind; ja selbst bei Erstgebärenden mit engen weichen Geburtstheilen leidet das Kind größere Gefahr, und die Arme so wie der Kopf treten unregelmäßig oder zu langsam herab.

§ 244.

Da die Hebamme bei diesen Geburten nicht im Stande ist, die Beschleunigung der Geburt, wenn sie nöthig werden sollte, in jedem Falle mit Sicherheit zu bewirken, so ist es ihre Pflicht, bei einer jeden Steißlage, falls ein Geburtshelfer in der Nähe zu haben ist, den Beistand desselben zu verlangen. Bis zur Ankunft desselben verfahre sie nach folgenden Regeln.

Da es bei diesen Geburten vorzüglich darauf ankommt, daß die Geburtswege vor Eintritt der Schultern und des Kopfes gehörig erweitert seien, so muß die Hebamme sorgfältig **Alles vermeiden, was die Geburt in der früheren Zeit beschleunigen könnte.** Sie muß die Kräfte der Frau und die Fruchtblase möglichst schonen, alles frühe Verarbeiten der Wehen untersagen, die Frau flach und ruhig ohne Stützen und Handhaben liegen lassen; endlich darf die Hebamme nie an den vorliegenden Theilen ziehen, oder durch Drehen die Lage des Kindes zu ändern suchen, wenn der Rücken sich etwa nicht nach vorn wendete; auch nicht einen neben dem Steiße liegenden Fuß herabziehen.

Je mehr die Austreibung des Kindes bis zur Brust den Wehen überlassen bleibt, um so sicherer darf man hoffen, daß die Arme zugleich mit dem Rumpfe herabtreten, und daß das Kinn sich nicht zu weit von der Brust entferne. Da die Kinder häufig scheintodt zur Welt kommen, so muß die Hebamme alle Mittel zur Wiederbelebung derselben in Bereitschaft haben.

Beim Austritte des Steißes unterstützt die Hebamme mäßig und achtet von nun an darauf, daß die Nabelschnur nicht gespannt werde, weshalb sie dieselbe leise etwas herabzieht, wenn sie nicht locker liegt. Läuft die Nabelschnur zwischen den Beinen durch, so zieht sie den über den Rücken laufenden Theil so weit herab, als nöthig ist, um ihn über das stark gebogene Bein hinüberzustreifen. Die geborenen Theile müssen sofort in ein gewärmtes Tuch eingeschlagen werden.

Wenn endlich das Kind bis zur Brust geboren ist und nun Zögerung eintritt, so muß die Hebamme die Gebärende zum kräftigen Mitarbeiten auffordern; wo keine Wehen eintreten wollen, den Muttergrund reiben; etwas Branntwein oder kaltes Wasser auf den Leib träufeln. Endlich muß sie beim Austritte des Kopfes nur mäßig unterstützen, damit dieser nicht verzögert werde.

§ 245.

Wenn aber, nachdem das Kind bis zur Brust geboren ist, trotz der angewandten Mittel nicht bald kräftige und wirksame Wehen sich einstellen, oder wenn die Arme nicht zugleich mit dem Rumpfe herabtreten, sondern neben dem Kopfe hinaufgeschlagen sind, so muß die Hebamme, falls noch kein Geburtshelfer zur Stelle sein sollte, ohne Zögern die dringend nöthige Kunsthülfe selbst leisten, d. h. die Arme lösen, den Kopf herabziehen und ihn aus dem Becken herausheben.

Diese Kunsthülfe wird am besten auf einem sogenannten Querbette geleistet. Die Hebamme thut daher gut, wenn sie in allen Fällen, wo sie fürchten muß, daß der Austritt des Kindes sich verzögern werde, also bei Erstgebärenden, bei schwachen Wehen oder engem Becken, die Gebärende schon mit dem Eintritte der zweiten Geburtszeit auf ein Querbett bringt. Dieses wird auf folgende Weise bereitet: Auf den Seitenrand eines gewöhnlichen Bettes legt man ein Brett und darüber ein festes Polster. Auf dieses Bett wird die Gebärende der Quere nach gelegt, so daß die Geburtstheile frei über den Bettrand hervorragen. Kopf und Rücken werden durch Betten oder durch einen umgekehrt in's Bett gestellten Stuhl, der mit Kissen belegt ist, jedoch nicht zu sehr erhöht sein darf, unterstützt. Die Füße werden entweder auf zwei seitwärts vor dem Bette stehende Stühle oder auf den Schooß zweier auf den Stühlen sitzenden Gehülfinnen gestellt. Ist ein Geburtsstuhl zur Hand, so kann die Hebamme die Gebärende auch auf diesem entbinden. Hat sie nicht mehr Zeit, ein Querbett herzurichten, so kann die Gebärende auch in der Rückenlage in ihrem Bette bleiben; nur muß ihr die Hebamme ein Polster unter das Kreuz schieben, damit die Geburtstheile hoch und frei zu liegen kommen.

§ 246.

Zum Lösen der Arme ist es nothwendig, daß der Rumpf des Kindes zuvor bis zu den Schultern außerhalb des Beckens sich befinde. Waren die schwachen Wehen nicht im Stande, dies zu bewirken, so umfasse die Hebamme die mit einem erwärmten Tuche bedeckten Hüften des Kindes mit ihren Händen und ziehe den Rumpf während der nächsten Wehe behutsam so weit hervor, daß sie mit der Spitze ihres Zeigefingers die Achselhöhle leicht erreichen kann. Alsdann hülle sie das ganze Kind in das erwärmte Tuch und schreite zum Lösen der Arme. Jeder Arm wird mit der gleichnamigen Hand gelöst und immer derjenige zuerst, welcher am meisten nach hinten liegt. Während die Hebamme den Rumpf, der auf der anderen Hand ruht, etwas in die Höhe hebt, führt sie den Zeige= und Mittelfinger der lösenden Hand längs dem

Rücken hinauf über die Schulter und den Oberarm weg bis zum Ellenbogengelenk, und schiebt den Arm, in diesem Gelenk ihn biegend, vor dem Gesichte vorbei in die entgegengesetzte Seite, dann vor der Brust herab und zur Schamspalte heraus. Der gelöste Arm wird zur Seite des Rumpfes in das Tuch eingeschlagen. Der zweite Arm wird auf gleiche Weise mit der anderen Hand gelöst, nachdem man ihn durch eine leichte Drehung des Rumpfes etwas nach hinten gebracht hat, wo man beßer ankommen kann. Bei dem ganzen Verfahren ist jeder Druck des Oberarms sorgfältig zu vermeiden, damit derselbe nicht zerbreche.

§ 247.

Nach der Lösung der Arme muß der Kopf möglichst schnell herausgefördert werden. Dies gelingt um so leichter, je näher der Brust und je tiefer im Becken das Kinn bereits steht. Der Eintritt des Kopfes ins Becken wird aber durch nichts so sehr begünstigt, als durch eine kräftige Mitwirkung der Gebärmutter. Deshalb lasse die Hebamme durch eine Gehülfin den Grund der Gebärmutter reiben und fordere die Gebärende zu kräftigem Mitdrängen auf.

Steht der Kopf erst im Beckeneingange, das Gesicht, wie gewöhnlich, einer Seite zugekehrt, Kinn und Hinterhaupt in gleicher Höhe, so bringe die Hebamme, während der Rumpf des Kindes auf dem Vorderarme ruht, Zeige- und Mittelfinger derjenigen Hand, welche am leichtesten zum Gesichte gelangt, vor dem Halse und dem Kinne vorbei in den Mund und suche durch einen mäßigen Druck und Zug an der unteren Kinnlade das Gesicht in das Becken herab und nach der Aushöhlung des Kreuzbeins zu leiten.

Ist der Kopf schon in der Beckenhöhle, so werden die zwei Finger der einen Hand auf die eben angegebene Weise in den Mund gebracht, während Zeige- und Ringfinger der anderen Hand den Nacken umfassen und der Mittelfinger gegen das Hinterhaupt angesetzt wird. Indem sie nun mit der ersten Hand zieht und mit der anderen Hand durch einen Druck von oben den Zug unterstützt, hebt sie das Gesicht in der Richtung der Mittellinie des Beckens über den Damm hervor, wobei sie den Rumpf des Kindes nach aufwärts biegt.

Nie darf die Hebamme sich einfallen lassen, zur Herausbeförderung des Kopfes am Halse des Kindes zu ziehen. Gelingt es ihr nicht, auf die angegebene Weise in fünf bis höchstens zehn Minuten den Kopf zu entwickeln, so muß sie von allen weiteren Versuchen abstehen und den Beistand des Geburtshelfers abwarten.

§ 248.

Wie bei Schädel- und Gesichtslagen, so ereignet es sich zuweilen auch bei Steißlagen, daß das Kind nicht die regelmäßige Drehung im Becken macht. Es dreht sich nämlich, nachdem das Kind bis zur Brust geboren ist, der Rücken des Kindes nicht nach vorn, sondern nach hinten. In dieser Stellung können die Arme schwer herunterkommen, da hinter den Schambeinen der Platz sehr beengt ist, und sie schlagen sich deshalb neben dem Kopfe in die Höhe und sind sehr schwer zu lösen.

In seltenen Fällen tritt bei Steißgeburten nach geborenem Rumpfe nicht das Kinn, sondern statt seiner das Hinterhaupt ins Becken. Alsdann dreht sich der Scheitel in die Aushöhlung des Kreuzbeins; das Hinterhaupt schneidet zuerst ein und über den Damm kommt der Scheitel und zuletzt die

Stirn zum Vorschein. Die Hebamme kann diesen Austritt nur durch Aufforderung zum Mitdrängen befördern, darf aber durchaus nicht am Halse ziehen. Sie halte aber den Körper des Kindes aufrecht gegen den Bauch der Mutter gerichtet, damit der Hals nicht zu sehr gebogen werde.

b) Von den Fuß- und Knielagen.

§ 249.

Bei den Fußlagen sind entweder beide Füße, oder auch nur ein Fuß vor dem Steiße herabgeglitten, während dieser mehr zur Seite auf dem Rande des Beckens aufsteht. Jenes nennt man eine **vollkommene**, dieses eine **unvollkommene Fußlage**. Schon in der ersten Geburtszeit fühlt man bisweilen kleine Kindestheile im Scheidengrunde. Der Muttermund öffnet sich dann meistens langsam und die Fruchtblase tritt tief und wurstförmig in die Scheide. Sie springt oft schon, ehe der Muttermund gehörig geöffnet ist und die Füße fallen in die Scheide herab. Man erkennt dieselbe am Hacken, an der platten Fußsohle und den Zehen, welche kürzer sind, als die Finger der Hand. Selten treten ein Knie oder beide zuerst herab, welche man vom Ellenbogen an der größeren Breite und Rundung unterscheidet.

§ 250.

Der Verlauf der Fußgeburt gleicht im Uebrigen dem der Steißgeburt; nur dehnen die kleineren Füße den Muttermund und die Scheide nicht so gut aus, als der Steiß, weshalb die Arme öfter in die Höhe weichen, wenn die Brust eintritt und der Kopf schwerer durch die weniger erweiterten Geburtstheile geht. Ein anderer Uebelstand ist, daß nach dem Blasensprunge gewöhnlich alles Fruchtwasser abfließt und durch den stärkeren Druck, den der Mutterkuchen in der wasserleeren Gebärmutter erleidet, der Blutlauf in demselben mehr behindert wird. Endlich fällt im Laufe der Geburt meistens die Nabelschnur mit vor, da sie hier nicht, wie bei den Steißlagen, durch die am Bauche hinaufgeschlagenen Schenkel zurückgehalten wird.

Deshalb ist der Ausgang der Fußgeburt auch im Ganzen ungünstiger für das Kind, und nur bei weiten Geburtstheilen, verhältnismäßiger Größe des Kindes und guten Wehen darf man mit Sicherheit auf einen günstigen Ausgang rechnen. Vollkommene Fußgeburten sind gefährlicher für das Leben des Kindes, als unvollkommene.

§ 251.

Die Hebamme muß auch hier, wo Hülfe in der Nähe zu haben ist, sogleich einen Geburtshelfer rufen lassen. Im Uebrigen beobachte sie dasselbe Verhalten, wie bei Steißgeburten. Um den Eintritt des Steißes in das Becken zu befördern, lasse sie die Gebärende auf derjenigen Seite liegen, wo der Steiß auf dem Beckenrande aufsteht. Je tiefer derselbe in den unverletzten Eihäuten herabtritt, um so besser ist es für die Geburt. Nie lasse sie sich verleiten, den zweiten zurückgebliebenen Fuß herabzuziehen. Ohne dringende Veranlassung darf sie niemals durch voreiliges Eingreifen den natürlichen Verlauf der Fußgeburt stören. Ist das Kind bis über den Nabel geboren, und zögert alsdann die Geburt, so verfahre sie, wie es ihr bei den Steißlagen gelehrt wurde.

§ 252.

Ist bei einer Fußgeburt die Nabelschnur vorgefallen, so muß die Hebamme, so lange die Nabelschnur noch kräftig schlägt, alles den Wehen überlassen; wenn aber der Puls in der Nabelschnur seltener und schwächer wird, so muß sie suchen, das Kind möglichst schnell zur Welt zu fördern. Sie fordert deshalb die Gebärende zum kräftigen Verarbeiten der Wehen auf, und sollte dies nicht hinreichend sein, die Geburt rasch zu beendigen, so schreitet sie zur **Entwicklung des Kindes, vorausgesetzt, daß der Muttermund für den Durchtritt desselben genügend erweitert und dehnbar ist.**

Hierzu legt sie die Kreißende, wie oben angegeben wurde, auf ein Querbett, oder einen Geburtsstuhl; faßt die Füße des Kindes mit voller Hand, so daß die Daumen auf den Waden zu liegen kommen, und zieht sie so weit nach hinten gerichtet, als der Damm es irgend zuläßt, herab. Liegt nur ein Fuß vor, so zieht sie nur an diesem. So wie das Kind weiter herabkommt, hülle sie die schon gebornen Theile in ein gewärmtes Tuch und fasse sie so nahe als möglich vor den Geburtstheilen der Mutter, bis die Hüften zum Einschneiden kommen. Alsdann umfasse sie die Oberschenkel dergestalt, daß die Daumen auf den Hinterbacken ruhen, und ziehe so das Kind bis zu den Schultern herab. Bei diesem ganzen Geschäfte muß die Hebamme höchst vorsichtig zu Werke gehen und nichts übereilen. Sie ziehe nicht zu stark und wo möglich nicht anders, als während einer Wehe an dem Kinde. Je mehr nämlich der Zug durch die Wehen unterstützt wird, um so regelmäßiger pflegt die Drehung des Kindes zu erfolgen, um so weniger streifen sich die Arme in die Höhe und um so näher bleibt das Kinn der Brust. Die Gebärende muß dabei zu kräftigem Mitdrängen angehalten werden. Bleiben die Wehen zu lange aus, so lasse die Hebamme durch eine Gehülfin den Grund der Gebärmutter reiben. Wie sie dann die Arme lösen und den Kopf entwickeln soll, ist oben schon gelehrt worden

4) Von dem Vorfalle eines Fußes oder eines Armes neben dem Kopfe.

§ 253.

Nur selten zeigt sich ein Fuß neben oder vor dem Kopfe und zwar meistens nur bei kleinen und abgestorbenen Kindern. In der Regel weicht im Fortgange der Geburt entweder der Fuß oder der Kopf zurück, und die Geburt verläuft als eine einfache Fuß= oder Schädelgeburt. Aendert sich die Lage nicht, und rückt die Geburt nicht vor, oder werden Kopf und Fuß gleichzeitig ins Becken herabgetrieben, so muß ein Geburtshelfer gerufen werden. Bis derselbe kommt, suche die Hebamme vorsichtig mit einem oder zwei Fingern während der Wehe den Fuß zurückzuhalten.

§ 254.

Nicht selten liegt eine Hand vor oder neben dem Kopfe. Gewöhnlich bleibt sie hinter dem Kopfe zurück, wenn derselbe tiefer herabkommt, zumal wenn die Gebärende sich auf die entgegengesetzte Seite legt. Oefters aber geht die Hand neben und mit dem Kopfe durchs Becken, ohne daß die Geburt dadurch besonders erschwert wird. Wo sie den Fortschritt des Kopfes aufhält, kann man sie während der Wehe zurück= halten, bis der Kopf weiter herabkommt; auch mag man sie, wo es leicht geschehen kann, ganz zurückschieben.

§ 255.

Schlimmer ist es, wenn ein Arm bis über den Ellnbogen vor dem Kopfe liegt. Hierdurch wird der Eintritt des Kopfes und seine Drehung im Becken sehr gehindert und nicht immer erfolgt die Geburt des Kopfes ohne Kunsthülfe. Die Hebamme lege hier die Gebärende sogleich auf die Seite, wo der Kopf steht, und halte den Arm während der Wehe möglichst gut zurück, bis der Geburtshelfer kommt, der hier jedesmal gerufen werden muß.

Eine Hand oder ein Fuß, der neben dem vorangehenden Steiße liegt, erfordert gar keine Hülfe.

5) Von den Querlagen.

§ 256.

Querlagen nennt man solche Lagen, wo das Kind nicht der Länge nach vom Muttergrunde nach dem Muttermunde hin gerichtet ist, sondern der Kopf in der einen, der Steiß und die Füße in der anderen Seite der Gebärmutter liegen. Gewöhnlich aber ist der Kopf, seltener der Steiß dem Muttermunde etwas näher, und das Kind liegt daher mehr schief, als völlig quer auf dem Eingange des Beckens. Bei unzeitigen Kindern kann sich bei einer Querlage fast jeder Theil des Rumpfes zur Geburt stellen; bei zeitigen Kindern aber zeigt sich fast nur die Schultergegend auf dem Beckeneingange, sehr selten ein anderer Theil, z. B. der Rücken, oder die Brust; der Bauch aber fast nie. Ein unzeitiges, abgestorbenes Kind kann in der Querlage noch geboren werden, wenn die übrigen Umstände günstig sind; ein zeitiges, lebendes Kind dagegen kann in der Querlage nicht durchs Becken gehen, sondern muß zuvor gewendet werden.

Bei gewöhnlicher Größe und regelmäßiger Gestalt der Gebärmutter und gehöriger Festigkeit ihrer Wände kann das

Kind nicht wohl eine Querlage in derselben annehmen. Ist aber die Gebärmutter ungewöhnlich weit, z. B. bei zu vielem Fruchtwasser, oder sind ihre Wände sehr nachgiebig und schlaff, so kann leicht eine Querlage entstehen, so lange das Kind sich noch völlig über dem kleinen Becken befindet, also namentlich dann, wenn ein enges Becken den Eintritt des Kopfes oder des Steißes verhindert. Bei Erstgebärenden kommt eine Querlage äußerst selten vor.

§ 257.

Die Hebamme kann zuweilen schon vor der Geburt vermuthen, daß das Kind eine Querlage habe, wenn sie bei der äußeren Untersuchung die Gebärmutter ungleichmäßig in die Breite gezogen findet und in jeder Seite derselben einen großen Kindestheil, innerlich aber nur kleine, oder gar keine Kindestheile fühlt.

Geht es zur Geburt, so sind die Wehen meistens schwach; der Muttermund öffnet sich langsam; die Frucht bleibt hoch über dem Becken, so daß die Hebamme auch jetzt bei der inneren Untersuchung entweder gar keinen Kindestheil, oder nur kleine Kindestheile erreichen kann; die Fruchtblase tritt tief, wurstförmig herab und wenn sie springt, so fließt alles Wasser mit einem Male fort. Das einzige sichere Zeichen der Querlage ist aber, wenn man die Schulter oder die Brust des Kindes im Muttermunde erkennt. Dieses ist leicht, sobald der Arm des Kindes vorfällt, was meistens bei diesen Lagen geschieht, da der Arm unmittelbar zur Schulter leitet und die Hebamme hat nur darauf zu achten, ob nicht neben dem Arme auch der Kopf über dem Becken liegt. Schwerer ist die Schulter zu erkennen, wenn der Arm nicht vorliegt; sie unterscheidet sich vom Steiße, mit dem sie am ersten

verwechselt werden kann, durch das Schlüsselbein, durch das
bewegliche Schulterblatt mit den Rippen darunter und durch
den nahen Hals. Damit die Hebamme diese Kindestheile
durchs Gefühl erkennen lerne, muß sie dieselben bei lebenden
Kindern genau befühlen, wobei sie auch auf andere Theile
Acht habe, z. B. auf den Rückgrat, der sich als eine Reihe
harter Knötchen anfühlt; auf die Rippen, die als feine,
harte Bogen dicht neben einander liegen, auf die Darmbeine,
die beim Kinde noch sehr klein sind u. s. w.

§ 258.

Bei jeder Querlage eines zeitigen Kindes muß die
Wendung gemacht werden, d. h. es werden die Füße und
darauf der Steiß in den Muttermund gebracht und die
fehlerhafte Lage wird in eine Fußlage verwandelt. Ist noch
viel Wasser vorhanden, oder dasselbe erst eben abgegangen,
so pflegt die Wendung leicht zu gelingen und wenigstens für
die Mutter nicht gefährlich zu sein; ist das Wasser aber lange
abgeflossen, sind krampfhafte Wehen da, oder ist gar das
Becken zu eng, so ist die Wendung eine sehr schwere, auch
für die Mutter gefährliche Hülfsleistung. Deshalb muß die
Hebamme jedes Mal, wenn sie eine Querlage erkannt hat
oder auch nur vermuthet, einen Geburtshelfer schleunigst
herbeirufen lassen, ehe das Wasser abgeht, und dafür sorgen,
daß er bei seiner Ankunft Alles zu einem Querbette Nöthige
bereit finde.

§ 259.

Bis zu der Ankunft desselben ermahnt sie die Gebärende,
sich völlig ruhig zu verhalten und verbiete ihr, die Wehen
zu verarbeiten. Am besten legt sie dieselbe flach auf die

Seite, auf welcher nach der äußeren Untersuchung das Kopf= oder Steißende der Frucht dem Muttermunde am nächsten liegt. So gelingt es ihr bisweilen noch, eine Geradlage herzustellen. Ist sie aber über die Lage des Kindes in Zweifel, so lege sie die Gebärende flach auf den Rücken. Die Fruchtblase schone sie bei der Untersuchung und unterlasse das Untersuchen ganz, wenn sie die Lage einmal erkannt hat, bis die Fruchtblase etwa von selbst gesprungen ist.

§ 260.

Ist die Fruchtblase bei wenig eröffnetem Muttermund gesprungen und der Arzt noch nicht zur Stelle, so kömmt es für die Hebamme darauf an, den ferneren Abgang von Fruchtwasser möglichst zu verhüten. Dem Arzte wird die Wendung viel leichter, wenn noch Fruchtwasser in der Gebärmutter zurück ist. Die Hebamme thut daher am besten, die Kautschuckblase einzuführen und dieselbe mit warmem Wasser anzufüllen. Dadurch wird der Muttermund erweitert und das Fruchtwasser an weiterem Abfließen gehindert.

Zweites Capitel.
Von der regelwidrigen Größe und Gestalt des Kindes.

1) Uebermäßige Größe des Kindeskopfes.

§ 261.

Wenn der Kopf des Kindes größer und härter ist, als gewöhnlich, und das Becken keine übermäßige Weite hat, verläuft die Geburt ähnlich wie bei engem Becken. Vor der Geburt kann man diesen Umstand nur vermuthen, wenn die Schwangere einen sehr starken Leib hat, was jedoch eben sowohl von zu vielem Fruchtwasser, oder von Zwillingen herrühren kann. Bei der Geburt tritt der Kopf in der zweiten Geburtszeit sehr schwer herab, schwillt stark an, zuweilen fühlt man auch, daß die Fontanellen sehr klein sind, die Nähte sich nicht über einander schieben, und der Kopf das Becken ganz ausfüllt. Immer aber ist es schwer, die Größe und Härte des Kopfes sicher zu erkennen und das Hauptmerkmal derselben ist, daß die Geburt bei starken Wehen und gutem Becken nicht fortrückt. Alsdann muß ein Geburtshelfer gerufen und die Geburt indeß ganz wie bei engem Becken behandelt werden.

§ 262.

Wenn die Frucht am Wasserkopf leidet, so wird sie meistens frühzeitig und alsdann nicht schwer geboren. Völlig ausgetragen erreicht ihr Kopf aber eine solche Größe, daß er nie durchs Becken gehen könnte, wie es doch oft geschieht, wenn er nicht zugleich sehr nachgiebig wäre. Es sind nämlich die Schädelknochen hier sehr dünn, ihre Ränder stehen weit von einander und man fühlt bei innerlicher Untersuchung sehr breite, häutige, weiche Zwischenräume anstatt der gewöhnlichen Nähte und Fontanellen. Tritt der vorliegende Kopf ungeachtet kräftiger Wehen nicht in das Becken ein, so ist, wenn nicht rechtzeitig Hülfe geleistet wird, eine Zerreißung der Gebärmutter zu befürchten.

Oft kann ein Wasserkopf wegen seiner Größe selbst nicht nach unten treten, alsdann wird das Kind mit den Füßen voran geboren. Da nun die übrigen Glieder ihre gewöhnliche Größe haben, so wird man in diesem Falle die ungewöhnliche Größe des Kopfes erst daran erkennen, daß derselbe schwierig oder durchaus gar nicht ins Becken eintritt; und daß es ein Wasserkopf sei, wird man aus der ungewöhnlichen Größe der Seitenfontanelle und der Nachgiebigkeit anderer Theile abnehmen. In allen diesen Fällen muß die Hebamme frühzeitig bei einem Geburtshelfer Hülfe suchen.

2) Uebermäßige Größe des Bauches.

§ 263.

Ein Kind, dessen Bauch von krankhaft vergrößerten Eingeweiden, z. B. den Nieren, oder von Wasser sehr ausgedehnt ist, wird gewöhnlich, es komme nun mit dem Kopfe oder mit den Füßen voran, bis zum Bauche leicht ins Becken eintreten; alsdann aber wird es stecken bleiben. Die Hebamme kann durch die Untersuchung die Ursache dieser Verzögerung schwer erkennen; sie muß aber auch hier Hülfe suchen, wenn eine außerordentliche Verzögerung der Geburt eintritt und auch hier sich hüten, die Geburt durch gewaltsames Ziehen an den geborenen Theilen selbst befördern zu wollen.

3) Mißbildungen des Kindes.

§ 264.

Die Mißbildungen des Kindes können sehr mannigfacher Art sein, verzögern aber nur die Geburt, wenn dabei einzelne Theile ungewöhnlich vergrößert sind. Dieses ist auch der Fall, wenn einzelne Glieder doppelt vorhanden, oder wenn gar **Zwillinge mit einander verwachsen** sind. Die Hebamme wird schwerlich je diese und ähnliche Geburtshindernisse erkennen, sondern hält sich immer wieder an die Regel, jedes Mal Hülfe zu suchen, wenn eine ungewöhnliche Geburtsverzögerung eintritt.

Anhang.

§ 265.

Häufiger vorkommende Mißbildungen des Kindes sind: 1) **Mangel der Schädelknochen und des Gehirns**; das Gesicht ist allein ausgebildet, der Schädel fehlt und an seiner Stelle befindet sich eine unebene, platte Knochenmasse, von einer dünnen Haut überzogen. 2) **Hasenscharte und gespaltener Gaumen**. 3) **Ein sackförmiger Anhang** im Nacken, am Rückgrate oder am Kreuzbeine, welcher letztere leicht mit dem geschwollenen Hodensack verwechselt werden kann. 4) **Ein Nabelbruch**, der oft so groß ist, daß fast alle Gedärme, ja die Leber darin Platz finden. Er kommt bei der Geburt zuweilen voran und könnte dann mit der Fruchtblase verwechselt werden, ist jedoch daran leicht zu erkennen, daß die Nabelschnur sich an ihm befestigt. 5) **Zusammengewachsene Beine**, an denen sich zuweilen nur ein Fuß befindet.

Aller dieser Mißbildungen muß sich die Hebamme erinnern, wenn ihr einmal bei einer Untersuchung ein ganz ungewöhnlicher Theil vorkommt. Die Geburt hindern sie nicht. Daß die Hebamme solche mißgebildete Kinder der Mutter nicht gleich nach der Geburt und später auch nur sehr vorsichtig zeigen solle und einen Arzt alsbald herbeirufen müsse, versteht sich von selbst.

Drittes Capitel.

Von dem Absterben des Kindes während der Geburt.

§ 266.

Daß ein Kind während der Geburt **lebe**, erkennt man 1) aus der Bewegung desselben; 2) aus der Straffheit und Festigkeit der vorliegenden Theile, besonders der Nähte und der Kopfgeschwulst; 3) aus dem fortdauernden Herzschlage, welchen man in der Regel hören, zuweilen auch an der Nabelschnur fühlen kann, z. B. bei Fußgeburten.

§ 267.

Daß ein Kind während der Geburt schwach werde, erkennt die Hebamme an dem immer schwächer und langsamer werdenden Herzschlage des Kindes, oder bei vorgefallener Nabelschnur an dem schwächeren und langsameren Pulsiren derselben; an dem Abgange des Kindespechs mit dem Fruchtwasser; nur bei Steiß= und Fußgeburten hat, wenigstens nach dem Eintritte des Steißes ins Becken, der Abgang von Kindespech nicht diese Bedeutung.

§ 268.

Sehr unsicher sind aber die Zeichen des **wirklich erfolgten Todes**. Daß die Kindesbewegung aufhört, bedeutet wenig, da dies nach Abfluß des Wassers sehr häufig auch bei lebendem Kinde der Fall ist. Eben so wenig sicher ist der Abgang eines übelriechenden, mit Kindespech verunreinigten Fruchtwassers; das Weichwerden der Kopfgeschwulst; die große Beweglichkeit der Kopfknochen; das Offenstehen des Afters u. s. w. Hörte die Hebamme den Herzschlag des Kindes im Anfange der Geburt sehr deutlich und beobachtete nun, wie er allmälich schwächer und langsamer, als der Puls eines Erwachsenen wurde und endlich ganz verschwand, so darf sie erwarten, daß das Kind gestorben sei. Wo man aber den Herzschlag des Kindes überall nicht sehr deutlich hörte, darf man auf sein Verschwinden gar kein

Gewicht legen. Nur wenn die Nabelschnur vorliegt und Stunden lang ganz ohne Puls ist, kann man sicher sagen, daß das Kind todt sei; ebenso, wenn ein schon geborener Theil wirklich in Fäulniß übergegangen ist. Je mehr der Zeichen, die einzeln unsicher sind, zusammentreffen, desto wahrscheinlicher ist der Tod des Kindes.

§ 269.

Die Ursachen, welche ein Absterben des Kindes während der Geburt bewirken, sind verschieden. Alle Schädlichkeiten, wodurch die nöthige Erfrischung des kindlichen Blutes im Mutterkuchen behindert wird, schwächen das Kind und führen bei längerer Einwirkung den Tod desselben herbei. Dahin gehören: Druck auf die Nabelschnur; Zerreißung der Nabelschnur; vorzeitige Lösung des Mutterkuchens in größerem Umfange; endlich jede stärkere und anhaltendere, den Blutlauf erschwerende Zusammenpressung des Mutterkuchens durch die Wehen, wenn diese mit ungewöhnlicher Heftigkeit sehr rasch auf einander folgen, oder wenn nach dem vollständigen Abflusse des Fruchtwassers die Geburt sich verzögert. Unter diesen Umständen ersticken die Kinder im Mutterleibe. Gewöhnlich machen sie in der Erstickungsnoth vorzeitige Athmenversuche, in Folge deren der flüssige Inhalt der Geburtswege: Fruchtwasser, Kindespech, Schleim, Blut in die Mund= und Nasenöffnungen eindringt. In anderen Fällen sterben die Kinder in Folge des langen Druckes, den der Kopf bei dem erschwerten Durchgange durch ein enges Becken, oder sonst verengte Geburtswege erleidet. Auch können die Kinder sich unter der Geburt verbluten, wenn entweder die Nabelschnur zerrissen ist, oder bei vorzeitiger

Lösung des Mutterkuchens zugleich die kindlichen Adern in demselben verletzt wurden.

§ 270.

Die Hebamme muß unter der Geburt sorgfältig auf alle Zeichen achten, aus denen sie die dem Kinde drohende Gefahr erkennen kann und, wenn sie dieselbe bemerkt, sofort einen Geburtshelfer herbeirufen, da es oft noch möglich ist, durch eine schleunige Entbindung das Kind zu retten. Von den Fällen, wo sie in Ermangelung ärztlicher Hülfe selbst versuchen muß, das Kind zur Welt zu fördern, ist bereits die Rede gewesen. Immer muß sie die Mittel zur Wiederbelebung beim Scheintode in Bereitschaft halten. Auf den Hergang der Geburt hat der Tod des Kindes in der Regel keinen besonderen Einfluß. Der Gebärenden darf die Hebamme von dem muthmaaßlichen Tode des Kindes nichts merken lassen; den Verwandten mag sie zu ihrer Recht= fertigung ihre Meinung im Stillen mittheilen. Wenn aber die abgestorbene Frucht in der Gebärmutter in Fäulniß über= geht, was nach dem Blasensprunge, zumal in der heißen Jahreszeit, oft schnell geschieht und sich durch den Ausfluß eines stinkenden, mit Luftblasen gemischten Schleimes zu er= kennen giebt, so muß sie möglichst schnell zu Tage gefördert werden, da ein längeres Verweilen derselben in den Geburts= wegen der Mutter Schaden bringt. Wäre daher nicht bereits um der Ursachen willen, welche den Tod des Kindes be= dingten, nach einem Geburtshelfer geschickt, so ist jetzt keine Zeit damit zu verlieren. Bis derselbe kommt, mache die Hebamme von Zeit zu Zeit reinigende Einspritzungen von lauwarmem Kamillenthee in die Scheide. Würde die in

Fäulniß übergegangene Frucht mit dem Steiße oder den Füßen voran geboren, so hüte sich die Hebamme, unvorsichtig und gewaltsam an dem Rumpfe zu ziehen, da derselbe leicht vom Kopfe abreißt, dessen Herausbeförderung dann meist sehr schwierig ist.

III. Regelwidrige Geburten von Seiten der übrigen Theile des Eies.

§ 271.

Das Fruchtwasser ist bisweilen in zu großer Menge vorhanden. Die Eihäute können zu dünn und mürbe sein und deshalb zu früh zerreißen; oder sie sind zu derb und zähe, und der Blasensprung verzögert sich regelwidrig. Von diesen Fehlern und ihren Folgen, so wie dem Verhalten der Hebamme dabei war jedoch schon bei früheren Gelegenheiten die Rede. Auch die Umschlingung der Nabelschnur und der Sitz des Mutterkuchens auf dem Muttermunde sind bereits besprochen. Es bleiben noch einige Fehler der Nabelschnur und des Mutterkuchens zu erwähnen.

Erstes Capitel.
Fehler der Nabelschnur.

1) **Regelwidrige Kürze der Nabelschnur.**

§ 272.

Die Nabelschnur kann sowohl an und für sich, als durch Umschlingung zu kurz sein. Selten ist die Nabelschnur so kurz, daß der Austritt des Kindes dadurch verzögert wird. Die Gebärende klagt alsdann in der zweiten Geburtszeit während jeder Wehe über einen zerrenden Schmerz an einer bestimmten Stelle des Leibes. Bisweilen geht beim Nachlaß der Wehe etwas Blut neben dem Kopfe ab, weil der Mutterkuchen in Folge der Zerrung sich vorzeitig löst. Doch sind alle diese Zeichen ungewiß und mit Sicherheit kann die Hebamme den Fehler erst nach der Geburt des Kindes erkennen. In Folge der Zerrung kann beim Austritte des Kindes die Nabelschnur zerreißen, oder die Gebärmutter umgestülpt werden. Die Hebamme muß daher das geborene Kind quer und nicht zu weit ab von den Geburtstheilen der Mutter legen. Verzögert sich unter den angegebenen Zeichen die Geburt, so muß ein Geburtshelfer gerufen werden.

2) Zerreißung der Nabelschnur.

§ 273.

Eine Zerreißung der Nabelschnur beim Austritte des Kindes kommt in liegender Stellung der Gebärenden äußerst selten vor; öfterer, wenn die Geburt in aufrechter oder sitzender Stellung erfolgt und das Kind auf den Boden schießt. Die Hebamme muß das abgerissene Nabelschnurende sofort unterbinden, damit das Kind sich nicht verblute. Ist die Schnur dicht am Nabel abgerissen, so muß sie ein in kaltes Wasser und Essig getauchtes leinenes Bäuschchen, oder ein Stück weichen Zunders auf die blutende Stelle legen und mit dem Finger so lange fest gegen den Bauch des Kindes andrücken, bis der sogleich herbei zu rufende Arzt zur Stelle ist.

3) Vorfall der Nabelschnur.

§ 274.

Eines der gefährlichsten Ereignisse für das Kind ist der Vorfall der Nabelschnur. Denn der Druck auf dieselbe tödtet das Kind gewöhnlich vor Beendigung der Geburt, wenn nicht künstliche Hülfe geleistet wird. Daß die Nabelschnur gedrückt werde, erkennt die Hebamme daran, daß der Puls in derselben seltener und schwächer wird. Regelmäßig findet dies während einer Wehe Statt, wobei die Schnur zugleich praller wird.

§ 275

Die Nabelschnur fällt am leichtesten vor, wenn die Kindestheile vor dem Blasensprunge hoch stehen und die Fruchtblase selbst tief herab tritt; weßhalb die Hebamme hier besonders vorsichtig und genau untersuchen muß, ob sie etwa einen weichen, darmähnlichen, leicht verschiebbaren, pulsirenden Theil in der Fruchtblase fühlt, da man hieran die vorliegende Schnur erkennt.

Die Nabelschnur kann neben jedem Theile des Kindes vorfallen. Am häufigsten fällt sie neben dem Kopfe, oder den Füßen vor. Wie die Hebamme sich im letzteren Falle zu benehmen hat, ist bereits gelehrt worden.

§ 276.

Findet die Hebamme neben dem vorliegenden Kopfe die Nabelschnur vorgefallen, so muß sie, wie bei jedem Vorfalle der Nabelschnur, ungesäumt den Beistand eines Geburtshelfers verlangen. Bis zur Ankunft desselben hat sie Folgendes zu beobachten.

Ist das Fruchtwasser noch nicht abgeflossen, so muß die Hebamme vor allen Dingen die Fruchtblase sorgsamst zu erhalten suchen, da die Nabelschnur vor dem Blasensprunge in der Regel keinen Druck erleidet. Sie muß deshalb die Gebärende sogleich flach auf die dem Vorfalle entgegengesetzte Seite legen und ihr alles Drängen streng untersagen. In dieser Lage zieht sich die Nabelschnur bisweilen von selbst hinter den Kopf zurück.

§ 277.

Wäre aber die Fruchtblase schon gesprungen, wenn die Hebamme die vorliegende Nabelschnur entdeckt, oder spränge sie, ehe der Geburtshelfer kommt, so gebe die Hebamme der Gebärenden eine Rückenlage mit etwas erhöhtem Becken und sorge dafür, daß die Nabelschnur nicht aus der Scheide vorfalle. Gewöhnlich ist dazu hinreichend, daß man die Schenkel der Gebärenden zusammenlegt; fällt sie aber dennoch vor, so bringt man sie vorsichtig in die Scheide zurück und verstopft die Scheide selbst mit einem kleinen Stückchen Waschschwamm. Die Frau muß sich indes ganz ruhig verhalten und nicht mitdrängen, so lange der Kopf nicht in der Scheide ist. Tritt der Kopf aber in die Scheide, so muß die Gebärende durch Mitdrängen die Geburt zu befördern suchen, weil so noch das Leben des Kindes zuweilen gerettet wird.

Zweites Capitel.
Fehler des Mutterkuchens.

1) **Vorzeitige Lösung des Mutterkuchens während der Geburt.**

§ 278.

Bei regelmäßigem Sitze pflegt der Mutterkuchen erst nach der Geburt, oder doch nicht vor dem Ende der zweiten Geburtszeit und auch dann nur theilweise sich zu lösen. Nach außen fließt dabei vor der Geburt in der Regel kein Blut ab, da der vorangehende Kindestheil den Weg versperrt, sondern das in der Gebärmutter angesammelte Blut stürzt mit dem Reste des Fruchtwassers dem Kinde nach. Die Menge des angesammelten Blutes ist indessen selten erheblich, da vor dem völligen Austritt des Kindes in der sich zusammenziehenden Gebärmutter nicht Raum dafür ist.

§ 279.

Bisweilen findet jedoch schon in der ersten Geburtszeit eine theilweise Lostrennung des Mutterkuchens Statt, und es fließt Blut vor dem Kinde ab. Gewöhnlich hat alsdann der Mutterkuchen in der Nähe des Muttermundes seinen Sitz. Die Hebamme darf dies vermuthen, wenn die Eihäute im Muttermunde sich rauh und uneben anfühlen lassen, wie man sie gewöhnlich in der Nähe des Mutterkuchenrandes findet. In der Regel lassen diese Blutungen, wenn der Mutterkuchen nicht auf dem Muttermunde selbst seinen Sitz hat, im Fortgange der Geburt nach, namentlich hören sie oft am Ende der ersten Geburtszeit mit dem Blasensprunge auf.

§ 280.

Bei jedem nur einigermaßen bedeutenden Blutabgange während der Geburt muß die Hebamme sofort einen Geburtshelfer rufen lassen. Sie bedenke dabei, daß die Blutung auch von einer Zerreißung der Gebärmutter, oder der Berstung eines Blutaderknotens herrühren kann. Was sie bei diesen Blutungen zu thun hat, ist bereits früher gelehrt. Ist eine vorzeitige Lösung des Mutterkuchens die Ursache der Blutung, so verfahre sie bis zur Ankunft des Geburtshelfers nach den Regeln, die ihr bei der Lehre vom Sitze des Mutterkuchens auf dem Muttermunde ertheilt sind. Nur darf sie hier die

Fruchtblase nicht anders sprengen, als wenn der Muttermund ansehnlich erweitert ist und bei guter Kindeslage kräftige Wehen vorhanden sind.

2) **Verzögerte Lösung des Mutterkuchens.**

Von dieser wird in dem folgenden Abschnitte die Rede sein.

Dritter Abschnitt.
Von den regelwidrigen und krankhaften Zuständen der Mutter und des Kindes unmittelbar nach der Geburt.

Erstes Kapitel.
Von den regelwidrigen und krankhaften Zuständen der Mutter.

1) Von dem regelwidrigen Blutflusse aus den Geburtstheilen.

§ 281.

Ein Blutfluß aus den Geburtstheilen nach der Geburt rührt fast immer von der Stelle der Gebärmutter her, von welcher der Mutterkuchen sich gelöst hat.

Einen regelwidrig starken Blutfluß erkennt man: 1) an dem meist ununterbrochenen, nicht stoßweisen Abgange des Blutes; 2) an der Menge des abgehenden Blutes; doch pflegen manche Frauen mehr Blut ohne Nachtheil bei der Geburt zu verlieren, als andere; 3) an den Folgen des Blutverlustes, nämlich: der Blässe des Gesichts, der Lippen; den Anwandlungen von Ohnmacht mit Gähnen, Ohrensausen, Verdunklung des Gesichts, Uebelkeit, Erbrechen; an dem

Kaltwerden der Gliedmaaßen, der Unruhe, Beängstigung, dem seufzenden Athem; endlich an einer tiefen Ohnmacht mit völliger Bewußtlosigkeit. Eintritt von allgemeinen Krämpfen, der hiernach erfolgt, verkündigt den nahen Tod.

§ 282.

Nicht immer ist der Blutfluß äußerlich, sondern das Blut kann sich auch allein, oder zum großen Theil in der Gebärmutter und der Mutterscheide ansammeln, wenn die Mutterscheide, oder der Muttermund durch geronnene Blut=klumpen, oder die gelöste Nachgeburt geschlossen ist, welches ein **innerer Blutfluß** genannt wird. Dieser ist um so gefährlicher, da er leicht verkannt wird. Die Hebamme erkennt ihn theils an den oben angegebenen Folgen der Blutung, theils an folgenden Merkmalen: 1) die Gebär=mutter wird durch das angesammelte Blut ausgedehnt und der Muttergrund steigt wieder hoch in die Höhe, oft über den Nabel hinaus; 2) die Frau fühlt ein heftiges, sehr schmerzhaftes Drängen im Becken, ist sehr unruhig; 3) bei innerer Untersuchung entdeckt man oft einen großen Blut=klumpen in der Scheide und kann den Muttermund durchaus nicht erreichen.

§ 283.

Die Mutterblutflüsse können sogleich nach der Geburt des Kindes eintreten, häufiger treten sie kurze Zeit nachher ein, ehe der Mutterkuchen fort ist; aber auch später, ja selbst Tage lang nach der Geburt kann noch ein Blutfluß sich einstellen.

Die häufigste Ursache des Blutflusses ist Schwäche der Wehen, weshalb sich die Gebärmutter nicht gehörig zusammen=zieht, sondern groß und weich bleibt. Verschlimmert wird die Blutung durch das längere Zurückbleiben des Mutterkuchens und durch Blutklumpen, welche die völlige Zusammenziehung der Gebärmutter hindern.

Die Gefahr bei einer solchen Blutung ist immer groß; am größten, wenn der Blutfluß sehr rasch erfolgt und wenn die Entbundene schon öfter an ähnlichen Zufällen litt. Weiß daher die Hebamme, das letzteres der Fall war, so muß sie der Schwangeren dringend rathen, bei bevorstehender Geburt gleich von Anfang an einen Geburtshelfer herzuzurufen.

§ 284.

Was das Verhalten der Hebamme in Hinsicht auf diese Blutungen betrifft, so muß die Hebamme sich vor Allem hüten, nicht durch unvorsichtiges Verfahren selbst eine Blutung zu veranlassen. Zu dem Ende enthalte sie sich bei jeder Geburt aller unerlaubten, schädlichen Mittel und behandle dieselbe streng nach den empfangenen Vorschriften. Denn giebt sie der Gebärenden erhitzende Mittel, treibt sie dieselbe zu sehr zum Mitarbeiten an, zieht sie das halbgeborene Kind zu rasch völlig zur Welt, so kann sie dadurch selbst die Blutung veranlassen. In der dritten Geburtszeit wende sie die größte Vorsicht an, namentlich suche sie die Lösung des Mutterkuchens nicht durch irgend ein unzeitiges Verfahren zu beschleunigen und lasse die Frau sich durchaus nicht bewegen.

Die Entbindung im Bette verdient auch deshalb bei Weitem den Vorzug, weil die plötzlichen, gefährlichen Blutungen nur zu oft beim Umlegen von einem Lager auf's andere eintreten. Wo daher aus irgend einem Grunde eine Blutung besonders zu fürchten ist, namentlich wenn die Schwangere schon früher Blutungen erlitt, schwere, lang dauernde Geburten überstanden hat, wenn die Wehen schwach sind, die Geburt lange dauert und schwer ist, darf die Gebärende nicht anders als im Bette entbunden werden und muß sie nach gestilltem Blutflusse noch Stunden lang ruhig auf dem Geburtslager liegen bleiben.

Nach der Geburt des Kindes beobachte die Hebamme die Entbundene auf's Genaueste und lasse sich davon durch nichts, selbst nicht durch die Sorge für ein etwa scheintodtes Kind, abhalten.

§ 285.

Tritt eine regelwidrige Blutung ein, so rufe die Hebamme auf's schleunigste den nächsten Arzt oder Geburtshelfer. Die Entbundene lege sich sogleich flach auf den Rücken, mit gestreckten und an einander geschlossenen Schenkeln, empfehle ihr die größte Ruhe und gebe ihr nur kühle Getränke. Findet sie, daß die Ursache der Blutung in der mangelhaften Zusammenziehung der Gebärmutter liegt, so suche sie ungesäumt Wehen zu erregen, indem sie 1) der Entbundenen Zimmttropfen giebt, alle Viertelstunde einen halben Theelöffel voll; doch dürfen im Ganzen nicht mehr, als zwei Theelöffel voll gegeben werden; außerdem 2) **kreisförmige Reibungen am Muttergrunde mittelst der Hand macht**, und, wenn diese eine Zusammenziehung bewirkt haben, die Gebärmutter mit der ganzen Hand und gegen den Nabel ausgebreiteten Fingern umfaßt und gelinde, doch anhaltend zusammendrückt; dies nützt sowohl, wenn der Mutterkuchen noch zurück, als auch wenn die Gebärmutter von Blut ausgedehnt ist; 3) indem sie den Unterleib mit Branntwein reibt, oder mit kaltem Wasser bespritzt, oder kaltes Wasser aus einem Schwamm auf denselben tropfenweis herabfallen läßt; 4) eine kurze Zeit einen ganz kalten

Ueberschlag über den Leib und die Schamgegend macht und darnach dieselben wieder abtrocknet.

§ 286.

Haben diese Mittel nicht bald den gewünschten Erfolg, so stehen der Hebamme noch zwei andere Mittel zu Gebote, die sie ohne Verzug anwenden muß und durch die es ihr dann fast immer gelingen wird, die Blutung zu stillen. Entweder nämlich sie macht **Einspritzungen von kaltem Wasser** in die Gebärmutter; hierbei muß sie das Rohr auf zwei Fingern in den Muttermund leiten und die Spritze mäßig schnell entleeren; zwei bis drei Spritzen voll sind in der Regel genügend. Oder **sie geht mit der Hand in die Gebärmutter ein** und reibt gelinde mit dem Rücken der Hand die innere Fläche der Gebärmutter, während sie mit der anderen Hand von außen die Gebärmutter umfaßt, bis diese sich zusammenzieht. Die Einspritzungen sind vorzugsweise in solchen Fällen anzuwenden, wo entweder der Mutterkuchen bereits entfernt ist, oder wo die Enge des Mutterhalses, z. B. nach einer vorzeitigen Geburt, die Einführung der Hand in die Gebärmutter besonders schwierig und schmerzhaft macht. Niemals darf die Hebamme sich hier verleiten lassen, zur Stillung der Blutung die Mutterscheide auszustopfen, da sie hierdurch nur den Ausfluß des Blutes verhindern und eine innere Blutung bewirken würde.

§ 287.

Ist der Mutterkuchen noch zurück, so ist die Blutung oft nicht zu stillen, ehe derselbe entfernt ist. Daher muß man ihn künstlich entfernen, wenn die Blutung auf andere Weise gar nicht zu stillen ist. Dieses ist immer ein schwieriges Geschäft, was die Hebamme dem Geburtshelfer überlassen muß.

Nach der Entfernung des Mutterkuchens wendet man die oben angegebenen Mittel an, wenn die Blutung noch fortdauert, was indeß selten der Fall ist.

§ 288.

Nach dem Aufhören der Blutung darf die Hebamme die Entbundene nicht zu früh verlassen. Die Entbundene muß noch lange in völliger Ruhe flach liegen bleiben. Die Hebamme beobachte sorgfältig mittelst der auf den Unterleib gelegten Hand die Gebärmutter, welche gewöhnlich große Neigung hat, sich wieder auszudehnen und untersuche von Zeit zu Zeit das vor die Geburtstheile gelegte Stopftuch, um sich über die Menge des abgegangenen Blutes zu unterrichten. Ehe nicht regelmäßige Nachwehen sich einstellen und die Wärme des Körpers wiederkehrt, kann leicht eine neue Blutung eintreten. Bei großer Schwäche gebe sie der Entbundenen etwas Fleischbrühe, oder Wasser mit Eigelb, Zucker und Zimmet, jedesmal in geringer Menge; auch wohl ein bis zwei Eßlöffel Wein, oder Branntwein mit Wasser verdünnt. Immer ist auch jetzt noch der Beistand eines Arztes dringend nothwendig, um so dringender, je größer die Schwäche ist.

§ 289.

Bei innerlicher Blutung entfernt man zuerst durch Eingehen mit der Hand die Blutklumpen aus der Mutterscheide und dem Muttermunde. Darnach behandelt man den Fall wie eine äußerliche Blutung. Doch darf man sich hier nicht mit den gelinderen Mitteln aufhalten, sondern muß entweder sogleich mit der Hand in die Gebärmutter eindringen und die Innenfläche derselben reiben, oder Einspritzungen von kaltem Wasser machen.

§ 290.

In den sehr seltenen Fällen, wo ein **Blutfluß nach der Geburt nicht aus der Gebärmutterhöhle kommt**, dauert er bei guten Nachwehen und zusammengezogener Gebärmutter fort und das Blut rieselt meistens anhaltend und gleichmäßig hervor. Hier findet immer eine Verletzung der Geburtstheile statt, z. B. des Muttermundes nach der Wendung; der Mutterscheide nach einem geplatzten Aderknoten; oder des Dammes bei zu enger Schamspalte, zu raschem Austritt des Kopfes, sehr großem Kinde u. dgl. Die Hebamme versucht zunächst kalte Einspritzungen von Essig und Wasser in die Mutterscheide. Sollten diese nicht helfen, so muß man genauer untersuchen, woher die Blutung kommt, auf die blutende Stelle ein Stück Schwamm, oder feine Leinwand, in Essig getaucht, mit den Fingern so lange andrücken, bis die Blutung steht. Daß auch hier ein Geburtshelfer gerufen werden muß, wenn die Blutung nicht gleich gestillt wird, versteht sich von selbst.

2) Von dem Zurückbleiben der Nachgeburt.

§ 291.

In der Regel erfolgt der Abgang der Nachgeburt in der ersten Stunde nach der Geburt des Kindes. Ein längeres Zurückbleiben ist regelwidrig und kann herrühren:

1) von mangelhafter Zusammenziehung der Gebärmutter, zu schwachen Wehen. Die Gebärmutter ist größer und weicher, als gewöhnlich, die Blutung oft beträchtlich, das Blut fließt meist ununterbrochen ab, nur stoßweise stärker.

2) Von Krampf der Gebärmutter. Gewöhnlich ist die Gegend des inneren Muttermundes der Sitz des Krampfes;

bisweilen ragt neben der Nabelschnur ein Zipfel des Mutter=
kuchens durch die zusammengezogene Stelle hervor. Die
Wehen sind sehr schmerzhaft, die Entbundene klagt über
heftiges Ziehen im Kreuze, die Gebärmutter ist empfindlich
gegen Berührung, die Blutung aber in der Regel nur mäßig.

3) Von zu fester Verwachsung des Mutterkuchens mit
der Gebärmutter. Immer sind nur einzelne Stellen desselben
zu fest mit der Gebärmutter verwachsen. Obwohl regelmäßige
Nachgeburtswehen vorhanden sind, und die Gebärmutter sich
kräftig zusammenzieht, löst sich der Mutterkuchen nur theilweise
und tritt nicht in den Muttermund herab. Jede Wehe ist
von einem lebhaften Schmerze begleitet, die Gebärmutter
fühlt sich dabei ungewöhnlich hart und eckig an, stoßweise
kehrt eine bald mehr, bald weniger heftige Blutung wieder.

§ 292.

Die Folgen des gänzlichen Zurückbleibens der Nach=
geburt sind für die Gebärende immer lebensgefährlich. In
den ersten Stunden ist immer eine starke Blutung zu fürchten;
später ist die Fäulniß des Mutterkuchens, die sich durch
einen sehr üblen Geruch der Wochenreinigung zu erkennen
giebt, für die Wöchnerin selbst höchst nachtheilig. Durch
große Sorgfalt kann die Frau indeß gerettet werden.

§ 293.

Wenn keine starke Blutung vorhanden ist, und auch
sonst keine ungewöhnlichen Zufälle sich einstellen, so kann
die Hebamme ruhig eine bis zwei Stunden auf den Abgang
der Nachgeburt warten. Sie hüte sich streng, an der
Nabelschnur zu ziehen, wenn der Mutterkuchen noch nicht in
der Scheide ist. Dadurch kann sie Blutungen, Krampf,

oder gar eine Umstülpung der Gebärmutter veranlassen. Auch gestatte sie nicht, daß die Entbundene durch willkürliches Drängen, oder durch absichtliches Husten und Blasen in die Hände den Abgang der Nachgeburt zu befördern suche. Ist nach Verlauf von längstens zwei Stunden die Nachgeburt noch zurück, so muß sie einen Geburtshelfer rufen lassen; früher schon, wenn die Blutung stärker wird, oder sonst regelwidrige Zufälle sich zeigen. Bis zur Ankunft desselben darf sie bei deutlicher Wehenschwäche die oben angegebenen Mittel zur Erregung von Wehen anwenden. Ist aber Krampf vorhanden, so darf sie weder Zimmettropfen geben, noch kalte Umschläge und Einspritzungen machen; vielmehr lege sie, wenn nicht zugleich eine stärkere Blutung zugegen ist, heiße Tücher auf den Unterleib und lasse die Entbundene eine Tasse recht heißen Kamillenthees trinken; auch kann sie ihr zwölf bis funfzehn Hoffmannsche Tropfen auf Zucker reichen.

§ 294.

Mußte die Nachgeburt durch den Arzt künstlich hinweggenommen werden, oder war dieselbe ganz oder theilweise zurückgeblieben, mache die Hebamme täglich einige Male eine Einspritzung von einem lauwarmen Kamillenaufguß in die Gebärmutter, bis sich aller üble Geruch der Wochenreinigung verloren hat.

3) **Von der Umstülpung der Gebärmutter.**

§ 295.

Gleich nach der Geburt des Kindes kann die Gebärmutter sich umstülpen, d. h. ihr Grund kann sich einwärts biegen und durch den Muttermund in die Scheide herabtreten;

oder gar völlig umgewendet vor die äußeren Geburtstheile
vorfallen. Veranlassung hierzu giebt eine sehr schnelle Geburt,
Drängen, Niesen, Husten, aufrechte oder sitzende Stellung
der Entbundenen, Hervorziehen des Kindes an den geborenen
Schultern; besonders Ziehen an der Nabelschnur, ehe der
Mutterkuchen gelöst ist.

§ 296.

Nach der Umstülpung stellt sich heftiges Drängen und
vor allem eine starke Blutung ein, mit Ohnmachten, Krämpfen,
Erbrechen; der Tod kann sehr schnell erfolgen. Die Heb=
amme fühlt eine große, kugelförmige, feste und bei der
Berührung empfindliche Geschwulst im Muttermunde, oder
in der Mutterscheide; oder sie sieht bereits vor den äußeren
Geburtstheilen einen dunkelrothen und heftig blutenden
Körper. An demselben hängt oft noch der Mutterkuchen
fest. Bei der äußeren Untersuchung des Bauches fühlt man
entweder den Muttergrund eingedrückt, oder wo die Gebär=
mutter schon tiefer herabfiel, gar nichts von derselben. Ohne
diese Untersuchung könnte man leicht in einen groben Irrthum
verfallen. Es kann sich nämlich nach der Geburt der
Mutterkuchen, oder ein Blutklumpen in den Häuten, oder
ein Gewächs im Muttermunde und in solcher Gestalt zeigen,
daß man glauben könnte, es sei der Muttergrund selbst. In
diesen Fällen aber fühlt man äußerlich die Gebärmutter
deutlich und wie gewöhnlich kugelförmig.

§ 297.

Sobald die Hebamme das Bestehen einer Umstülpung
der Gebärmutter erkannt hat, muß sie schleunigst einen Ge=
burtshelfer rufen lassen. Bis dieser kömmt, muß die Ent=
bundene mit erhöhtem Kreuz auf dem Rücken gelagert bleiben

und sich alles Drängens enthalten. Um die Blutung zu stillen, drückt die Hebamme gegen die blutende Fläche einen Schwamm oder Handtuch, was gerade zur Hand ist. Haftet der Mutterkuchen noch zum größten Theil an, so kann die Hebamme diesen gegen die blutenden Adern andrücken. War derselbe dagegen bereits größtentheils gelöst, so löst ihn die Hebamme völlig ab und sucht nun die Blutung durch Aufdrücken eines Schwammes oder Tuches zu stillen.

§ 298.

Auch nach Beseitigung der Umstülpung muß die Entbundene sich ferner sehr ruhig und in wagerechter Lage halten, sich zur Entleerung des Harns und Stuhls nicht aufrichten und sich eines Beckens bedienen.

4) Von der Zerreißung des Dammes.

§ 299.

Jede tiefere Zerreißung des Dammes unter der Geburt ist ein sehr unglückliches Ereigniß. Zwar ist die Blutung aus der Wunde gewöhnlich nicht bedeutend und auch stärkere Blutungen werden durch Betupfen mit kaltem Wasser meistens bald gestillt. Aber ohne eine künstliche Vereinigung gelingt es nur selten, die Wundränder bei der Heilung zur Verwachsung zu bringen und es bleibt eine regelwidrige Oeffnung zurück, die oft große Beschwerden, namentlich Vorfall der hinteren Scheidenwand und der Gebärmutter verursacht. Erstreckte sich der Riß bis in, oder auch selbst nur nahe an den After, so verliert die Frau das Vermögen, flüssigen Koth und Winde willkührlich zurück zu halten. Bei Mangel an Sorgfalt entsteht im Wochenbette leicht eine üble Entzündung in der durch Wochenfluß und Urin verunreinigten Wunde, die sehr gefährliche Folgen haben kann.

§ 300.

Es ist daher die Pflicht der Hebamme, bei jeder tieferen Zerreißung des Dammes sofort den Beistand eines Arztes zu verlangen, da nur durch eine künstliche Vereinigung der frischen Wunde die angegebenen Nachtheile sich mit einiger Sicherheit verhüten lassen. Die weitere Behandlung bleibt alsdann der Bestimmung des Arztes überlassen; doch merke sich die Hebamme auch für die Behandlung kleinerer Damm= risse folgende Regeln. Die Wöchnerin muß mehrere Tage unausgesetzt eine Seitenlage beobachten und die Schenkel nicht von einander bewegen, damit die Wundflächen in möglichst naher Berührung bleiben und die Wochenreinigung nach vorn abläuft. Ist der Wochenfluß sehr stark und übelriechend, so macht die Hebamme öfters vorsichtige Einspritzungen von lauwarmem Kamillenthee in die Scheide. Der Urin muß in den ersten Tagen immer behutsam mit dem Katheter ab= genommen werden. Außerdem muß die Wunde durch öfteres schonendes Waschen mit lauwarmem Wasser mittelst eines Schwammes möglichst rein erhalten werden. Es ist gut, wenn die Wöchnerin nicht vor dem vierten bis fünften Tage genöthigt ist, ihren Stuhlgang zu verrichten; nach dieser Zeit aber sorge die Hebamme durch tägliche Klystiere für regelmäßige und weiche Stuhlausleerung.

Zweites Capitel.
Von dem Scheintode des Kindes.

§ 301.

Scheintodt nennt man ein Kind, welches, nachdem es völlig geboren ist, keine Lebenszeichen von sich giebt. Nur das Herz schlägt noch), welches man theils sehen, theils an der Nabelschnur dicht vor dem Leibe fühlen kann. Ist der Herzschlag sehr langsam, so ist die Rettung des Kindes zweifelhaft; ist er schnell, so kommt das Kind fast immer wieder zum Leben.

Die Hebamme soll jedes Kind, das ohne Lebenszeichen geboren wird, für scheintodt achten und als ein solches behandeln, es sei denn, daß es schon in Fäulniß übergegangen sei.

§ 302.

Langsame Geburt nach Abfluß des Fruchtwassers, langer Druck auf den Kopf des Kindes, Druck der Nabelschnur, vorzeitige Lösung des Mutterkuchens sind die häufigsten Ursachen des Scheintodes. Er kommt auch nach regelmäßigen Geburten vor, häufiger ist er aber nach regelwidrigen Geburten. Gewöhnlich sehen scheintodte Kinder blaß aus, mit einer leicht-bläulichen Färbung der Lippen, seltener ist das Gesicht dunkelroth oder blauroth.

§ 303.

In jedem Falle muß die Hebamme sogleich Versuche zur Wiederbelebung des Kindes machen, wodurch in den meisten Fällen das Kind gerettet werden kann.

Die Aufgabe bei diesen Versuchen ist, **das Kind zu Athembewegungen anzuregen.** Sind Mund und Nase durch Schleim, Kindespech ꝛc. verstopft, so müssen sie zuvor gereinigt werden, damit die Luft frei in die Lungen eindringen könne. Die Hebamme entleere daher die Nase durch vorsichtiges Ausdrücken, und reinige die Mundhöhle, indem sie den kleinen Finger der rechten Hand, der natürlich nicht durch Blut ꝛc. besudelt sein darf, tief in dieselbe einführt und damit den angesammelten Schleim ꝛc. hervorholt. Bei den leichteren Graden von Scheintod genügen oft schon gelinde Reibungen der Brust, wiederholtes Anblasen, Besprengen des Gesichtes mit kaltem Wasser, um das Kind zum Athmen zu bringen. Führen diese Mittel jedoch nicht schnell zum Ziele, so muß die Hebamme das Kind abnabeln, da kräftigere Belebungsversuche sich nur nach der Trennung des Kindes von der Mutter anstellen lassen, und die Verbindung mit dem in der entleerten und zusammengezogenen Gebärmutter zusammengepreßten und meist theilweise schon gelösten Mutterkuchen dem Kinde nichts mehr nützt. Ist das Gesicht des Kindes sehr roth oder blauroth und geschwollen, so lasse die Hebamme nach der Durchschneidung der Nabelschnur aus dem kindlichen Theile derselben einen bis zwei Eßlöffel voll Blut in ihre hohle Hand abfließen, ehe sie die Unterbindung vornimmt. Sie unterbinde die Nabelschnur zuerst eine gute Handbreit vom Nabel, damit sie sie nöthigenfalls noch einmal durchschneiden könne, wenn das Blutlassen sich nöthig zeigen sollte. Später kann sie sie dann näher am Nabel unterbinden und abschneiden.

§ 304.

Das Hauptmittel zur Wiederbelebung des Kindes ist ein warmes Bad, das aber **Brust und Leib des Kindes ganz bedecken**, während der Anwendung aller anderen Mittel immer fortgesetzt und stets durch neuen, vorsichtigen Zuguß warm erhalten werden muß. Damit es nicht zu heiß gemacht werde, muß man es mit dem bloßen Ellenbogen und nicht allein mit der Hand, am besten aber mit dem Thermometer prüfen. Die Hebammen versehen es leicht darin, daß sie es zu heiß bereiten.

Im Bade reibt man das Kind gelinde an Brust und
Rücken; besprengt das Gesicht und die Brust mit recht kaltem
Wasser und tröpfelt dieses, oder kalten Branntwein von einiger
Höhe auf die Herzgrube des Kindes herab, die man darnach
wieder im Bade erwärmt; man bürstet die Fußsohlen gelinde
mit einer Bürste; man hebt das Kind von Zeit zu Zeit aus
dem Bade, schwenkt es ein= oder zweimal mit beiden Händen
auf und ab und legt es dann wieder in das warme Bad.

§ 305.

Erfolgen hierauf noch keine Lebenszeichen, so blase man
gelinde Luft in den Mund des Kindes ein, die, wenn man
dabei gehörig verfährt, leicht in die Lungen des Kindes ein=
dringt. Beim ersten Lufteinblasen läßt man die Nase des
Kindes offen und entfert so den Schleim aus dem Rachen
des Kindes. Dann hält man die Nase zu, läßt den Kopf
des Kindes stark gegen den Nacken zurücksinken, indem man
eine Hand unter den Hals legt, setzt den Mund fest auf den
Mund des Kindes und bläst gelinde in denselben, bis man
hört, daß die Luft tiefer eindringt. Hierauf drücke man die
Brust des Kindes von vorn gelinde zusammen, damit die
Luft gleich wieder entweiche.

§ 306.

Alle diese Mittel müssen nicht zu stürmisch, sondern
langsam hinter einander angewendet werden; nach jedem
Mittel muß man etwas warten und sehen, ob sich Lebens=
zeichen zeigen; namentlich muß man das Einblasen nur selten,
alle paar Minuten etwa, wiederholen. Die Hauptsache bleibt
aber immer die **gehörige Erwärmung des Kindes**,
welche am besten durch das warme Bad bewirkt wird. Die
Versuche setzt man geduldig eine Stunde, ja länger fort

und läßt, wenn es möglich ist, indeß einen Arzt oder Geburtshelfer rufen.

§ 307.

Das erste Lebenszeichen, welches eintritt, ist ein stoßweises Athmen des Kindes; sobald sich dies gezeigt hat, darf man, auch wenn es nur sehr selten eintritt, keine Luft mehr einblasen, sondern fährt mit den übrigen Mitteln gelinde fort, bis das Kind zum vollkommenen Athmen gekommen ist. Nur wenn das Kind sehr roth oder gar blau bleibt, nur röchelnd und stoßweise Athem holt, schneidet man die Nabelschnur noch einmal ab und läßt einen oder zwei Eßlöffel voll Blut abfließen.

§ 308.

Bleiben jedoch alle Belebungsmittel ohne Erfolg, so muß die Hebamme das Kind in warme Tücher schlagen und nur das Gesicht frei lassen. Sie legt es alsdann an einen warmen Ort und sieht von Zeit zu Zeit nach, ob etwa Lebenszeichen wiederkehren sollten.

Vierter Abschnitt.
Von dem regelwidrigen Verlaufe des Wochenbettes.

§ 309.

Die Hebammen können zwar bei Krankheiten der Wöchnerinnen und Neugeborenen wenig Rath ertheilen; doch ist es gut, daß sie einige der gewöhnlichsten und gefährlichsten Krankheiten kennen, damit sie desto dringender den Rath eines Arztes dabei verlagen. Wo ihnen im Folgenden einige einfache Mittel angegeben sind, sollen sie dieselben vorzüglich nur anwenden, damit keine ganz unpassenden Mittel in Gebrauch gezogen werden.

Erstes Capitel.
Von den regelwidrigen und krankhaften Zuständen der Wöchnerin.

1) Schmerzhafte Nachwehen.

§ 310.

Sie zeigen sich sehr selten bei Erstgebärenden, häufiger und anhaltender bei Mehrgebärenden, besonders wenn die Geburt sehr rasch verlief. Oft werden sie durch das Saugen des Kindes an der Brust hervorgerufen. Bei großer Heftigkeit und längerer Dauer stören sie das Wohlbefinden und rauben der Wöchnerin den nöthigen Schlaf. Von den Schmerzen, welche durch Entzündung der Gebärmutter, des Bauchfelles ꝛc. verursacht werden, unterscheiden sie sich dadurch, daß sie den wahren Geburtswehen ganz ähnlich sind und, wie diese, in Absätzen auftreten; daß in den Zwischenzeiten die Gebärmutter bei Berührung nicht empfindlich ist; daß die Wochenreinigung ungestört fließt; und daß kein Fieber damit verbunden ist.

§ 311.

Zur Milderung und Beseitigung der schmerzhaften Nachwehen lege die Hebamme der Wöchnerin häufig recht warme Tücher auf den Leib, oder einen warmen Verband, gebe ihr eine Tasse warmen Kamillenthees zu trinken und setze ihr ein Klystier von Kamillenthee mit Oel ohne Zusatz von Salz. Helfen diese Mittel jedoch nicht bald, so muß ein Arzt zu Rathe gezogen werden. Die Hebamme vergesse nicht, daß

schmerzhafte Nachwehen leicht in eine Entzündung der Ge=
bärmutter übergehen können. Sobald der Leib sich in den
Zwischenzeiten bei der Berührung schmerzhaft zeigt
und sich Fieber hinzugesellt, muß sie sogleich auf
die Herbeirufung eines Arztes dringen.

2) Unordnungen in der Wochenreinigung.

§ 312.

Die Wochenreinigung kann sparsamer, oder auch stärker
fließen, als gewöhnlich. Befindet die Wöchnerin sich übrigens
wohl dabei, so ist keine Gefahr damit verbunden. Treten aber
Störungen des Wohlbefindens, Schmerzen im Unterleibe und
Fieber hinzu, so muß ein Arzt hinzugerufen werden. Eben
so, wenn im Verlaufe des Wochenbettes eine stärkere Blutung
wiederkehrt.

§ 313.

Wird die Wochenreinigung sehr übelriechend, so ist
gleichfalls ärztliche Hilfe nothwendig. Inzwischen sorge die
Hebamme für die größte Reinlichkeit durch öfteres Wechseln
der Unterlagen und Waschen der Geburtstheile, und mache
zweimal täglich eine Einspritzung von lauwarmem Kamillen=
thee in die Scheide. Das Instrument muß jedesmal auf
die früher angegebene Weise sorgfältig gereinigt werden,
bevor es bei einer anderen Wöchnerin, oder Gebärenden,
gebraucht wird.

3) Entzündung der Gebärmutter, Kindbettfieber.

§ 314.

Die Entzündung der Gebärmutter, auch wohl Kindbett=
fieber genannt, ist eine sehr gefährliche Krankheit. Sie befällt

die Wöchnerinnen gewöhnlich zwischen dem zweiten und vierten Tage und nur selten noch nach dem siebenten Tage. Sie beginnt in der Regel mit einem Frostanfalle, dem Hitze und Durst mit schnellem Pulse folgen. Die Wöchnerin klagt über einen anhaltenden Schmerz im Unterleibe, der bei jeder Bewegung zunimmt; die Gebärmutter und gewöhnlich auch die Gegend des einen oder des anderen breiten Mutterbandes sind bei Berührung schmerzhaft; öfters verbreitet sich der Schmerz sehr schnell über den ganzen Leib. Meistens ist der Schmerz sehr heftig; doch kommen auch Fälle vor, wo er gering ist; immer aber wird er durch Druck hervorgerufen, oder gesteigert. Die Wochenreinigung ist gewöhnlich gestört; die Milchabsonderung in den Brüsten nimmt ab.

§ 315.

Sobald die Hebamme bei einer Wöchnerin die angegebenen Zufälle bemerkt, muß sie sogleich auf die Herbeirufung eines Arztes dringen, da hier nur durch eine frühzeitige Hülfe die Gefahr abgewandt werden kann. Eine Versäumniß von wenigen Stunden kann den Tod der Wöchnerin zur Folge haben. Die Hebamme täusche sich nicht mit der Hoffnung, daß das Fieber ein bloßes Milchfieber sei; **beim Milch= fieber sind keine Schmerzen im Unterleibe vor= handen und die Brüste meistens voll und gespannt**. Sie halte die Schmerzen auch nicht für Nachwehen; bei den Nachwehen treten die Schmerzen **nur in Absätzen auf**, in den Zwischenzeiten ist die Gebärmutter **bei Druck nicht schmerzhaft**; auch ist kein Fieber zugegen. Die Hebamme merke sich ferner, daß das Kindbettfieber ansteckend ist, daß sie es der Kreißenden zutragen kann, wenn sie dieselben mit unreinen Fingern untersucht oder Instrumente anwendet, welche mit fauligen Stoffen beschmutzt waren, und daß sie es, ohne selbst angesteckt zu sein, weiter auf andere Gebärende und Wöchnerinnen übertragen kann. Wenn sie daher eine am Kindbettfieber leidende Wöchnerinn besucht hat, muß sie sich jedes Mal völlig umkleiden und namentlich ihre Hände, so wie alle bei der Kranken benutzten Geräthschaften mit Chlorwasser sorgsam reinigen, ehe sie zu einer Gebärenden, oder anderen Wöchnerin geht.

4) Geschwulst und Entzündung der äußeren Geburtstheile.
§ 316.

Nach langer Geburtsarbeit, besonders wenn der Damm dabei einriß, schwellen nicht selten im Wochenbette die äußeren Geburtstheile an, entzünden sich und werden schmerzhaft. Die Hebamme mache warme Ueberschläge von Kamillenthee auf die geschwollenen Theile und sorge für größte Reinlichkeit. Legen sich Schmerzen und Geschwulst nicht bald, so rufe sie einen Arzt herbei. Oefters entstehen, auch wenn der Damm nicht verletzt war, an der Innenfläche der Schamlippen Geschwüre, die sich bis tief in die Scheide hinein ausbreiten können. Man findet sie namentlich dann, wenn schon vor der Niederkunft eine wässerige Anschwellung der Schamlippen bestand. Gewöhnlich ist dabei die Wochenreinigung sehr übelriechend. Die Hebamme ziehe hier sogleich einen Arzt zu Rathe; inzwischen mache sie behutsam reinigende Einspritzungen von lauem Kamillenthee in die Scheide und schiebe darnach jedesmal ein in Oel gedrängtes, weiches leinenes Läppchen zusammengefaltet zwischen die Schamlippen.

5) Goldaderknoten.
§ 317.

Unter Goldaderknoten versteht man Blutaderknoten, welche

entweder innen im Mastdarme unter der Schleimhaut, oder außen um den Rand des Afters unter der äußeren Haut sitzen und eine knotige, rothe oder blaurothe Geschwulst bilden. Die Goldaderknoten werden unter der Geburt oft sehr hervorgedrängt und schwellen im Wochenbette stärker an und verursachen lebhafte Schmerzen. Die Hebamme muß durch Klystiere für weichen und freien Stuhlgang sorgen. Auf die Geschwulst an dem After lasse sie häufig ein mit Zinksalbe bestrichenes Läppchen, oder einen warmen Breiumschlag legen. Mindern sich jedoch bei dieser Behandlung die Schmerzen nicht bald, so muß sie den Rath eines Arztes verlangen.

6) Harnverhaltung.

§ 318.

Tritt nach der Geburt und in den ersten Tagen des Wochenbettes eine Harnverhaltung ein, so erkennt die Hebamme dieselbe theils an dem mangelnden, oder doch sehr geringen Abgange des Harns, theils an folgenden Zeichen. Der Leib der Wöchnerinn schwillt an und wird schmerzhaft, die Gebärmutter wird hoch hinauf gedrängt und innerlich fühlt man im Scheidengrunde eine pralle Geschwulst, die denselben herabdrängt. Auch kann man äußerlich die gefüllte Harnblase von einer etwanigen Auftreibung der Gedärme daran unterscheiden, daß der Leib unter dem Nabel beim Anklopfen keinen hohlen Ton giebt.

§ 319.

Um eine Harnverhaltung zu verhüten, muß die Hebamme darauf achten, daß eine Wöchnerin den Harn nie zu lange zurückhalte, sondern wenigstens dreimal am Tage zu entleeren suche. Tritt dennoch eine Harnverhaltung ein, wie dies besonders nach schweren Entbindungen geschehen kann, so versuche man noch, ob die Wöchnerin vielleicht in vorübergebückter Stellung auf Knieen und Ellenbogen den Harn entleeren kann; wobei man den Leib über den Schambeinen gelinde reibt. Wo aber auch so der Harn nicht entleert werden kann und länger als zwölf Stunden nicht gelassen wurde, da muß man den Harn mit dem Katheter abnehmen. Gelingt dieses der Hebamme nicht, oder kehrt die Harnverhaltung wieder, so muß ein Geburtshelfer schleunig gerufen werden. Bis derselbe kommt, mache die Hebamme warme Umschläge von Kamillenaufguß über den Unterleib und die Geburtstheile.

7) Unwillkürlicher Abgang des Harns oder des Stuhls.

§ 320.

Nach schweren und langwierigen Geburten stellt sich zuweilen ein unwillkürlicher Abgang des Harns ein, welcher von einer Schwächung oder Lähmung des Blasenhalses oder gar von einer Verletzung der Harnblase herrühren kann. Die Verletzung wird gewöhnlich erst am vierten bis fünften Tage des Wochenbettes bemerkt, wenn der in Folge der Quetschung unter der Geburt entstandene Schorf sich losstößt und eine Oeffnung in der Wand der Blase und der Scheide zurückläßt, durch welche der Harn alsdann ausfließt. Die Hebamme erkennt den unwillkürlichen Abgang an dem üblen Harngeruch des Bettes und Zimmers der Entbundenen, auch werden die Geburtstheile und ihre Umgebung bald wund und empfindlich und die Wöchnerin kann auf gewöhnliche Weise gar keinen oder nur sehr wenig Harn lassen. Dagegen fühlt sie, wie derselbe bei jeder Bewegung, beim Husten, Niesen u. s. w. ohne ihren Willen abgeht. Die Hebamme muß die Herbeirufung eines Geburtshelfers sogleich veranlassen.

§ 321.

Sollte sich im Wochenbette ein unwillkürlicher Abgang des Stuhls zeigen, woran eine Zerreißung des Afters bei großem Dammrisse Schuld sein kann, so ist gleichfalls die Hülfe eines Arztes oder Geburtshelfers dringend nöthig.

8) Milchknoten und Entzündung der Brüste.
§ 322.

Um eine Entzündung der Brüste zu verhüten, muß man dafür sorgen, daß das Kind bald nach der Geburt und regelmäßig fünf bis sechs Male täglich an jede Brust angelegt wird; man muß die Brüste durch eine zweckmäßige Bedeckung vor Erkältung und Druck bewahren und für genügende Entleerung derselben Sorge tragen. Zeigen sich aber dennoch harte Knoten, werden dieselben schmerzhaft und schwillt die Brust an, so muß die Wöchnerin sich sehr mäßig im Essen und Trinken halten, nichts als dünne Suppen, Haferschleim u. dgl., keinen Kaffee, Thee, noch weniger Bier, Wein u. dgl., genießen. Die Hebamme suche durch sanftes Einreiben von erwärmtem Oel die Spannung in der Brust zu mindern, bedecke sie mit Watte, oder mit einem trockenen, leichten und weichen Kräuterkissen von Kamillen= und Fliederblumen, unterstütze sie durch ein Tuch, das man über die entgegen= gesetzte Schulter befestigt, sorge für regelmäßige Entleerung der Brust durch das Kind, bewirke durch ein Klystier Leibesöffnung und dringe sogleich auf Herbeirufung eines Arztes. Verschlimmert sich aber inzwischen der Zustand, wird die Haut auf der Brust roth und heiß, so mache sie sogleich einen warmen Umschlag von Kamillen, und wo dies nicht hilft, einen warmen Verband über die ganze Brust und erneuere denselben regelmäßig alle Stunde, bis der Arzt etwas Anderes verordnet. Das Kind darf alsdann nur selten und bei heftiger Entzündung gar nicht mehr an die kranke Brust gelegt werden.

§ 323.

Frauen, die nicht stillen wollen, bekommen leicht schlimme Brüste; sie müssen deßhalb sehr wenig essen und trinken, und vom zweiten Tage des Wochenbettes an täglich ein Klystier bekommen. Dabei bedecke man die Brüste sogleich mit einem Kräuterkissen, mit Werg oder Watten und befestige dieselben durch ein Tuch. Wird die Spannung der Brüste aber dennoch zu groß, so müssen dieselben hin und wieder einmal ausgesogen werden.

9) Wundsein der Brustwarzen.

§ 324.

Hieran leiden besonders Erstgebärende und werden durch die heftigen Schmerzen sehr angegriffen, bekommen Milch=knoten und müssen öfters das Stillen aufgeben. Da das Kind die Wunde stets wieder aufsaugt, so ist Heilung sehr schwer. Um diese zu befördern, muß man dafür sorgen, daß das Kind regelmäßig und höchstens alle drei oder vier Stunden angelegt werde, und jedesmal nach dem Saugen wäscht man die Warze mit etwas Branntwein und Wasser rein und bedeckt sie mit einem Hütchen, das aus einer Kartoffel oder gelben Wurzel geschnitten ist, und das man oft mit einem neuen vertauscht. Auch kann man die Warzen bloß mit Läppchen Leinwand, die mit kaltem Wasser befeuchtet sind, bedecken; darf aber die gewöhnlichen Wundsalben, die alle dem Kinde schädlich sind, nicht anwenden.

Zweites Capitel.
Von den Fehlern und Krankheiten der Neugeborenen.

§ 325.

Nur in wenigen Fällen darf die Hebamme bei Fehlern und Krankheiten der Neugeborenen einen anderen Rath ertheilen, als den, einen Arzt herbeizurufen. Sie muß aber wissen, wann dieses besonders nöthig ist, weshalb sie die gefährlichsten und häufigeren Krankheiten der Kinder kennen muß.

§ 326.

Von den *angeborenen Fehlern* ist die *Verschließung des Mastdarms*, oder der *Harnröhre* für das Leben des Kindes gefährlich und erfordert sogleich die Hülfe eines Arztes. Erstere erkennt man zuweilen leicht durch's Gesicht; es kann aber auch eine Verschließung höher hinauf im Mastdarme stattfinden, die sich dann nur durch Verstopfung, Zurückhaltung des Kindespechs und vergebliches Drängen kund giebt. Die Verschließung der Harnröhre erkennt man meistens nur daran, daß das Kind sich nicht naß macht. Es wird alsdann sehr bald unruhig, der Leib wird hart und bei der Berührung empfindlich. Von anderen Fehlern der Neugeborenen war schon früher die Rede.

§ 327.

Gegen die *gewöhnliche Kopfgeschwulst* ist es unnöthig, etwas zu thun; nur wenn sie ungewöhnlich groß sein sollte, bedecke man sie mit einem leichten Kräuterkissen. Ebenso verfährt man bei einer Geschwulst anderer Theile, namentlich der Geschlechtstheile, wenn diese Folge der Geburt ist. Sollte aber die Kopfgeschwulst nicht nach einigen Tagen verschwinden, so wird die Hülfe eines Arztes nöthig, da man es dann gewöhnlich mit einer sogenannten **Kopfblutgeschwulst** zu thun hat. Eine solche sitzt nämlich meistens an derselben Stelle des Scheitelbeins, wie die Kopfgeschwulst, enthält aber ausgetretenes Blut. Sie entsteht bisweilen erst nach der Geburt, am ersten oder zweiten Tage. Die Farbe der Kopfhaut bleibt dabei unverändert; die Geschwulst bildet eine flache, abgerundete Erhöhung, fühlt sich schwappend an und läßt rundum einen harten, scharfen Rand unter der Haut wahrnehmen.

§ 328.

Ein zu kurzes Zungenbändchen wird zu häufig als Ursache angesehen, daß ein Kind nicht saugen könne. Indes ist dieses nur vorhanden, wenn das Kind die Zungenspitze nicht an die Unterlippe bringen kann und die Spitze der Zunge bei Bewegungen eine Einkerbung zeigt, als bestände sie aus zwei Theilen. Die Lösung muß immer von einem Arzte, nie von der Hebamme geschehen, da eine starke Blutung durch unvorsichtiges Lösen entstehen kann. Das Kind darf in den ersten Stunden nach der Lösung nicht saugen, da es sonst Blut mitsaugt.

§ 329.

Manche Kinder haben gleich bei der Geburt eine **harte Brustwarze**, die später noch anschwillt, sich entzündet und in einzelnen Fällen in Eiterung übergeht. Die Hebamme hüte sich daran zu drücken, sie reibe sie mit warmem Oel ein, bedecke sie mit Watte und lege, wenn die Stelle hoch und roth wird, einen warmen Verband auf. Bei Vergrößerung und Ausbreitung der Geschwulst muß ein Arzt gerufen werden.

§ 330.

Bei Krankheiten, welche das Kind erst nach der Geburt befallen, kann die Hebamme fast nie etwas mit Sicherheit thun. Doch muß sie entscheiden, ob die Hülfe eines Arztes dringend nöthig ist, oder nicht. Deshalb merke sie sich Folgendes:

§ 331.

1) Jedes Kind ist für gefährlich krank zu halten, **das die Brust der Mutter längere Zeit nicht nehmen will**, nachdem es dieselbe früher begierig gesogen hat. Ein gesundes, starkes Kind kann nur wenige Stunden die Muttermilch entbehren und meldet sein Verlangen durch kräftiges Schreien. **Kann ein Kind von Anfang an nicht saugen**, d. h. zeigt es das Bestreben dazu, ohne die Warze fassen und halten zu können, so kann ein örtlicher Fehler im Munde, z. B. ein kurzes Zungenbändchen, ein gespaltener Gaumen, daran Schuld sein; oder die Warze der Mutter, die zu klein, zu kurz, seltener zu groß ist. Auch ermüdet das Kind oft, wenn die Milch zu schwer fließt und wenn keine Milch in den Brüsten ist; oder es mag nicht saugen, weil die vorhandene Milch schlecht schmeckt. Die Hebamme wird diese Ursachen bei genauerer Untersuchung nicht verkennen und nach Umständen die Herbeirufung eines Arztes veranlassen.

§ 332.

2) Desgleichen ist jedes Kind für gefährlich krank zu halten, das eine be son d e r e U n r u h e zeigt. Ein gesundes Kind, das seine gehörige Nahrung bekommt, schläft in den ersten Wochen fast unausgesetzt, mit Ausnahme der Zeit, der es zum Saugen bedarf. Bei den meisten Krankheiten wird das Kind unruhig, schläft weniger oder gar nicht und giebt sein Unbehagen oder seinen Schmerz durch Schreien kund. Bei krampfhaften Krankheiten, die besonders gefährlich sind, verändert sich die Stimme und das Aussehen des Kindes; bei sehr schwerer Krankheit verliert das Kind seine Stimme ganz.

§ 333.

3) Daß das Kind sich regelmäßig beschmutzt und naß macht, ist ein Zeichen, daß es gesund sei und seine gehörige Nahrung bekomme. Hat das Kind V e r st o p f u n g und sind seine Tücher seltener naß, so kann hieran eine ungenügende Ernährung schuld sein, oder Krankheit. Im letzteren Falle wird der Leib des Kindes bald hart, aufgetrieben und heiß und das Kind hat Leibweh, schreit und zieht die Beine dabei stark in die Höhe. Hier kann die Hebamme ein Klystier von Kamillenaufguß mit etwas Zucker geben; im Nothfalle etwas Kinderpulver. Hat das Kind aber D u r ch f a l l, und ist der Abgang übelriechend und von grüner oder sonst ungewöhnlicher Farbe, wobei oft auch dieselben Zeichen des Leibschmerzes wie bei der Verstopfung zugegen sind, so gebe die Hebamme dem Kinde einige Male ein warmes Bad. Sowohl bei Verstopfung, als beim Durchfall ist ein Arzt zu rufen, sobald diese Mittel nicht helfen.

§ 334.

Aeußerlich sichtbare und deshalb leicht erkennbare Krankheiten der Kinder sind folgende:

das Wundsein, welches in allen Hautfalten des Körpers, als hinter den Ohren, am Halse, unter den Achseln, in den Weichen, in den Falten zwischen den Schenkeln und den Geschlechtstheilen, an den Geschlechtstheilen, um den After u. s. w. vorkommt, und wobei die Haut sich lebhaft geröthet, stellenweise wund und nässend, oder mit kleinen rothen Knötchen oder Bläschen besetzt zeigt. Fleißige Reinigung der kranken Theile, fleißiger Wechsel weicher und reiner Wäsche, öfteres Einreiben der gerötheten Hautstellen mit Oel und sorgfältige Bedeckung der wunden Hautstellen mit beölter Charpie führen gewöhnlich bald die Heilung herbei;

die Gelbsucht, an welcher Kinder in den ersten Wochen oft leiden und wobei warme Bäder den Kindern sehr heilsam sind;

die Schwämmchen, die sich als weiße, rahmähnliche Flecke im Munde zeigen, wobei vorsichtiges Abreiben und Abkratzen der rahmigen Massen und sorgfältige Reinigung des Mundes anzurathen ist;

die Entzündung der Augen, wobei dieselben fest verschlossen werden und, wenn man sie öffnet, ein dicker, weißer Schleim hervorquillt. Besonders die letzte Krankheit erfordert die schleunige Hülfe eines Arztes, um eine Erblindung zu verhüten, und bis dieser kommt, öffne man die Augenlieder zu häufigen Malen so weit, daß der dicke, darunter verhaltene Schleim ausfließen kann und spüle das Auge mittelst eines kleinen Badeschwammes mit lauwarmem Wasser sehr sorgfältig aus und lege beständig etwas weiche

Leinwand, in Wasser getaucht, über das Auge, die nie trocken werden darf; der Schwamm muß nach jedesmaligem Gebrauche sorgfältig gereinigt werden und man muß sich sehr in Acht nehmen, etwas von dem Schleime an die eigenen Augen zu bringen, weil dadurch die Krankheit auf diese übertragen wird;

die Rose, wobei sich Härte, Geschwulst und Röthe der Haut, zuerst gewöhnlich zwischen dem Nabel und den Geschlechtstheilen, aber auch an anderen Körperstellen zeigt, die entweder beschränkt bleibt, oder sich nach und nach über einen größeren Theil des Körpers verbreitet. Diese Krankheit ist sehr gefährlich und verlangt die schnelle Herbeirufung eines Arztes;

Krämpfe und Zuckungen, besonders die sogenannte Mundklemme, wobei das Kind nicht im Stande ist, den Mund zu öffnen und die Mutterbrust zu nehmen, gehören ebenfalls zu den sehr gefährlichen Krankheiten, bei denen ungesäumt ein Arzt zu Rathe gezogen werden muß.

§ 335.

Viele Krankheiten der Neugeborenen lassen sich verhüten, wenn man auf folgende vier Dinge sorgsam achtet: 1) daß das Kind eine gesunde gute Milch in gehöriger Menge bekommt. Eine sonst gute Milch kann aber sehr nachtheilig für das Kind werden, wenn die Säugende Schreck, Aerger oder Angst hat; das Kind muß dann nicht eher angelegt werden, bis die vorhandene Milch ausgesogen ist; auch wenn die Säugende schlechte, schwere, saure Kost genießt, oder wenn sie erkrankt, ist die Milch dem Kinde nicht zuträglich. 2) Sorge man für eine gute, frische Luft in den Wochenstuben, die also nicht mit Menschen überfüllt, wo keine übelriechende Dinge, auch kein Tabacksrauchen gelitten werden dürfen; wo man keine Wäsche trocknen soll. Kohlendunst ist besonders nachtheilig. Täglich muß wenigstens einmal das Zimmer gelüftet werden; doch so, daß weder die Mutter, noch das Kind von Zugluft zu leiden haben. 3) **Hinreichende, doch nicht übermäßige Erwärmung** des Kindes durch Kleider und Betten. 4) **Große Reinlichkeit** in allen Stücken, wozu ein täglich gegebenes laues Bad und häufiger Wechsel der Wäsche besonders anzurathen sind.

Anhang.

Von einigen Heilmitteln, die die Hebamme anwenden darf.

§ 336.

Die Heilmittel, welche die Hebamme aus der Apotheke erhalten kann, sind:

1) **Zimmettropfen.** Dieselben erregen Wehen und werden angewendet bei Blutungen während oder nach der Geburt. Man giebt sie zu 30 Tropfen, oder zu einem halben Theelöffel voll mit oder ohne Wasser. Wie oft man sie geben soll, ist bei den einzelnen Fällen schon angegeben.

2) **Hoffmannstropfen.** Sie wirken erhitzend und belebend, können also nur gegeben werden, wo keine besondere Hitze vorhanden ist, und man die Kräfte der Kreissenden auffrischen will; desgleichen bei Krampfwehen in der dritten Geburtszeit ohne bedeutenden Blutabgang. Man giebt 20 Tropfen einige Male mit Wasser, oder auf Zucker

3) **Kamillenblumen.** Innerlich als Thee gegeben, wirken sie erhitzend, krampfstillend und befördern den Abgang

der Blähungen. Der Kamillenthee wird daher gegen Krampfwehen angewandt, doch darf man nie mehr, als einige Tassen voll geben. Bei Blutfülle, Hitze oder Blutfluß dürfen sie nie angewandt werden. Auch Kinder können gegen Blähungen und Leibschmerz einige Theelöffel voll Kamillenthee bekommen.

Aeußerlich wendet man sie, etwa mit Fliederblumen und Pfeffermünzkraut zusammen, als Kräuterkissen bei geschwollenen Brüsten, auch bei starker Kopfgeschwulst des Kindes an.

Als nasse, warme Umschläge werden sie angewendet bei Geschwulst der Geburtstheile und Verletzung derselben durch eine Geburt; bei geschwollenen Brüsten, wenn sie anfangen schmerzhaft zu werden. Endlich auch braucht man den Kamillenaufguß im Klystier. In allen Fällen dürfen Hebammen nur die gemeine, nie die römische Kamille anwenden.

4) **Kinderpulver**, wie es auf der Apotheke bereitet wird. Davon giebt man einen halben Theelöffel voll ein oder zwei Mal täglich bei Verstopfung des Leibes der Neugeborenen.

5) **Saure Tropfen**, oder Hallersches Sauer; dieses wird bei Blutungen zu 6 bis 10 Tropfen mit einer ganzen Tasse Wassers gegeben.

Vom Klystiersetzen.

§ 337.

Damit dieses gehörig gelinge, muß die Hebamme ihre Spritze immer reinlich und in guter Ordnung halten, und es ist immer ein Zeichen einer nachlässigen Hebamme, wenn ihre Spritze nicht in gutem Stande ist.

Zu einem eröffnenden Klystier für eine Frau nimmt man einen Aufguß von Kamillenblumen, wozu man einen

Eßlöffel voll Baumöl oder frisches Rüböl und einen Thee=
löffel voll Salz thut; für ein Kind nimmt man allein
Kamillenthee und Oel, höchstens mit etwas Zucker vermischt.
Zu einem krampfstillenden Klystier nimmt man allein
Kamillenthee und Oel. Immer muß man den Kamillenthee
durch ein Tuch geben, damit keine Blumen oder andere
harte Stücke in der Flüssigkeit zurückbleiben, weil sich sonst
das Rohr der Spritze verstopft.

Man fülle die Spritze sehr langsam und damit keine
Luft in derselben bleibe, kehre man sie nach der Füllung
mit der Spitze nach oben und drücke den Stempel so weit
ein, bis die Luft entfernt ist. Man prüfe nun die Wärme
der Spritze am Augenlide und spritze nicht eher ein, als bis
die Spritze für's Gefühl nur angenehm warm erscheint.

Die Frau lege man auf die linke Seite, entferne die
Hinterbacken von einander, empfehle der Frau, wie beim
Stuhlgange zu pressen, bringe nun das mit Oel bestrichene
Rohr langsam und vorsichtig in die Oeffnung und schiebe es
sanft einige Zoll weit in der Richtung des Mastdarms in
die Höhe. Den Stempel drängt man langsam und drehend
vorwärts, während das Rohr nahe vor der Oeffnung des
Afters mit dem Daumen und Zeigefinger fest und sicher
gefaßt wird. Findet man beim Eindrücken des Stempels
großen Widerstand, so ziehe man das Rohr etwas zurück.

Kinder legt man auf den Schooß einer Wärterin und
führt das Rohr nur einen Zoll tief ein. Man bedient sich
bei ihnen der kleineren Spritze.

Die Spritze ziehe man vorsichtig und langsam wieder
zurück und reinige dieselbe sogleich vollständig. Sollte die
Hebamme aber einer Frau, die an einer ansteckenden

Krankheit, z. B. der Ruhr, dem Faulfieber, dem Kindbetterinnenfieber leidet, oder Geschwüre und Ausschläge an den Geburtstheilen hat, ein Klystier setzen müßen, so darf sie das dazu gebrauchte Rohr nicht gleich wieder bei anderen Personen gebrauchen.

Einspritzungen in die Scheide oder in die Gebärmutter.
§ 338.

Diese geschehen mit der sogenannten Mutterspritze. Bei der Füllung derselben entferne man die Luft auf dieselbe Weise, wie beim Klystiersetzen. Auch bestreiche man das Rohr vor der Einführung mit Oel.

Soll die Einspritzung in die Scheide geschehen, so halte man mit zwei Fingern die Schamlippen von einander und führe die Spritze einige Zoll weit in die Scheide. Will man aber in die Gebärmutter einspritzen, so gehe man mit einem oder zwei Fingern in die Mutterscheide bis zum Muttermunde und führe das Rohr auf den Fingern vorsichtig in die Gebärmutter.

Die Frau liegt hierbei flach auf dem Rücken; doch kann auch in der Seitenlage eine Einspritzung gemacht werden, wenn man die Frau wegen Blutung nicht bewegen darf. Ohne besondere Verordnung eines Arztes darf die Hebamme diese Einspritzungen nur mit den Mitteln machen, die früher angegeben sind, und muß warme Einspritzungen, wie beim Klystiersetzen, mit dem Augenlide zuvor prüfen.

Künstliches Abzapfen des Harns.
§ 339.

Um einer Frau den Harn abzuzapfen, lege man dieselbe; wie zur Wendung, auf ein Querbett. Doch kann es auch in dem gewöhnlichen Bette in der Rückenlage mit erhöhtem Kreuze geschehen. Die Hebamme stellt sich an die rechte Seite der Frau, hält den Katheter wie eine Schreibfeder mit der rechten Hand und entfernt die großen und kleinen Schamlippen mit der linken Hand von einander. Sie sieht alsdann die Oeffnung der Harnröhre dicht unter dem Kitzler, den sie wohl davon unterscheiden muß. Das in Oel getauchte Röhrchen bringe sie nun zuerst behutsam einen Zoll tief in die Harnröhre, senke darauf das Röhrchen und die rechte Hand gegen den Damm und schiebe es nun erst tiefer ein, bis der Harn fließt. Gewöhnlich muß das Rohr zwei, zuweilen gar drei Zoll tief in die Harnröhre eingeführt werden.

In Fällen, wo ein Kindestheil sehr stark auf die Harnröhre drückt, oder wo diese durch die zurückgebeugte Gebärmutter zusammengedrückt wird, muß man versuchen, diese Theile durch zwei Finger der linken Hand etwas vom Schambeine zu entfernen, nachdem man die Spitze des Röhrchens vorher in die Harnröhre eingeführt hat. Hier gewährt es zuweilen auch eine Erleichterung, wenn man die Frau auf Ellenbogen und Knieen liegen läßt, während man den Harn abzapft.

Bei diesem ganzen Geschäfte muß man sehr vorsichtig verfahren; sobald man Widerstand findet, ihn nie mit Gewalt überwinden wollen, sondern einen Finger in die Scheide führen, um zu fühlen, ob das Röhrchen auch dicht hinter der Schamfuge in die Höhe laufe; denn gewöhnlich ist ein Fehler beim Einführen an dem Widerstande Schuld, indem man die Hand nicht tief genug gegen den Damm senkt und die Harnröhre in die Scheide hineindrängt. Wo aber mit vorsichtigem Versuche nichts erreicht wird, da muß die Hebamme lieber davon abstehen, als daß sie die Harnröhre beschädige, was die Frau für ihr ganzes Leben unglücklich machen würde.

Von dem warmen Verbande.

§ 340.

Diesen zu bereiten, kann man wählen: Grütze und dünne Milch, Kartoffelbrei, Leinsamenmehl mit Wasser u. dgl. m. Der Brei muß so dünn sein, daß er aus dem Löffel fließt und man muß stets doppelt so viel davon bereiten, als zu einem Umschlage nöthig ist. Man schlägt denselben zum Gebrauch in ein dünnes Leinentuch, breitet ihn so aus, daß er den kranken Theil völlig bedecken kann und legt das Tuch auf der oberen Seite darüber zusammen. Wenn er so weit abgekühlt ist, daß er am Auge kein unangenehmes Gefühl der Hitze mehr bewirkt, so ist es Zeit, ihn überzulegen. Alsdann legt man die Seite, welche nur einfach vom Leinen bedeckt ist, auf die kranke Stelle. Ueber den Verband legt man eine dicke, wollene Bekleidung, dicken Flanell; ferner ein Stück Wachstuch und darüber ein mehrfach zusammengelegtes Leinentuch. Bedeckt man ihn so, so ist es immer hinreichend, wenn man ihn nach einer Stunde wechselt, wozu man die zurückgebliebene Hälfte des auf's Neue gewärmten Breies gebraucht. Ohne eine solche Bedeckung kühlt er schnell ab und muß öfter gewechselt werden.

Kamillen zu warmen Umschlägen thut man in ein dünnes Leinentuch und taucht sie eine Zeitlang in kochendes Wasser; alsdann drückt man dieselben aus, so daß kein Wasser mehr abfließt und legt sie über, sobald man die Hitze am Auge erträglich findet. Dasselbe leisten Flanelltücher, die man in heißen Kamillenthee taucht und auswringt, bis sie nicht mehr lecken. In beiden Fällen bedecke man das Ganze mit Wachstuch, Flanell und Leinwand, damit es seine Hitze länger bewahre.

Vom Ansetzen der Blutegel.
§ 341.

Wann Blutegel angewandt werden sollen, muß immer ein Arzt bestimmen; eben so muß die Hebamme sich von demselben genau unterrichten lassen, wohin sie gesetzt werden sollen.

Aechte Blutegel bekommt man meistens nur von der Apotheke. Um sie anzusetzen, thue die Hebamme dieselben in ein trockenes kleines Glas, ein Schröpfglas, Schnapsglas oder dergl. und halte dieses auf den Theil, der vorher mit Wasser oder Milch gereinigt ist und, wo es vertragen wird, vorher mäßig gerieben werden kann. Wenn die Blutegel fest angesogen haben, entferne sie das Glas vorsichtig und löse das untere Ende der Thiere, das im Glase festsitzt, mit einem Finger.

Soll die Hebamme aber eine größere Menge Blutegel auf einen flachen Körpertheil, z. B. auf den Rücken, den Leib, die Schenkel, die Weichen setzen, so ist die bei Weitem sicherste Weise folgende: man nehme ein Stückchen Leinen, etwas größer als eine Hand, und streiche rund umher einen Rand von gewöhnlichem Heftpflaster daumenbreit. Dieses lege man auf die Körperstelle, klebe es fest an und lasse es eine Viertelstunde liegen. Alsdann mache man es an einem Winkel etwas los, schiebe alle Blutegel hinunter und schließe die

Oeffnung wieder. Nach einer kleinen Stunde nimmt man alles mit einem Male fort. Hierbei braucht kein Theil lange entblößt zu werden und man vermeidet besonders die Erkältung.

Sollte ein Blutegel so heftigen Schmerz erregen, daß Krämpfe zu befürchten sind, was bei Kindern zuweilen der Fall ist, so reiße man ihn nicht los, sondern bestreue ihn mit etwas Salz, damit er loslasse.

Sollen die Blutegelstiche nachbluten, worüber der Arzt das Nähere bestimmen muß, so reinigt man die Stelle, von der sie abgefallen sind, öfter mit einem Schwamme und warmem Wasser. Wo aber Erkältung zu befürchten ist, bedeckt man sie mit warmen, weichen Leinentüchern, die man oft wechselt, und reinigt nur bei diesem Wechsel die Stelle.

Um endlich das Bluten der Stiche zu stillen, setzt man sie an Theilen, die die Luft vertragen können, nur der Luft aus, z. B. im Gesichte. Sonst bedeckt man jeden Stich mit einem kleinen Stücke Feuerschwamm, das man ruhig so lange andrückt, bis es festklebt. Wird der Schwamm durch das hervorquellende Blut ganz durchnäßt, so lege man ein zweites etwas größeres Stück Schwamm darauf und drücke es an und nöthigenfalls ein drittes und viertes, bis der Schwamm angetrocknet ist. Gelingt es der Hebamme nicht, auf diese Weise die Blutung zu stillen, so muß sie einen Wundarzt rufen lassen, bis dahin aber den Druck in der angegebenen Weise fortsetzen.

Vom Schröpfen.

§ 342.

Das Schröpfen darf die Hebamme ebenfalls nur auf Verordnung des Arztes vornehmen. Es geschieht nur an solchen Theilen, die fleischig sind und wo der Knochen nicht unter der Haut gefühlt wird. Zu dem Zwecke wird ein mit Wasser angefeuchteter Schröpfkopf, nachdem die Luft in demselben durch die Flamme der Lampe erhitzt ist, schnell auf die gleichfalls befeuchtete Haut gesetzt und auf diese Weise daselbst ein Zuströmen des Blutes bewirkt. Wo man weiter nichts thut, nennt man es **trockene Schröpfköpfe** setzen. Sollen aber **blutige Schröpfköpfe** gesetzt werden, so wird der Schröpfkopf wieder abgenommen, alsdann der aufgezogene Schröpfschnäpper auf die aufgetriebene Stelle der Haut gesetzt, losgedrückt und dieselbe damit durchschlagen; demnächst allenfalls in einer anderen Richtung noch einmal aufgesetzt und abermals losgedrückt. Dann wird der befeuchtete und schnell erwärmte Schröpfkopf abermals angebracht, um das aus den geschlagenen kleinen Wunden fließende Blut herauszuziehen. Sobald derselbe gefüllt ist, wird er abgenommen, gereinigt und erwärmt wieder aufgesetzt. Dieses wird so oft wiederholt, als die ärztliche Verordnung es bestimmt hat. Alsdann wird die Stelle mit warmem Wasser und einem Schwamme gereinigt und mit frischem Fett zum Verhüten ferneren zu starken Blutens bestrichen.

Register.

Absterben der Frucht § 164. 208. 266.
Abzapfen des Harns § 339.
Aberknoten § 290.
Amme, Eigenschaften derselben § 125.
Augenentzündung § 334.
Ausschlag § 220.
Ausstopfung der Scheide §. 149. 160. 216.
Baden § 119.
Bähen der Brüste § 113.
Bauchbinde § 184. 186.
Becken § 2.
Becken, fehlerhaftes §. 195.
— zu weites § 196.
— zu enges § 197.
— allgemein verengtes § 204.
— im geraden Durchmesser verengtes § 204.
— querverengtes § 204.
— Brüche des § 202.
Blase, Anfüllung derselben § 175.
Blasenmole § 132.
Blasensprung § 68.
Blutadern der Nabelschnur § 31.
Blutadertnoten, Zerreißung derselben § 215.
Blutegelsetzen § 341.
Blutfluß, nach der Geburt § 281.
— während der Schwangerschaft § 145.

Blutmole § 132.
Breite, der Hüften § 38.
— der Schultern § 38.
Brüste § 24.
Brustdrüse § 24.
Brustwarze § 24.
— harte, bei Kindern § 329.
Canal des Mutterhalses § 20.
Chlorwasser § 75.
Convulsionen § 222.
Damm § 18.
Dammriß, Verhütung desselben § 89.
Darmbein § 6.
Darmbeinkamm § 6.
Darmbeinstachel § 6.
Doppelte Glieder § 198.
Drehung, des Gesichts § 235.
— des Kopfes, regelwidrige § 232.
— des Steißes § 242.
Drillinge § 102.
Druck des Mutterkuchens § 32.
— der Nabelschnur § 243.
Durchfall bei Kindern § 333.
Durchmesser des Beckens § 8.
— des Kopfes, gerader § 37.
— — querer § 37.
— — schräger § 37.
Ei, menschliches §. 27.
Eichenrinde § 54.

Eierstock § 22.
Eihäute § 28.
— zu dünne § 271.
— zu derbe § 271.
Einblasen von Luft § 305.
Einteilung des Kopfes § 206.
Einschneiden des Kopfes § 70.
Einspritzungen in die Scheide § 162. 270. 286.
Empfängniß § 25.
Enge der Schamspalte § 213.
Englische Krankheit §. 198.
Entkräftung der Gebärenden § 208.
Entwickelung des Kindes § 252.
Entzündung der Brüste § 322.
— der Gebärmutter § 314.
Erbrechen der Schwangern § 44.
Erstgebärende § 47.
Erweichung der Knochen § 199.
Fallende Sucht § 222.
Faltung der Kopfhaut § 70.
Fäulniß der Frucht § 270.
Fleischmole § 132.
Flockenhaut § 28.
Fontanellen § 36.
Frucht, menschliche § 27.
Fruchtwasser § 28.
Fußlagen § 249.
Gebärmutter § 20.
Gebärmuttergeräusch § 41.
Geburt § 55.
— natürliche § 55.
— künstliche § 55.
— unzeitige § 56.
— frühzeitige § 56.
— überzeitige § 56.
— regelmäßige § 56.
— regelwidrige § 56
Geburtskissen § 74.

Geburtsstuhl § 65.
Geburtstheile, weiche § 17.
— harte § 2.
Geburtszeiten § 66—72
Gelbsucht § 334.
Geschwür § 220. 316.
Geschwulst, des Gesichts und der Hände § 222.
— der Geburtstheile § 316.
Gesicht § 35.
Gesichtslagen § 234.
Gicht § 199.
Goldaderknoten § 317.
Hängebauch § 183.
Hallersches Sauer § 336.
Haltung, der Frucht § 34.
Harnblase § 23.
Harndrang § 184.
Harnröhre § 23.
Harnverhaltung § 318.
Hasenscharte § 265.
Herausförderung, des nachfolgenden Kopfes § 247.
Hervorziehung der Schultern § 91.
Herztöne des Kindes § 41. 45. 237.
Hinterhauptsbein § 35.
Hinterhauptsnaht § 36.
Hofmannsche Tropfen § 336.
Hüftbein § 6.
Innere Blutung § 282. 289.
Jungfernhäutchen § 18.
Kamillenblumen § 336.
Kamillenthee 179. 224.
Katheter § 74.
Kautschuckblase § 149. 260.
Kind, frühzeitiges § 33.
— zeitiges § 33.
Kindbettfieber § 314.
Kindesadern § 44.

Kindeslagen, regelwidrige § 225.
Kinderpulver § 336.
Kindespech § 33. 241.
Kindesschleim § 38. 119.
Kitzler § 10.
Kleidung, der Schwangern § 54.
Kleidung, der Kreißenden § 80.
Klystier § 79. 223.
Klystierrohr § 74.
Klystiersetzen § 337.
Klystierspritze § 74.
Knielagen § 249.
Knochengeschwülste § 202.
Knorrenkreuzband § 7.
Knoten der Nabelschnur § 31.
Kopfblutgeschwulst § 327.
Kopfgeschwulst § 69.
Krämpfe § 176. 222. 334.
Krampfwehen § 177. 291.
Kranznaht § 36.
Kräuterkissen § 322.
Krätze § 220.
Kreuzbein § 4.
Kreuzdarmbeinfuge § 6.
Krönung § 69.
Lage, der menschlichen Frucht § 34.
Lager, zur Geburt § 84.
Lagewechsel unter der Geburt § 84.
Lähmung der Harnblase § 203. 320.
Lebensweise der Schwangern § 54.
Leibbinde § 109.
Leinenband § 74.
Linie, ungenannte § 6.
Lippen des Muttermundes § 20.
Loch, eirundes § 8.
Lösen, der Arme § 546.
Lösung des Mutterkuchens § 71.
Lustseuche § 218.
Mangel, der Schädelknochen § 265.

Mastdarm § 23.
Mehrgebärende § 47.
Milchabsonderung § 108.
Milchfieber § 108. 315.
Milchgänge § 24.
Milchknoten § 322.
Mißbildungen, des Kindes § 264.
Mittellinie, des Beckens § 13.
Mole, Mondkalb § 132.
Molenschwangerschaft § 26. 132.
Mundklemme § 334.
Mutterband, breites § 21.
Mutterband, rundes § 21.
Muttergrund § 20.
Mutterhals § 20.
Mutterhöhle § 20.
Mutterkörper § 20.
Mutterkuchen § 30.
Muttermund § 20.
Mutterröhre § 22.
Mutterscheide § 19.
Mutterscheidengrund § 19.
Nabel § 41.
Nabelbinde § 121.
Nabelbruch § 265.
Nabelgrube § 41.
Nabelschnur § 31.
Nabelschnurscheere § 74.
Nachgeburt § 32.
Nachwehen § 105.
Nähte § 36.
Neigung, des Beckens § 16.
Oeffnung, der Harnröhre § 18.
Offenstehen, des Afters § 268.
Periode, monatliche § 22.
Pfeilnaht § 36.
Pflege, der Wöchnerin § 109.
Pflege, der Neugeborenen § 119.
Preßschwamm § 149.

Pulsadern, der Nabelschnur § 31.
Querbett § 245.
Querlagen § 256.
Querspalte, des Muttermunds § 20.
Regel, monatliche § 22.
Reibungen, kreisförmige der Gebär=
 mutter § 285.
Saugglas § 54.
Schädel § 35.
Schädellagen, regelmäßige § 62.
— regelwidrige § 227.
Schambein § 8.
Schambeinkamm § 8.
Schamberg § 18.
Schamlippen § 18.
Schamlippenbändchen § 18.
Schamspalte § 18.
Scheidengewölbe § 19.
Scheidentheil § 20.
Scheintod des Kindes § 301.
Scheitel § 35.
Scheitelbein § 35.
Scheitelnaht § 36.
Schieflage, der Gebärmutter § 180. 228.
Schläfenbein § 35.
Schlaffheit der Bauchdecken § 183.
Schleimrasseln, im Munde § 93.
Schröpfer § 342.
Schwämmchen § 334.
Schwangerschaft, regelmäßige § 25.
— regelwidrige § 25.
— einfache § 26.
— mehrfache § 26.
— außerhalb der Gebärmutter § 128.
Seitenfontanellen § 36.
Seitenlage § 182.
Siebhaut § 23.
Sitzbein § 7.
Sitzbeinausschnitt § 7.

Sitzbeinknorren § 7.
Sitzbeinstachel § 7.
Sitz des Mutterkuchens auf oder
 neben dem Muttermunde § 154.
Stachelkreuzband § 7.
Steißbein § 5.
Steißlagen § 241.
Stellen, der Fruchtblase § 68.
Stirnbein § 35.
Stopftuch § 149.
Streifen, auf dem Leibe der Schwan=
 geren § 42.
T-Binde § 149.
Tamponirungsblase § 74.
Tiefe, des Beckens § 15.
Tiefstand der Stirn § 229.
Traubenmole § 132.
Umschlag § 56.
Umschlingung der Nabelschnur § 90.
Umstülpung der Gebärmutter § 295.
Unnachgiebigkeit des Muttermunds
 § 188.
Unterbindung der Nabelschnur § 93.
Unterstützen des Dammes § 89. 238.
Untersuchung, geburtshülfliche § 48.
Unwillkührlicher Abgang des Harns
 oder Stuhls § 320.
Venerie § 218.
Veränderungen des weiblichen Körpers
 in der Schwangerschaft § 39.
Verarbeiten der Wehen § 60. 243. 249.
Verband, warmer § 311. 340.
Verblutung § 155.
Verengung und Verschließung der
 Mutterscheide § 213.
Verletzung der Harnblase § 320.
Verschließung des Mastdarms oder der
 Harnröhre des Kindes § 326.
Verstopfung bei Kindern § 333.

Verstreichen des Mutterhalses § 67.
— des Nabels § 41.
— des Scheidentheils § 41.
Verwachsung des Mutterkuchens und der Gebärmutter § 291.
Vierlinge § 102.
Vollblütigkeit der Gebärenden § 169.
Vorberg § 4.
Vorfall der Gebärmutter und der Mutterscheide § 138—145.187.214.
Vorfall von kleinen Theilen oder Nabelschnur § 185. 245. 250. 253. 254. 255. 274.
Vorliegen § 78.
Vorzeitige Athemversuche § 269.
— Lösung des Mutterkuchens während der Geburt § 278.

Warzenhof § 24.
Wasserhaut § 28.
Wasserkopf § 262.
Wäschschwämme § 149.
Wegnahme, der Nachgeburt § 95.
Wehen, regelmäßige § 60.
— regelwidrige § 60.
— vorhersagende § 67.
— vorbereitende § 68.
— treibende, Treibwehen § 69.
— erschütternde, Schüttelwehen § 70.
— zu schmerzhafte § 118.
— zu heftige § 176.
— zu schwache § 168.

Wehen, Nachgeburtswehen § 71.
Wendung § 258.
Wirbel, falsche § 4.
Wochenbett § 104
Wochenreinigung § 106. 312.
— übelriechende § 313. 316.
Wollhaar § 33.
Wundsein § 324. 334.
Zeichen, gewisse, der Schwangerschaft § 45.
— ungewisse, der Schwangerschaft § 46.
Zeichnen, blutiges, des Schleims § 68.
Zerreißung, der Gebärmutter und des Scheidengrundes § 191.
— des Dammes § 299.
— der Nabelschnur § 273.
Zimmettropfen § 285.
Zinksalbe 317.
Zottenhaut § 28.
Zuckungen § 224.
Zungenbändchen, zu kurzes § 328.
Zurückbeugung der Gebärmutter § 135.
Zurückbleiben der Nachgeburt § 291.
Zusammenziehungen, der Gebärmutter § 58.
— der Mutterscheide § 58.
— der Bauchbecken § 58.
Zwillingsgeburt § 99.
Zwillingsschwangerschaft § 99.

Marburg.
N. G. Elwert'sche Universitäts-Buchdruckerei.
1873.

Dienstanweisung für die Hebammen
des
Königreichs Württemberg.

---

§. 1.
Allgemeine Pflichten der Hebammen.

Die Hebammen sollen durch nüchternen, sittsamen, unbescholtenen Lebenswandel und durch Treue und Sorgfalt in Erfüllung ihres für Menschenleben und Familienglück so wichtigen Berufs die Achtung und das Vertrauen derjenigen, die ihrer Hülfe bedürfen, sich zu erwerben und zu erhalten suchen.

§. 2.
Verhalten der Hebammen gegen vorgesetzte Behörden.

Gegen die ihnen in ihrem Berufe vorgesetzten Behörden, namentlich den Oberamtsarzt ihres Bezirks, haben sie sich bescheiden und gehorsam zu benehmen und ihm mit der gebührenden Achtung zu begegnen, seine Belehrungen und

Weisungen pünktlich zu befolgen, und Beschwerden, Wünsche und Zweifel in Beziehung auf die Ausübung ihres Berufs in gebührender Form bei ihm vorzubringen.

§. 3.
Verhalten der Hebammen gegen Aerzte und Geburtshelfer und gegen andere Hebammen.

Gegen Aerzte und Geburtshelfer werden sich die Hebammen anständig und bescheiden benehmen, ihnen über ihre Wahrnehmungen gewissenhafte und gründliche Auskunft geben, die ihnen aufgegebenen Beobachtungen und Verrichtungen aber willig und ohne Anmaßung des Besserwissens vollziehen.

Gegen einander sollen die Hebammen verträglich und friedlich sich benehmen, nicht gegenseitig sich verkleinern, noch durch zudringliches Anbieten ihrer Dienste oder andere unerlaubte Mittel einander bei den Frauen verdrängen.

Hat eine Hebamme aushülfsweise die Dienstleistung einer andern übernommen, so ist sie verpflichtet, der letztern ihre Stelle sogleich wieder einzuräumen, sobald die Abhaltung vorüber ist, wenn solches von der Hülfsbedürftigen verlangt wird.

Sollte bei Geburten und anderen Vorfällen die Beiziehung einer weiteren Hebamme verlangt werden, so darf sich die anwesende Hebamme in keiner Weise hiegegen sträuben, oder der hinzugerufenen hinderlich sein, den Stand der Sache selbst zu untersuchen; vielmehr sollen beide blos das Beste der Gebärenden im Auge haben, und daher in Leistung der nöthigen Hülfe einander mit Rath und That aufrichtig beistehen.

§. 4.
Fortbildung der Hebammen.

In Ausübung ihrer Kunst werden sich die Hebammen gewissenhaft an dasjenige halten, was sie im Unterricht gelehrt worden sind und auszuüben gelernt haben. Damit sie keine Rückschritte machen, sondern sich immer bessere Einsicht erwerben, sollen sie nicht nur durch fleißiges Nachlesen ihres Lehrbuchs sich den empfangenen Unterricht in's Gedächtniß rufen und bei Zweifeln sich bei Kunstverständigen Raths erholen, sondern auch die ihnen vorkommenden Geburten und andere Vorfälle zu ihrer eigenen Belehrung wohl beobachten, nicht weniger die Anwesenheit des Arztes oder Geburtshelfers benützen, um sich über das, was ihnen neu und unklar ist, Aufschluß zu erbitten, auch zu diesem Zwecke den Leichenöffnungen von Schwangern und Wöchnerinnen, so oft sie Gelegenheit haben, anwohnen.

§. 5.
Pflicht dem Aberglauben zu steuern.

Den Hebammen als unterrichteten, mit den natürlichen Verhältnissen der Schwangerschaft und Geburt bekannten Personen würde es übel anstehen und zur Strafe gereichen, wenn sie in Ausübung ihres Berufs sich des Aberglaubens, wie Segensprechens und dergleichen schuldig machten. Es liegt ihnen ob, auch ihre Pflegbefohlenen von Anwendung

und Ausführung derartiger auf Vorurtheil beruhender schäd=
licher Mittel und Gebräuche durch Belehrung und geeignete
Vorstellungen abzuhalten. Sie selbst sollen aber auch aller
anderer unvernünftiger und nachtheiliger Gewohnheiten
früherer Zeiten sich enthalten, z. B. des Zurechtdrückens
und Formens des Kopfs neugeborener Kinder, des Aus=
drückens der Milch aus der Brust derselben, des Lösens
der Zunge, des Einbindens der Arme, des festen Wickelns
der Körper derselben und dergleichen.

§. 6.
Geräthschaften der Hebammen.

Folgende Geräthschaften soll jede Hebamme besitzen,
und in gutem Stande erhalten:
1) Einen nach Anleitung eines geschickten Geburtshelfers
   gefertigten Geburtsstuhl, vorausgesetzt, daß derselbe in
   einem Orte verlangt wird, oder als Bedürfniß erscheint.
2) Eine gut beschaffene Nabelschnurscheere.
3) Eine kleine Bürste.
4) Eine zinnerne Klystierspritze mit einem oder mehreren
   Röhrchen.
5) Eine Kinderklystierspritze.
6) Eine Mutterspritze mit krummem Rohr oder wenigstens
   ein krummes Mutterspritzenrohr, welches auf eine der
   andern Spritzen paßt; zugleich ist die Anschaffung einer
   Clysopumpe empfehlenswerth.
7) Einige gewöhnliche Brustmilchgläser und eine Milchpumpe.
8) 4—6 Warzendeckel von Wachs oder elastischem Harz.

9) Einen elastischen Katheter.
10) Einen Badschwamm.
11) Eine Wendungsschlinge und einen Vorrath von Nabelschnurband.

Wird eines dieser Stücke unbrauchbar, oder geht eines verloren, so haben die Hebammen für seine Herstellung oder neue Anschaffung zu sorgen, und sich deßhalb nöthigenfalls an den Oberamtsarzt zu wenden, der ihnen hiebei behülflich sein wird.

Anmerkung. Von der Hebammenschule in Stuttgart können die Gemeinden für ihre in derselben unterrichteten Hebammen diese Instrumente gut und zweckmäßig verfertigt zu mäßigen festen Preisen beziehen.

§. 7.
Notharzneimittel der Hebammen.

Ebenso hat jede Hebamme zum Gebrauch in Nothfällen folgende Arzneimittel vorräthig zu halten:
1) Ein Loth Hofmanns-Tropfen.
2) Ein und ein halbes Loth Zimmttinctur.
3) Ein Loth Salmiakgeist.
4) $1/4 - 1/2$ Pfund Chamillenblumen und einige Loth Baldrianwurzel.
5) Ein halbes Pfund Senfmehl.

Die Kräuter sind in wohlverschlossenen Zuckergläsern, die Tropfen in kleinen mit Glasstöpseln versehenen Arzneigläsern aufzubewahren, und diesen eine deutliche Aufschrift ihres Inhaltes aufzukleben.

Um diese Arzneimittel aus der Apotheke zu beziehen, haben sich angehende Hebammen an den Oberamtsarzt zu wenden, welcher eine schriftliche Anweisung hiezu ausstellen wird. Eine Ergänzung eines einzelnen verbrauchten oder schlecht gewordenen Arzneimittels kann gegen schriftliche Bescheinigung der Hebamme, welche der Ortsvorstand mitzuunterschreiben hat, und dem sie auf Verlangen genauere Nachweisung des Verbrauchs geben muß, geschehen. Am Ende jeden Jahrs ist ein Verzeichniß der bezogenen Arzneimittel dem Oberamtsarzt zur Einsicht und Beurtheilung durch den Ortsvorstand zuzufertigen, welcher dasselbe vor der Bezahlung zu unterzeichnen hat.

Beim Tod oder Dienstaustritt einer Hebamme sind diese auf Kosten der Gemeinde angeschafften Notharzneimittel derselben zurückzugeben.

§. 8.
Stete Bereitschaft und Tüchtigkeit zur Ausübung ihres Berufs.

Damit die Hebammen zur Ausübung ihres Berufs stets bereit und tüchtig sind, ist nöthig:

1) Daß sie sich so viel möglich solcher Geschäfte, die sie zu sehr von ihrem Berufe abziehen, und solcher Arbeiten, welche ihren Körper, namentlich ihre Hände zur Ausübung ihrer Kunst untüchtig machen, enthalten.

2) Daß sie keine Dienste übernehmen, welche die Gesundheit anderer gefährden, namentlich sich nicht als Leichensägerinnen, Todtenschauerinnen, noch bei ansteckenden Krankheiten als Krankenwärterinnen gebrauchen lassen, noch todte Kinder zu Grabe tragen, vielmehr den Eintritt in Häuser und den Umgang mit Personen, welche sie der Gefahr

einer Ansteckung aussetzen, soweit nicht ihr Beruf es erfordert, vermeiden.

3) Daß sie den Gemeindebezirk ihres Wohnortes, besonders wenn nur eine Hebamme in demselben ist, so selten als möglich verlassen.

4) Daß sie gehörige Vorkehr treffen, um im Falle des Bedürfnisses jederzeit sogleich gefunden werden zu können.

5) Daß sie ihre Geräthschaften und Arzneimittel, namentlich diejenigen, welche sie am häufigsten und schnellsten bedürfen, stets wohlgeordnet und in zweckmäßigem Behältniß zusammengerichtet zum Gebrauch bereit halten. Hebammen, welche ein Wartgeld von der Gemeinde beziehen, sollen sich mit Ausübung ihrer Kunst außerhalb des Gemeindebezirks nur so weit befassen, als es ohne Beeinträchtigung des Bedürfnisses des lezteren geschehen kann, und namentlich bei Nacht nicht ohne Anzeige bei dem Ortsvorstand außerhalb desselben verweilen.

§. 9.

Pflicht der Hülfeleistung.

Die Hebammen müssen Allen, welche ihrer Hülfe bedürfen, ohne Ansehen der Person und des Standes jeder Zeit, bei Tag und bei Nacht, willig zu Diensten sein, und unterliegen, wenn sie ihre Hülfe ohne genügende Entschuldigung verweigern, der gesetzlichen Strafe.

Sie haben sich hiebei soviel möglich nach der Zeit und Ordnung, in welcher sie berufen werden, zu richten, bei gleichzeitiger oder schnell aufeinanderfolgender Berufung von mehreren Seiten aber, zumal wenn es sich um Besorgung von Geburten handelt, haben sie sich zuerst dahin zu wenden, wo die Hülfe am dringendsten nöthig ist, und diejenigen Personen, welche sie nicht sogleich bedienen können, hievon zu benachrichtigen oder ihnen eine andere Hebamme zuzuweisen. Wenn sich eine Hebamme einmal bei einer Gebärenden befindet, so darf sie dieselbe nicht wieder verlassen, bis die Geburt ganz beendigt und die Wöchnerin sammt ihrem Kinde besorgt ist, es wäre denn, daß bei derselben das Geburtsgeschäft noch nicht eigentlich begonnen hätte. Die Hebamme ist jedoch in lezterem Falle verbunden, von Zeit zu Zeit wieder nach derselben zu sehen, und wenn sie hieran durch ein dringendes Zwischengeschäft verhindert würde, dieselbe hievon wenn möglich zu benachrichtigen.

§. 10.

Verhalten der Hebammen gegen Schwangere und Gebärende.

Gegen Schwangere und Gebärende sollen sich die Hebammen bescheiden, freundlich und dienstfertig benehmen, und dieselben, namentlich Erstmalsschwangere und Erstmalsgebärende über das zu beobachtende Verhalten belehren. Bei Krankheitszuständen, welche dieselben aus Unkenntniß ihrer Bedeutung oder Schamhaftigkeit verschweigen wollen, haben sie auf die Nothwendigkeit ärztlicher Berathung hinzuweisen, und bei ansteckenden Krankheiten mit Ernst auf der Berufung des Arztes zu bestehen. Sie sollen den Muth und die Gemüthsruhe bei Schwangeren und Gebärenden zu erhalten suchen, sie über ungewöhnliche Vorgänge, die Schrecken oder Entmuthigung bewirken könnten, auf angemessene Weise belehren und beruhigen, gefährliche Zufälle, soweit es geschehen darf, ihnen verschweigen, dagegen sogleich die Angehörigen in Kenntniß setzen, namentlich wenn das Kind todt oder mißgebildet zur Welt käme.

Eine ihrer ersten Pflichten ist es, über heimliche Gebrechen ihrer Pflegbefohlenen, wie über Alles, was ihnen in ihrem Berufe als Privatgeheimniß anvertraut wird, oder was sie sonst im Hause wahrnehmen, strenge Verschwiegenheit bei Vermeidung von Strafe zu beobachten, dagegen Ereignisse, welche sie von Amtswegen zur Kenntniß der Obrigkeit zu bringen verpflichtet sind, derselben anzuzeigen.

§. 11.

Hülfeleistung bei der Geburt.

In Betreff der Hülfeleistung bei der Geburt werden sich die Hebammen genau nach dem gegebenen Unterricht benehmen, und besonders dafür verantwortlich gemacht, daß sie sich keinerlei Nachlässigkeit und Versehlung zu Schulden kommen lassen, besonders werden sie darauf hingewiesen:

1) Daß sie, sobald sie zu einer Gebärenden berufen werden, sogleich durch genaue geburtshülfliche Untersuchung und Erkundigung aller übrigen Umstände sich überzeugen, ob das Geburtsgeschäft wirklich begonnen habe, und ob keine bedenklichen und sonstigen Umstände obwalten, welche die Berufung weiterer Hülfe erfordern.

2) Daß sie während des Verlaufes aller Geburts-

perioden durch ununterbrochene sorgfältige Beobachtung der Gebärenden und durch die in geeigneten Zeiträumen wiederholte innerliche Untersuchung sich in steter genauer Kenntniß von dem Stand und Fortgang des Geburtsgeschäfts erhalten, ebenso auch durch wiederholte Erforschung der Herztöne des Kindes sich von seinem fortgesetzten Wohlbefinden überzeugen, damit sie selbst die geeignete Hülfe zu rechter Zeit zu leisten vermögen, den Eintritt von etwaigen Abweichungen und Zufällen aber frühe genug wahrnehmen.

3) Daß sie sich in keiner Art und aus keinerlei Grund verleiten lassen, die Gebärende zur Unzeit oder in übertriebener Weise zur Geburtsarbeit anzuhalten, noch sonst auf ungeeignete und schädliche Weise die Geburt zu beschleunigen oder zu verzögern. Sie sollen daher den Geburtsstuhl, wenn und wo derselbe noch verlangt wird, erst dann gebrauchen, wenn der Muttermund gehörig erweitert ist, ferner sollen sie sich des eigenmächtigen unzeitigen Sprengens der Fruchtblase, sowie alles gewaltsamen Zugreifens an und in die Geburtstheile, der Anwendung erhitzender und treibender Mittel, namentlich des Mutterkorns, sowie aller anderer Arzneimittel, zu deren Gebrauch in Nothfällen sie nicht angewiesen sind, sich auf's Strengste enthalten, auch so viel sie vermögen Andere von Reichung dieser Mittel abhalten.

4) Während des Nachgeburtsgeschäfts haben sie auf die Gebärende die strengste Aufmerksamkeit zu richten, weil gerade bei diesem Theile der Geburt häufig Unregelmäßigkeiten und Zufälle, hauptsächlich Gebärmutter-Blutungen vorkommen, durch welche, wenn nicht schleunige und kräftige

Hülfe geleistet wird, die Gebärende der größten Lebensgefahr ausgesetzt werden kann.

Die Hebamme darf daher um diese Zeit die Gebärende nicht außer Augen lassen, wie es über der Besorgung des Kindes so gerne geschieht, sie muß dieselbe häufig und sorgfältig untersuchen und insbesondere, wenn Zeichen von Gebärmutter-Blutung eintreten, sich genau unterrichten, von welcher Ursache letztere herrührt und ob sie mit einer äußerlichen oder innerlichen Verblutung zu thun hat, sodann aber auf's Schleunigste alle erforderlichen Mittel besonnen und kunstgerecht, wie sie im Unterricht gelehrt worden ist, in Anwendung bringen. Wenn bei solchen Fehlern im Abgang der Nachgeburt und bei Gebärmutter-Blutungen die von der Hebamme in Anwendung gebrachte Hülfeleistung nicht alsbald gute und nachhaltige Wirkung hat, so ist die Hebamme strenge verpflichtet, ohne alles Zuwarten sogleich für die Berufung eines Geburtshelfers zu sorgen, und würde, wenn sie hierin, sowie in Ausübung ihrer eigenen Hülfeleistung sich einer Nachlässigkeit schuldig machte, schwere Verantwortung und nach Umständen strenge Strafe sich zuziehen.

§. 12.
Berufung des Geburtshelfers oder Arztes bei regelwidrigen Geburten.

Den Hebammen ist strenge verboten, bei Besorgung von Geburten die Grenzen der Hülfeleistung, zu welcher sie im Hebammenunterricht angewiesen und nachher berechtigt worden sind, zu überschreiten. Sie sind auf's Strengste verpflichtet, bei schweren weit über das natürliche Zeitmaß sich verzögernden Geburten, insbesondere bei allen Geburten, bei welchen Regelwidrigkeiten oder Zufälle stattfinden, welche eine nicht in den Befugnissen der Hebamme liegende Hülfeleistung fordern, die Angehörigen der Gebärenden und auf schonende Weise diese selbst hievon sogleich in Kenntniß zu setzen, und zu Berufung eines Geburtshelfers ernstlich aufzufordern, auch unwahrer Angaben hiebei, sowie des Zuwartens, bis die Zustände eine schlimmere Beschaffenheit angenommen haben, sich zu enthalten.

Diejenige Hebamme, welche im Vertrauen auf ihre Geschicklichkeit oder aus einem andern Grund ihre Befugnisse überschreitet, geschehe solches durch unbefugtes eigenes Handanlegen oder unbefugte Anwendung von Arzneimitteln, oder durch Nichtberufung des Geburtshelfers oder Arztes in den Fällen, in welchen derselbe nach dem ertheilten Unterricht zu berufen ist, trifft die gesetzliche Strafe.

Sollte der ernstlichen und wiederholten Aufforderung der Hebamme ungeachtet die Berufung eines Geburtshelfers von den Angehörigen der Gebärenden und dieser selbst verweigert oder bei bringenden Umständen auch nur zu sehr damit gezögert werden, so hat sich die Hebamme zur Unterstützung ihrer Aufforderung wo immer möglich, sei es bei Tag oder bei Nacht, an den Ortsgeistlichen oder Ortsvorstand, oder, wenn letztere nicht anwesend sein sollten, an einflußreiche Nachbarn oder Nachbarinnen zu wenden.

Bis zum Eintreffen des Geburtshelfers oder Arztes soll die Hebamme die Gebärende so wenig als irgend möglich ist, verlassen, ihre Lage nach Thunlichkeit erleichtern, bei gefährlichen Zuständen unverdrossen die ihr zukommenden Hülfsmittel anwenden, und in diesem Falle, wenn eine andere erfahrene Hebamme in der Nähe befindlich, das Eintreffen des Geburtshelfers aber voraussichtlich mit größerem Zeitverlust verbunden ist, auch diese einstweilen zu Rathe und Hülfe ziehen, aller eigenmächtigen Eingriffe jedoch sich enthalten.

§. 13.
Besorgung der Entbundenen und des Kindes nach der Geburt.

Nach vollständig beendigter Geburt hat die Hebamme der Entbundenen und dem Neugeborenen die in diesem Zeitraume nöthige weitere Hülfe und Pflege zu leisten, das fernere Befinden Beider hiebei mit aller Aufmerksamkeit zu überwachen, um zeitig genug bedenkliche, häufig erst in dieser Zeit eintretende Zufälle wahrzunehmen, welche ihre eigene Hülfe erfordern oder die Berufung eines Arztes oder Geburtshelfers nöthig machen können. Sie muß daher auch dann, wenn bei der Entbundenen und dem Kinde vorerst Alles gut steht, in der Regel noch eine bis zwei Stunden bei denselben verweilen, bei dem Eintritt von Zufällen aber jedenfalls so lang, als die Umstände es erfordern, oder der berufene Arzt oder Geburtshelfer ihr zu bleiben aufgibt.

§. 14.
Wendung des Kindes, Lösung der Nachgeburt in dringenden Fällen.

Der Entbindung Gebärender mittelst Wendung des Kindes auf die Füße, sowie der künstlichen Lösung und Wegnahme der angewachsenen oder eingesperrten Nachgeburt, haben sich die hierin hinreichend unterrichteten Hebammen in wirklichen Nothfällen, nämlich dann zu unterziehen das Recht und die Pflicht, wenn gefährliche Zufälle, wie Gichter, Erstickungsanfälle, Blutungen und dergleichen bei der Gebärenden eingetreten sind und einen so hohen Grad erreicht, oder bei dem Eintreffen der Hebamme schon so lange gedauert haben, daß die Ankunft des Geburtshelfers oder Arztes nicht abgewartet werden kann, ohne die Gebärende naher Lebensgefahr auszusetzen. Da übrigens solche Geburtsfälle immer zu den sehr gefährlichen gehören, so haben die Hebammen ungeachtet der von ihnen geleisteten Nothhülfe noch die Berufung eines Geburtshelfers oder nach Umständen eines Arztes zu verlangen.

§. 15.
Nothtaufe neugeborener Kinder.

Wenn ein Kind so schwach oder krank zur Welt kommt, daß seinem Leben schnelle Gefahr droht, so hat die Hebamme die Eltern hievon sogleich in Kenntniß zu setzen, damit in Familien christlichen Glaubensbekenntnisses demselben durch einen Geistlichen die Taufe ertheilt werden kann. Erlaubt der Zustand des Kinds keine Verzögerung, so hat die Hebamme nach Maßgabe der bestehenden Kirchengesetze dem Neugeborenen die Nothtaufe nach der ihr hierüber von dem Ortsgeistlichen gegebenen Belehrung zu ertheilen.

§. 16.
Scheintod neugeborener Kinder.

Bei Kindern, welche ohne Lebenszeichen, aber auch ohne Spuren von Fäulniß geboren sind, oder bei welchen die Lebensäußerungen gleich nach der Geburt unerwartet und schnell erloschen wären, haben die Hebammen sogleich die gegen den Scheintod gerichteten Wiederbelebungsmittel mit Unterscheidung der Ursache und Art dieses Zustandes in Ordnung und gehöriger Ausdauer anzuwenden, auch wenn ihre Bemühungen in kurzer Zeit nicht einen guten Erfolg hätten, ein Arzt oder Geburtshelfer aber in der Nähe wäre, die Berufung desselben zu beantragen.

§. 17.
Verfahren bei dem Tod Schwangerer und Kreisender.

Wenn eine Schwangere im Verlaufe der letzten vierzehn Wochen der Schwangerschaft oder während der Geburtsarbeit unentbunden stirbt, so hat die dienstleistende Hebamme sogleich die Berufung eines Geburtshelfers oder Wundarzts höherer Abtheilung zu verlangen.

Bis dieser eintrifft, hat sie an jener Person die gegen Scheintod gerichteten Wiederbelebungsmittel nach der ihr hierüber im Unterricht gegebenen Anweisung mit Umsicht und Ausdauer anzuwenden. Sind bei dem Tod einer Gebärenden aber die Geburtswege so weit geöffnet, daß die Hebamme zu dem Kind gelangen kann, so ist sie berechtigt und verpflichtet, dasselbe auf diesem Wege zur Welt zu fördern, wenn ihre Wiederbelebungsversuche an der Mutter nicht alsbald guten Erfolg hatten und ein Geburtshelfer nicht da ist.

§. 18.

Besorgung der Wöchnerinnen und neugeborenen Kinder.

Es gehört zu den Obliegenheiten der Hebamme, das Befinden der Wöchnerin und des Kindes in den ersten Wochen nach der Entbindung zu überwachen, und Erstere über das zu beobachtende Verhalten zu belehren, namentlich darauf hinzuwirken, daß sie sich, wenn immer die Umstände es gestatten, dem Stillen des Kindes selbst unterziehe, mit Hinweisung auf die üblen Folgen des Nichtstillens, wie sie in dem Schriftchen über die Kindersterblichkeit in Württemberg geschildert sind. Hülfeleistungen, welche die Kenntniß und Uebung der Hebamme fordern, hat sie in dieser Zeit selbst zu übernehmen, in Betreff der sonstigen zweckmäßigen Wart und Pflege der Wöchnerin und des Kindes aber ihren Angehörigen die nöthige Anleitung zu geben. Die Hebamme hat daher die Wöchnerin in den ersten Tagen nach der Entbindung so oft, als die Umstände erfordern, in den nächstfolgenden zwei Wochen aber in der Regel wenigstens einmal täglich zu besuchen, es wäre denn, daß die allzugroße Entfernung der Wohnsitze hierin eine weitere Beschränkung rechtfertigen, oder die Hebamme ausdrücklich dieser Besuche enthoben würde, in welchem letzten Falle sie sich nur noch in soweit von dem Befinden der Wöchnerin persönlich zu überzeugen hat, als erforderlich ist, um die Folgen der Geburt für die Mutter in den ersten acht Tagen nach der Entbindung in die Geburtstabellen eintragen zu können.

Bei Erkrankung der Mutter oder des Kindes liegt hauptsächlich der Hebamme als unterrichteter Person ob, auf das Bedürfniß ärztlicher Hülfe zeitig genug aufmerksam zu machen, wobei dieselbe namentlich das Vorurtheil, als ob in Krankheiten neugeborener Kinder ärztliche Hülfe nichts vermöge, zu bekämpfen, vor Allem also sich selbst desselben zu enthalten hat. Wird die Hebamme zur Taufhandlung beigezogen, so ist es ihre Pflicht, dafür zu sorgen, daß das Kind auf dem Wege zu und von der Kirche, insbesondere da, wo diese weit entfernt ist, nicht durch Erkältung und dergl. Schaden nehme, auch hat sie zunächst auf die Haustaufe anzutragen, wenn sie wegen Schwächlichkeit oder Kränklichkeit des Kindes von dem Kirchgange Schaden für dasselbe befürchtet.

§. 19.

Sicherstellung gegen ansteckende Uebel.

Wenn die Hebammen in Ausübung ihres Berufes mit Personen zu thun haben, die mit ansteckenden Krankheiten behaftet sind, so müssen sie das Geeignete thun, um nicht selbst angesteckt zu werden, oder Andere anzustecken.

Bei örtlichen Uebeln dieser Art, namentlich an den Geschlechtstheilen, sollen sie vor Berührung derselben ihre Hände und Werkzeuge mit Fett wohl einreiben, auch etwaige wunde Stellen ihrer Hände wohl verbinden, nach vollendeter Hülfeleistung aber sich und ihre Werkzeuge mit heißem Seifenwasser, Lauge oder Chlorkalk=Auflösung (mit letzterer jedoch nicht die metallenen Werkzeuge) gehörig reinigen. Bei allgemeinen (fieberhaften) ansteckenden Krankheiten, worunter hauptsächlich alle Formen des sogenannten Kindbettfiebers gehören, aber sollen sie neben Beobachtung dieser Regel die Zahl und Dauer ihrer Besuche so viel möglich beschränken, und nach jedem Besuch zunächst einige Zeit in freier Luft verweilen, oder wenn dieß nicht möglich ist, die Kleider wechseln, und die abgelegten auslüften, auch Besuche bei solchen Personen soviel möglich zuletzt machen, nachdem sie die Anderen, welche sie sonst zu besorgen haben, besucht haben. Namentlich bei Besorgung von Personen, die an Menschenblattern leiden, sollen sie sich der von den Aerzten vorgeschriebenen Schutzmittel gegen Verschleppung der Krankheit bedienen, und sich hierüber von dem Oberamtsarzt Belehrung erbitten.

Wenn die Hebammen selbst an ansteckenden Geschwüren oder Uebeln, z. B. der Kräze und dergleichen leiden, welche der Gesundheit Anderer Gefahr drohen, so haben sie sich bei Vermeidung von Strafe bis nach gründlicher Heilung dieser Krankheiten der Ausübung ihrer Verrichtungen zu enthalten.

§. 20.

Anzeige der Geburten.

Von jeder nach vollendetem sechstem Schwangerschafts-
monat erfolgenden Geburt, es sei das Kind todt oder
lebend, wohl- oder mißgestaltet zur Welt gekommen, hat die
dienstleistende Hebamme innerhalb vierundzwanzig Stunden
nach der Geburt bei dem Pfarramte oder bei Israeliten
dem Vorsteher der Synagoge Anzeige zu machen, oder
dafür Sorge zu tragen, daß die Anzeige durch Andere
gemacht werde, und sich zu überzeugen, daß es geschehen
ist. Die Geburt unehelicher Kinder hat sie zugleich dem
Ortsvorsteher anzuzeigen. Ist ein Kind todt zur Welt
gekommen, oder sogleich nach der Geburt gestorben (§. 16),
so hat die Hebamme die Berufung des Leichenschauers zu
veranlassen.

Hebammen, die eine Geburt, der sie in ihrem Berufe
angewohnt haben, pflichtwidrig verschweigen, trifft die gesetzliche Strafe.

Wenn ein Kind mit in hohem Grade mißgestaltetem
Körper zur Welt kommt, so hat die Hebamme hievon sogleich den Oberamtsarzt in Kenntniß zu setzen.

§. 21.

Geburtstabellen.

Alle Hebammen haben über die von ihnen innerhalb
des Landes besorgten Geburten reifer oder unreifer Kinder
(letztere aber erst vom Ablauf des 6. Schwangerschafts-

Monats an) fortlaufende, sämmtliche Gemeinden ihres Wirkungskreises und je die Dauer eines Kalenderjahres umfassende Tagbücher zu führen.

Diese Tagbücher sind in der Form von gedruckten Tabellen mit den vorgeschriebenen Rubriken zu führen.

Die Geburtsfälle sind mit fortlaufenden Ziffern versehen, sogleich nach ihrer Beendigung einzutragen.

Die Ausfüllung dieser Rubriken muß auf eine, dem Sinne ihrer Aufschriften entsprechende Weise, vollständig und mit deutlicher Schrift geschehen. Namentlich ist in der 6. Rubrik der Grund der künstlichen Hilfe, z. B. wegen Querlage, Nabelschnur-Vorfalls, Wehenschwäche, und in der 7. Rubrik die Art desselben, z. B. Zurückbringung des Arms, Wendung auf den Kopf, Zange, ausdrücklich anzugeben.

Längstens bis zum 15. Januar jeden Jahrs haben sämmtliche Hebammen ihre Tagbücher mit unterschriftlicher Beurkundung derselben dem Oberamts-Arzte desjenigen Oberamts-Bezirkes, in welchem sie ihren Wohnsitz haben, abzuliefern.

Wenn die Hebammen bei künstlichen Geburtsfällen ihre Tagbuchs-Einträge nicht selbständig zu machen im Stande sind, so haben sie die anwesend gewesenen Geburtshelfer um Mittheilung der dazu nöthigen Notizen anzugehen.

§. 22.
Verbot des Medicastrirens.

In welchen Umständen und Zufällen ihrer Pflegbefohlenen die Hebammen zur Anwendung ihrer Notharzneimittel berechtigt und verpflichtet sind, darüber werden sie bei ihrem Unterricht genau belehrt. Außer diesen Fällen sollen die Hebammen unter keinerlei Umständen mit der Heilung von Krankheiten sich abgeben, betreffe es äußerliche Schäden oder innerliche Beschwerden. Auch sollen sie sich enthalten, bei Schwangeren, Gebärenden oder neugeborenen Kindern auf eigene Faust Aderlässen anzurathen, Purgir- oder schlafmachende, sowie solche Mittel oder Rathschläge an die Hand zu geben, durch welche die monatliche Reinigung oder Geburtswehen gewaltsam erregt oder angetrieben würden.

Hebammen, welche in Beziehung auf die Behandlung von Krankheitszufällen oder Reichung von Arzneimitteln die Grenzen der ihnen zustehenden Befugnisse überschreiten, ziehen sich unfehlbar die gesetzliche Strafe zu.

§. 23.
Anzeige verheimlichter Vergehen.

Fälle von verheimlichter Schwangerschaft oder Geburt, von Abtreibung oder Tödtung der Leibesfrucht, welche zur Kenntniß der Hebamme in Ausübung ihres Berufes kommen, ist sie verpflichtet, der Ortsobrigkeit anzuzeigen. Zu dieser Anzeige ist sie auch dann verpflichtet, wenn sie von unverheiratheten oder verdächtigen Personen wegen verhaltener monatlicher Reinigung, Blutflüssen und dergleichen oder bei wirklicher Geburt zu Rath und Hülfe gezogen würde und sie hiebei Grund zu dem Verdacht hätte, daß ein Vergehen der oben bezeichneten Art Statt gefunden habe oder beabsichtigt worden sei, insbesondere, wenn unter solchen verdächtigen Umständen ein Kind todt oder mit Merkmalen erlittener äußerer Gewalt zur Welt käme. Die Hebamme hat übrigens in solchen Fällen, wenn es sich um eine Geburt oder einen andern schnelle Hülfe fordernden Zufall handelt, den ihr zustehenden Beistand unweigerlich zu leisten, in allem Uebrigen aber, namentlich an unverheirathete und unbekannte Personen, sich aller Rathertheilung zu enthalten und dieselben lediglich an den Arzt zu verweisen.

§. 24.

Verhalten bei obrigkeitlichen Untersuchungen.

Wird eine Hebamme von der Obrigkeit über Gegenstände ihres Berufs oder über Ereignisse in demselben vernommen, so hat sie sich in ihren Antworten nach ihrer Ueberzeugung der strengsten Wahrheit getreu bestimmt auszusprechen, wie sie es bei ihrem Eide verantworten kann. Untersuchungen Schwangerer, Entbundener, neugeborener Kinder und dergleichen, welche ihr aufgegeben werden, hat sie so vollständig und genau, als ihr möglich ist, zu vollziehen, und, wenn sie über den Erfund in Zweifel wäre, solches aufrichtig der Obrigkeit anzugeben.

§. 25.

Anzeigen epidemischer Krankheiten.

Wenn eine Hebamme von dem Ausbruche der Menschenpocken in ihrem Berufe Kenntniß erhält, oder erfährt, daß in ihrer Umgebung innerhalb kurzer Zeit mehrere Personen von einer und derselben mit bedenklichen Zufällen verbundenen ansteckenden Krankheit ergriffen worden sind, so ist sie verpflichtet, dem gemeinschaftlichen Amt (Pfarrer und Ortsvorsteher) hievon Anzeige zu machen.

§. 26.

Theilnahme an der Medizinalvisitation.

Auf erhaltene Aufforderung haben die Hebammen bei den Medizinalvisitationen zu erscheinen, und mit Ausnahme des Geburtsstuhls ihre Hebammengeräthschaften, Notharzneimittel nebst dem dazu gehörigen Behälter, ihr Hebammenlehrbuch, Notharzneimittelverzeichniß, ihr Hebammentagbuch, vom laufenden Jahr und ihr Prüfungszeugniß mitzubringen. Wenn sie durch wirkliche Krankheit oder dringende Dienstgeschäfte abgehalten sind zu erscheinen, so haben sie hievon dem Ortsvorstand so zeitig als möglich Anzeige zu erstatten.

§. 27.

Taxe für Hebammenverrichtungen.

Zu ihren Anrechnungen dürfen die Hebammen, falls nicht durch ihre Anstellungsbedingungen etwas Anderes festgesetzt ist, folgende Taxansätze nicht überschreiten:
1) für eine geburtshilfliche Untersuchung 1 fl.
2) für außerordentliche Berufung zu einer Berathung 24 kr.

3) Reiseentschädigung bei auswärtigen Verrichtungen für jede Wegstunde der Entfernung (hin und zurück einfach). 24 kr.

4) für den Beistand bei einer Geburt (oder einer Fehlgeburt) bei Tag oder Nacht und die gewöhnliche Besorgung der Mutter und des Kindes in den ersten 8 Tagen nach der Entbindung

a) in leichteren Fällen 1 fl. 30 kr. — 2 fl. 30 kr.

b) in schwereren Fällen, wenn längere Zeit mit der Gebärenden zugebracht wurde 2 fl. 30 kr. — 5 fl.

c) für die Besorgung der Mutter und des Kindes von der zweiten Woche an, wo es verlangt wird, wöchentlich 1 fl.

5) für eine im Nothfalle unternommene geburtshilfliche Operation 1 fl. — 4 fl.

6) für eine Nachtwache bei einer Entbundenen 48 kr. — 1 fl.

7) für das Setzen von Blutegeln am Gebärmutterhalse 48 kr. — 1 fl.

8) für Anwendung des Katheters 30 kr. — 1 fl. 30 kr.

9) für Einspritzungen in die Mutterscheide oder in den Mastdarm (Clystiere) 15 kr. — 30 kr.

10) für das Zurückbringen eines Gebärmutter-, Scheiden- oder Mastdarmvorfalles, für das Einlegen eines Mutterkranzes oder Tampons, in leichten Fällen 1 — 2 fl.

11) für Schröpfen

a) bis zu 6 Köpfen 36 kr.

b) für jeden weiteren Kopf 4 kr.

§. 27.

Taxe für Hebammenverrichtungen.

In ihren Anrechnungen dürfen die Hebammen, falls nicht durch ihre Anstellungsbedingungen etwas Anderes festgesetzt ist, folgende Taxansätze nicht überschreiten:
1) für eine geburtshilfliche Untersuchung   2—3 ℳ.
2) für außerordentliche Berufung zu einer Berathung
   1—2 ℳ.
3) Reise-Entschädigung bei auswärtigen Verrichtungen:
   a) Taggeld:
      α) bei Gängen zu den Repetitions-Cursen und wegen anderer aus der Beaufsichtigung der Berufsthätigkeit der Hebamme sich ergebenden Anlässe   1 ℳ. 10 ₰.
      β) bei Berufung von amtlichen Stellen in Straf- oder Partheisachen für jede Stunde der nothwendigen Abwesenheit von Hause 50 ₰.
      bis zum höchsten Betrage von   5 ℳ. für einen Tag.
   b) Ersatz der Auslagen für jeden zurückgelegten Kilometer   10 ₰.
4) für den Beistand bei einer Geburt (oder einer Fehlgeburt) bei Tag oder Nacht und die gewöhnliche Besorgung der Mutter und des Kindes in den ersten 8 Tagen nach der Entbindung
   a) in leichteren Fällen   3—6 ℳ.

b) in schwereren Fällen, wenn längere Zeit mit der Gebärenden zugebracht wurde 6—10 ℳ.

c) für die Besorgung der Mutter und des Kindes von der zweiten Woche an, wo es verlangt wird, wöchentlich 3 ℳ.

5) für eine im Nothfalle unternommene geburtshilfliche Operation 3—10 ℳ.

6) für eine Nachtwache bei einer Entbundenen 3—6 ℳ.

7) für das Setzen von Blutegeln am Gebärmutterhalse 2 ℳ.

8) für Anwendung des Katheters 2—4 ℳ.

9) für Einspritzungen in die Mutterscheide oder in den Mastdarm (Clystiere) 80 ₰. — 1 ℳ.

10) für das Zurückbringen eines Gebärmutter-, Scheiden- oder Mastdarmvorfalles, für das Einlegen eines Mutterkranzes oder Tampons, in leichten Fällen 3—5 ℳ.

11) für Schröpfen
   a) bis zu 6 Köpfen 2 ℳ.
   b) für jeden weiteren Kopf 20 ₰.

12) für das Setzen von Blutegeln
   a) bis zu 5 Stücken 75 ₰.
   b) für jeden weiteren 15 ₰.

Anmerkung. Fallen die Verrichtungen Nr. 8. bis 12. in die Zeit der Entbindung oder der der Hebamme ordentlicher Weise obliegenden Besorgung der Wöchnerin und des Kindes, so hat sie hiefür keine besondere Belohnung anzusprechen, es wäre denn, daß bei außerordentlichen Krankheitszuständen deren Ausübung ungewöhnlich häufig gefordert würde oder mit ganz besonderer Beschwerlichkeit verbunden wäre. Außerdem ist noch zu bemerken, daß alle diese Verrichtungen von den Hebammen nur beim weiblichen Geschlechte und für gewöhnlich nur auf Anordnung eines Arztes ausgeübt werden dürfen.

12) für das Setzen von Blutegeln
   a) bis zu 6 Stücken, je nach dem Zeitaufwande
                                                    18 — 36 kr.
   b) für jeden weiteren   2 kr.
13) für das Auflegen eines Senfteiges 12 — 24 kr.

    Anmerkung. Fallen die Verrichtungen Nr. 8. bis 13. in die Zeit der Entbindung oder der der Hebamme ordentlicher Weise obliegenden Besorgung der Wöchnerin und des Kindes, so hat sie hiefür keine besondere Belohnung anzusprechen, es wäre denn, daß bei außerordentlichen Krankheitszuständen deren Ausübung ungewöhnlich häufig gefordert würde oder mit ganz besonderer Beschwerlichkeit verbunden wäre. Außerdem ist noch zu bemerken, daß alle diese Verrichtungen von den Hebammen nur beim weiblichen Geschlechte und für gewöhnlich nur auf Anordnung eines Arztes ausgeübt werden dürfen.

Die Kindersterblichkeit

in

Württemberg.

An Kindern ist kein Mangel in Württemberg, das Land ist fruchtbarer daran als die meisten anderen Länder. Weit größer aber noch in ihrer Art als die Fruchtbarkeit ist die Sterblichkeit der Kinder in Württemberg; diese gehört zu den unerfreulichsten Eigenthümlichkeiten der Bevölkerung und ist der ernsthaftesten Betrachtung werth. In Württemberg stirbt im Durchschnitt ein volles Drittheil der lebendgeborenen Kinder im ersten Lebensjahre, in den schlimmsten Bezirken (im Donauthal und dem südlichen Theile der Alb) die Hälfte und in den besten (im Hohenlohe'schen) ein Viertheil. Die besten Bezirke bei uns stehen gleich mit den schlechtesten in anderen Ländern. Die Kindersterblichkeit in Württemberg ist im Durchschnitt nahezu noch einmal so groß als die der übrigen Länder; sie ist die größte von allen Ländern Europa's, über welche wir Nachricht haben. Diese Thatsache lastet als ein schwerer

Vorwurf auf dem ganzen Volke. Denn sie hat nicht ihren Grund in den natürlichen Verhältnissen des Landes: weder im Klima, das gewiß kein so kinderfeindliches, noch in schwächlicher Körperbeschaffenheit des Volksstammes, der im Allgemeinen ein kräftiger und gesunder ist. Die große Sterblichkeit der Kinder ist nicht eine Naturnothwendigkeit, sondern die Hauptschuld liegt in den Handlungen und Unterlassungen der Menschen, d. h. in der verkehrten Behandlung der Kinder, in thörichten Gewohnheiten, Vorurtheilen und Aberglauben, in Mangel an Einsicht und Opferwilligkeit, kurz in dem Mangel einer verständigen, sorgfältigen und gewissenhaften Pflege. Auch nicht an der Armuth liegt die Schuld, sondern an dem Unverstand, der Rohheit und dem bösen Willen. Die größte Kindersterblichkeit herrscht nicht in den ärmsten Bezirken, sondern vorzugsweise in den an Kindern fruchtbarsten; der Ueberfluß an Kindern scheint dort den Werth derselben zu verringern.

Die Erhaltung des Lebens des Neugeborenen ist im ganzen Gebiete der thierischen Schöpfung auf den Schutz und die Fürsorge von Seiten derjenigen, die ihm das Leben gegeben haben, hingewiesen. Dies ist ein Gebot der Natur. Wie der Faule zur Ameise gewiesen wird, um den Fleiß von ihr zu lernen in der Fürsorge für leibliche Nothdurft, so mag es auch heißen: gehe hin zum Thiere in deinem Stalle, du Fauler, oder zum Thiere im Walde und siehe seine Weise an und lerne von ihm, wie es hegt und nährt und schützt, sein selbst nicht achtend, die Jungen. Was das Thier im dunklen Naturtriebe verrichtet, wird dem Menschen als vernünftigem und sittlichem Wesen zur bewußten Aufgabe.

Je jünger der Säugling, desto hilfloser ist er und desto größeren Gefahren ist sein Leben ausgesetzt; zwei Drittheile der Kinder, welche der Tod bei uns im ersten Lebensjahre hinrafft, sterben in den ersten drei Monaten ihres Lebens; je jünger also ein Kind, desto mehr ist es der Pflege bedürftig. Ferner lehrt die Erfahrung, daß die meisten Krankheiten und Todesursachen der Neugeborenen von Störungen der Verdauung und ihrer Organe ausgehen, die überdies am häufigsten und gefährlichsten während der heißen Jahreszeit sind. Deßhalb ist der wichtigste Punkt in der Pflege und für die Lebenserhaltung der Neugeborenen ihre Ernährung.

Es gibt nur eine natürliche Nahrung für die Kinder in der ersten Zeit ihres Lebens, und dies ist die Muttermilch. Nichts Anderes in der Welt kann die Milch einer gesunden Mutter ersetzen, und kein größeres Gut kann solche ihrem Kinde bieten als die Wohlthat dieser natürlichen Kost, mit welcher die Mutter, die das neugeborene Kind in ihrem Schooße unbewußt genährt hat, nach der Geburt die mütterliche Ernährung desselben freiwillig fortsetzt. Die Erfahrung lehrt, daß die Sterblichkeit der Neugeborenen bei künstlicher Ernährung zwei bis dreimal größer ist als bei Ernährung mit Muttermilch. In der sträflichen Vernachlässigung dieser Pflicht liegt gerade der Hauptgrund der großen Kindersterblichkeit in unserem Lande. In den Landestheilen, in welchen am meisten Kinder sterben, überwiegt unter dem Volk die Unsitte, die Kinder nicht an der Brust, sondern mit künstlicher Nahrung aufzuziehen. Die Bauersfrauen verwerfen das Säugen als eine Unbequemlichkeit, als eine Störung der Arbeit und des Erwerbes, wohl auch als ein Geschäft, das sie unter ihrer Würde erachten, oder — ohne überhaupt etwas dabei zu denken — weil es so der Brauch ist, weil es Andere auch nicht thun. Aber wer Hände hat, soll arbeiten und wer Brüste hat, soll säugen, denn dazu sind sie ihm von der Natur gegeben. Darum wer säugen kann und thut es nicht, der begeht eine Sünde an dem Gebot der Natur und eine Sünde an seinem Kinde. Wo nicht Krankheit oder örtlicher Fehler vorhanden ist, da gilt keine Entschuldigung für die Unterlassung des Säugens; und so lange das Säugen nicht wieder zur Sitte des Landes wird, lastet auf dessen mütterlicher Bevölkerung der Vorwurf der selbstverschuldeten Beschädigung ihrer Kinder, des Mangels an Mutterliebe, die in ihrer ganzen Fülle und Innigkeit erst an der nährenden Mutter sich offenbart. Wer nicht stillt, bringt sein Kind um den besten Gewinn und sich selbst um die besten Mutterfreuden. Die Opfer, die das Säugen der Mutter auferlegt, sind nicht groß; im Anfang etwas Geduld, Ausdauer und Hingebung; im Fortgang sodann läßt sich viel andere Arbeit neben dem Säugen verrichten. Freilich muß die Mutter unter allen Umständen dem Kinde zu lieb, falls es nicht gewissenlos vernachlässigt werden soll, auf einen Theil ihrer gewohnten Arbeit verzichten und ist, wenn sie das Kind stillt, noch mehr an dasselbe gebunden; es wird aber auf der andern Seite durch das Säugen das Auf-

ziehen des Kindes sehr vereinfacht und erleichtert. Auch
bedarf es von Seiten der Mutter keines besonderen Auf=
wandes für ihre eigene Ernährung; denn die Säugende
braucht sich nicht zu mästen und zu überfüttern, womit
sie sich und dem Kinde nur schadet. Nur gar zu ärm=
liche Kost bei übermäßiger Anstrengung schlägt fehl. Bei
mäßiger Kost und mäßiger Arbeit der Säugenden gedeihen
zugleich Mutter und Kind. Endlich wird, wo das Säu=
gen gebräuchlich ist, ein natürliches Gleichgewicht in der
Bevölkerung hergestellt; das Säugen beschränkt die Frucht=
barkeit, es werden weniger Kinder geboren, aber es blei=
ben mehr am Leben. Darum lautet die erste und dringendste
Mahnung an alle Mütter, ihre Kinder zu säugen. —
Die natürliche Grenze für die Säugeperiode ist der Aus=
bruch der Zähne des Kindes; ein allzulang, über Jahres=
frist fortgesetztes Säugen kann der Mutter Schaden, dem
Kinde nicht weiteren Nutzen bringen; aber schon ein Säu=
gen von wenigen Monaten ist, weil diese Zeit weitaus
die gefährlichste, für das Kind von großem Vortheil.

Weil jedoch (abgesehen von den Kindern, welche mutter=
los aufgezogen werden) manche Mütter, auch beim besten
Willen, gar nicht oder nicht lange genug oder auch nicht
hinreichend säugen können, so muß auf eine anderweitige
passende Nahrung des Kindes Bedacht genommen werden.
Und hier begegnet uns alsbald eine weitere greuliche
Unsitte unseres Landes, die, im Bunde mit dem Nicht=
stillen, dem Verderben und der Unnatur vollends die
Krone aufsetzt, nämlich der Mehlbrei. Aus grobem
Mehl mit Milch zu einem dicken Stampf gekocht, daß

der Löffel darin stehen bleibt, meist auf einige Tage im Vorrath bereitet und dann in saure Gährung übergehend, dem Kind, nachdem jeder Löffel voll zuvor der Abkühlung halber durch den Mund der Darreichenden passirt ist, mit einem schmutzigen Schlozer in den Mund gestrichen und massenhaft eingestopft — das ist der kindermörderische schwäbische Mehlbrei, die Haupt- und Lieblingsfütterung der Säuglinge unseres Landvolkes, das gerade Gegentheil von all dem, worauf das neugeborene Kind als zweckmäßige und gesunde Nahrung von der Natur angewiesen ist, nahezu das Aeußerste, was menschlicher Unverstand als Nahrungsmittel für neugeborene Kinder erfinden konnte.

Das Kind ist in der ersten Zeit seines Lebens von der Natur auf Milchnahrung angewiesen. Wo keine Muttermilch gereicht wird, ist deren Ersatz die Kuhmilch. Dieselbe muß von gut gehaltenen (nicht mit Trebern, saurem Spühlicht u. dergl.) gefütterten Thieren genommen werden. Die reine, nicht abgerahmte Kuhmilch wird abgekocht, in den ersten Monaten zur Hälfte bis Drittheil mit Wasser (oder leichtem Fenchel-, Anis-, Chamillen-Thee) verdünnt und etwas weißer Zucker zugesetzt. Das Getränk muß dem Kinde stets warm gereicht werden, ungefähr von der Wärme der frischgemolkenen kuhwarmen Milch. Der Zusatz von Wasser zur Milch ist um so nöthiger, je jünger das Kind ist. Die Saugflasche („Memmele"), aus der das Kind trinkt, muß sammt dem Stöpsel stets sehr rein gehalten sein. Man gibt dem Kinde in regelmäßigen Zwischenräumen (alle zwei bis drei Stunden) zu trinken, aber dann so viel als es nur immer mag.

Diese flüssige Milchkost genügt für die meisten Kinder in den ersten Monaten. Wo aber, neben der Kuh- oder Muttermilch, das Bedürfniß nach festerer Nahrung vorhanden ist, sind die Wecken- oder Zwiebacksüppchen, ein- oder zweimal täglich gereicht, eine einfache, unschädliche Nahrung. Auch der Mehlbrei ist nicht ganz zu verwerfen, nicht jener oben geschilderte Mordbrei, sondern der sorgfältig und zweckmäßig bereitete Mehlbrei. (Siehe im Anhang die Bereitungsvorschriften für Süppchen und Brei.) Statt des Mehlbreis kann auch ein dünner Brei aus Arrowroot oder Reismehl, die in jeder Apotheke zu haben sind, gereicht werden.*) Die flüssige Nahrung aber muß stets die Hauptsache bleiben, Brei und Süppchen dürfen nur Zugabe sein. Bei der auf dem Lande beliebten Breikost ist stets Gefahr von Ueberfütterung vorhanden, in deren Gefolge die verderblichsten Störungen der Verdauung eintreten, die Kinder anfangen abzumagern, weil sie ihre schwere Kost nicht verdauen können, und schließlich abzehrend zu Grunde gehen. Beim Trinken wie beim Essen muß stets die bestimmte Zeit eingehalten, am wenigsten darf jede Unruhe, jedes Schreien des Kindes dem Hunger zugeschrieben und mit Brei gestillt werden.

Noch gibt es ein altbewährtes, höchst empfehlenswerthes

---

*) Als weitere, nach Umständen zweckmäßige Ernährungsmittel sind noch zu erwähnen die sogenannte Liebig'sche Suppe und die Fleischbrühe, letztere, nur schwach gesalzen, mit Milch vermischt, zum Getränke oder zur Bereitung der Süppchen verwendet.

Getränk für Kinder, welche keine Muttermilch haben, besonders für schwächliche, mit Verdauungsschwäche und Neigung zur Diarrhöe behaftete Kinder, nämlich der Eichelkaffee. Er ist für solche Kinder eines der vorzüglichsten Nahrungsmittel und kann, mit gleichen Theilen Milch vermischt, schon den kleinsten Kindern als ausschließliches Getränk gereicht und jahrelang fortgesetzt werden. (Siehe die Vorschrift zu dessen Bereitung im Anhang.)

Bei der künstlichen Ernährung der Kinder ist wohl zu beachten, daß es lediglich keine allgemeine und ausnahmslos giltige Vorschrift für dieselbe gibt. Während die Muttermilch allein für alle Kinder die zuträglichste, weil einzig natürliche Nahrung ist, so geht es bei der künstlichen Ernährung selten so glatt und so einfach ab. Dem einen Kinde ist dieses, dem andern jenes zuträglicher, und es muß deßhalb mit der Kost manchmal gewechselt werden. Immer aber gilt die Regel: hat man einmal ein Verfahren eingeschlagen, bei welchem das Kind sich wohl befindet und wirklich gedeiht, so bleibe man dabei und hüte sich vor jeder Veränderung. — Auf solche Weise wird die künstliche Ernährung zwar niemals die Ernährung an der Brust ersetzen; aber bei verständiger, sorgsamer Handhabung und Ueberwachung werden ihre Nachtheile vermindert und kann ihr Ergebniß in vielen Fällen ein befriedigendes werden, und zwar bei Anwendung der einfachsten, billigsten, überall und für Jedermann zugänglichen Mittel.

Bei der sonstigen Pflege des Kindes sind, wie bei der Ernährung, einfach dessen natürliche Bedürfnisse zu beachten.

Das neugeborene Kind, soeben aus der guten gleichmäßigen Wärme des mütterlichen Körpers, der es umschlossen hatte, an die äußere Luft ausgetreten und selbst noch sehr wenig eigene Wärme erzeugend, muß vor Kälte geschützt und in fortgesetzter milder Wärme gehalten werden. Diese Wärme, ein Lebenselement des Kindes, muß die Luft, die es umgibt, die Nahrung, die ihm gereicht wird, das Bad, in welchem es gereinigt, die Kleidung und Decke, in die es gehüllt wird, haben. Kleine Kinder dürfen nur bei warmen Wetter ausgetragen werden; bei rauher und feuchter Witterung, insbesondere auch bei kaltem Wind sie auszutragen, ist nicht Stärkung und Abhärtung, sondern Gefahr. Wärme ist aber nicht Hitze und Hitze ist dem Kinde nicht minder schädlich als Kälte, jene übermäßige Hitze, wie sie in den überheizten Stuben des Landvolkes, mit denen sich Jung und Alt gütlich thun wollen, herrscht, wo überdieß nicht selten noch der Wiege der Ehrenplatz am Ofen eingeräumt ist.

Das Kind muß ferner reinlich gehalten werden an seinem ganzen Körper und in seiner Umgebung, weil Reinlichkeit ein Hauptbeförderungsmittel der Gesundheit ist. Wo freilich die Alten selbst, an sich und um sich im Schmutz, und zwar nicht im Schmutze der Armuth, sondern im Schmutze der üblen Gewöhnung und Abstumpfung wie in ihrem Elemente leben, da fehlt für solche Forderung alles Verständniß. Nur die an sich selbst reinliche Mutter kann auch ihr Kind reinlich halten, reinlich in der durch öfteres angemessenes Lüften erneuerten und aufgefrischten Zimmerluft, reinlich im reingewaschenen und wohlgetrockneten Bett und Leibweißzeug, reinlich am Körper durch fleißiges und gründliches Waschen und insbesondere durch fleißiges warmes Baden. Sobald die Hebamme nicht mehr ins Haus kommt, hört in der Regel auf dem Lande das Baden der Kinder auf und zwar auf Lebenszeit; denn leider ist dem allergrößten Theil des Volkes der Gebrauch der Reinigungsbäder unbekannt, ein Mangel, der sich bis in die gebildeten Stände hinauf fühlbar macht und als ein wahrer Makel unserem Volke anklebt.

Wird in allen diesen Richtungen bei der Pflege des Kindes so viel des Nöthigen versäumt, so geschieht dafür an dem Kinde um so mehr Unnöthiges in wahrer Verschwendung, als wollte die Liebe zum Kind das Versäumte gerade hierin einholen. Hieher gehören alle die üblen, auf eingewurzelten und anererbten Vorurtheilen beruhenden Gewöhnungen, mit denen dem Kinde nichts weniger als Liebe erzeigt, seine Pflege nur erschwert und ihm häufig Schaden zugefügt wird, zum mindesten der Schaden der Verwöhnung — eine Schattenseite unserer Kindespflege, an welcher alle Stände ohne Unterschied, der Bauer wie der Städter, der Arme und Niedrige wie der Reiche und Vornehme, jedes in seiner Art wetteifernd sich betheiligen.

Hier erscheint in erster Linie der unvermeidliche „Schlozer" (Sauglappen), ein Hauptinstrument der Kinderpflege bei Hoch und Nieder, der allgemeine Tröster, die Ausgeburt mütterlicher Zärtlichkeit, zugleich „eine Kindsmagd ersetzend". Stellt den Leuten immer und immer wieder vor, daß er weder Bedürfniß noch Wohlthat, sondern nur eine Verwöhnung für das Kind ist und ihm leicht Schaden bringt, daß Kinder mit Schlozern mehr schreien als Kinder ohne solche, weil der Schlozer einen Gegenstand weiter für die Begehrlichkeit des Kindes abgibt; hier wird nur tauben Ohren gepredigt und im Kampfe mit dem Schlozer unterliegt selbst der Muthigste. Ist aber der Schlozer, wo er noch nach besseren Grundsätzen bezüglich seiner Füllung und Reinlichkeit behandelt wird, mehr nur eine harmlose Verirrung, so wird er unter der nachlässigen und unsauberen Behandlung des Volkes durch die saure Gährung seines Inhaltes nicht blos ekelhaft, sondern verderblich für das Kind.

Zu den üblen Angewöhnungen gehört ferner das viele Herumtragen des Kindes, besonders auch zur Nachtzeit, sowie das oft Stunden und halbe Tage und Nächte, gleich einer arbeitenden Maschine, fortgesetzte Schaukeln des Kindes. All dieses und anderes hat den Zweck, das schreiende Kind zur Ruhe und zum Schlaf zu bringen. So oft ein Kind schreit, wird es zunächst dem Hunger zugeschrieben und statt Einhaltung der so nöthigen Maß- und Zeitordnung das Kind überfüttert. Will das nicht helfen, so müssen Schlozer, Schaukeln, Herumtragen und andere Beruhigungsmittel herhalten, wozu noch da und dort das Einschütten von Wein oder Branntwein oder des sogenannten „Klepperlesthees" kommt und zum Unfug noch Vergiftung fügt. Wer ein Kind aufziehen will, muß vor Allem auch können es schreien hören. Schreit aber ein Kind lang fort und heftig, so liegt der Grund in irgend einem Unbehagen, dem eine geduldige, erfahrene und um=

sichtige Mutter bald auf die Spur kommen wird.*) Am meisten aber schreit ein überfüttertes Kind, weil es Bauchweh und Verdauungsbeschwerden bekommt, ferner das unrein gehaltene Kind, in seinen nassen Windeln vom Schmerz des Wundseins geplagt, und und endlich das verwöhnte und verzogene Kind. Die Gewöhnung des Kindes aber muß mit dem ersten Tage seines Lebens beginnen, denn ein von Anfang an verwöhntes Kind ist schwer wieder in Regelmäßigkeit und Ordnung zu bringen. Und wie mit der ersten Pflege des Kindes gar häufig der Grund für dessen künftige Gesundheit oder Siechthum. gelegt wird, so wirkt auch die erste mit einer festen Lebensordnung gepaarte Erziehung des Säuglings auf dessen spätere geistige und sittliche Entwicklung ein, weil das stille, verborgene Leben seines Geistes am besten in der Ruhe und Regelmäßigkeit des körperlichen Gedeihens sich entwickelt und gar leicht mit der ersten scheinbar nur körperlichen Erziehung der Keim zu allerhand sittlichen Gebrechen des heranwachsenden Kindes gelegt wird, als da sind: Trotz, Unart, Zorn und Heftigkeit, Böswilligkeit, Begehrlichkeit und Naschhaftigkeit, Ungehorsam und Unsauberkeit. Sind doch überhaupt Gewöhnung und Beispiel die größte Macht in der Erziehung.

Noch darf ein zur Pflege des Kindes gehöriger Umstand nicht unerwähnt bleiben, nämlich die Anrufung ärztlicher Hilfe, sobald sich irgend welche Zeichen eines krank-

---

*) Weil Bauchgrimmen eine so häufige Ursache des Schreiens der Kinder ist und ein einziger Wind, der ihnen im Leibe haust, oft großen Lärm anrichten kann, so ist es jeder Mutter anzurathen, sich auf dasjenige Mittel einzuüben, das dem Kind und ihr in solchen Fällen die schnellste Ruhe schafft, nämlich ein Klystier.

haften Zustandes, wie Abmagerung, schlechte Verdauung, anhaltende Leibschmerzen, Appetitlosigkeit, Durchfall u. dgl. blicken lassen. Nichts wird aber schließlich von unserem Volke gewissenloser versäumt als dies; man läßt die Sache gehen, oder wendet gar verkehrte Mittel an, macht aus übel ärger, nimmt jeden Rath eines Unberufenen lieber an als den eines Sachverständigen, tröstet sich mit der üb= lichen Redensart, daß kleinen Kindern doch nicht zu helfen — Alles nur schlechte Verhüllungen des Unverstandes nicht nur, sondern der Rohheit und Gleichgültigkeit, die das Leben des Viehes nicht selten höher schätzt als das des Kindes. Wir haben Bezirke in unserem Lande, wo zehn kleine Kinder ohne Arzt sterben, bis zum elften ein Arzt gerufen wird. Mit solchem Schlusse krönt sich das Werk der Kinderverderbniß, das durch schlechte Behandlung das Kind verkommen und zuletzt hilflos sterben läßt, wo dann die Gevatter in Oberschwaben den Eltern „zum Engel" gratuliren.

———

Die große Kindersterblichkeit Württembergs ist eine ge= meinsame Schuld, an welcher jeder seinen Theil dem Va= terlande abzutragen hat. Mit Amtsgewalt, geistlicher wie weltlicher, ist hier freilich nichts auszurichten; die Mutter, die nicht säugt, kann nicht gestraft, die Auffütterung mit Mehlbrei nicht polizeilich verboten werden. Um so mehr kann hier persönlicher Einfluß leisten durch Förderung des Besseren mit Beispiel, Belehrung, Rath und That. Der Seelsorger, als Hirte seiner Gemeinde, deren leibliches

wie geistiges Wohl er auf dem Herzen trägt, wird den
Gegenstand seiner eingehenden Beachtung und beruflichen
Einwirkung nicht unwerth finden, und geistliche wie welt=
liche Obrigkeit werden erkennen, in welchem nahen Zu=
sammenhang derselbe mit dem physischen sowohl als dem
sittlichen Zustande der Gemeinde steht. Zwei Berufs=
klassen aber sind es vorzugsweise, dem Heilpersonale zu=
gehörend, in deren Hände es gegeben, hier viel Gutes
oder viel Schlimmes zu stiften: die Wundärzte, die dem
Volke nahe stehen und in erster Linie dasselbe in seinen
gesundheitlichen Anliegen berathen, und die Hebammen, die
neben der ersten Fürsorge für das Neugeborene auch auf
dessen weitere Pflege großen Einfluß üben und zu üben
berufen sind. Sie beide sollen, was sie Gutes in ihrer
Schule gelernt haben, wohl bewahren, es zum allgemeinen
Besten verwerthen, nicht in die Vorurtheile des Volkes
zurücksinken oder, um den Leuten zu gefallen und sich
Gunst zu erwerben, ihnen noch Vorschub leisten auf dem
unrechten Wege; auch sollen beide die Gränze, wo ihre
Befugnisse und Befähigungen aufhören, wohl beachten,
um nicht durch Uebergriffe in das außerhalb ihres Berufes
liegende ärztliche Gebiet Schaden zu stiften.

Ein weites Feld ist hier ferner eröffnet für Einzelne
wie für Vereine im Sinne der Menschlichkeit und guter
Werke. Man hört und liest jetzt so viel von der Sorge
für das leibliche und sittliche Wohl der Arbeiter, auf der
großen Pariser Weltausstellung sind sogar Preise dafür
ausgetheilt worden. Möge hiebei neben Anderem auch
Sorge getragen werden für die neugeborenen Kinder der

Arbeiter und das Beispiel eines Fabrikbesitzers im Elsaß Nachfolge finden, welcher die Einrichtung traf, den bei ihm arbeitenden Frauen nach der Geburt sechs Wochen zur Pflege und zum Säugen ihrer Kinder einzuräumen, sowie auch später ihnen zu bestimmten Tageszeiten zu erlauben, ihre Kinder zu stillen, ohne Schmälerung des täglichen Lohnes. In England bestehen Frauenvereine, die sich zur Aufgabe stellen, durch Wort und That für die Verbreitung einer vernünftigen Pflege der Säuglinge in ihrem Kreise zu sorgen. Wo auch nur zwei oder drei in einem Orte sich zusammenthun und die Sache recht angreifen, da wird ihre Arbeit eine ersprießliche werden. Einen Gegenstand besonderer Fürsorge sollen vor Allem auch die unehelichen, in Kost gegebenen Kinder bilden, deren Loos das schlimmste, deren Sterblichkeit die größte ist. Als wohlthätige Anstalten gehören ferner hieher die sogenannten Krippen, in unserem Lande gleichfalls noch unbekannt, praktische, einfach und mit kleinen Opfern herzurichtende Stätten zur Hut und Pflege kleiner Kinder den Tag über, solang ihre Eltern in der Arbeit vom Hause abwesend sind.

So gilt es bei diesem Werke, wenn im Großen etwas erreicht werden soll, allerwärts eine Arbeit im Kleinen, mit Hilfe von Einsicht, Liebe, Geduld und Zeit, eine Arbeit, an der Alle, die dazu berufen sind, sich betheiligen müssen, „dienend einander, ein Jeglicher mit der Gabe, die er empfangen hat". Es gilt den Kampf mit einem bösen Lindwurm, an dem aber nicht Einer zum Ritter werden kann, sondern Viele und aller Orten.

Solcher Art gemeinsame Arbeit ist es, zu welcher dieser Mahnruf wecken soll, als eine Aussaat, die, wenn gleich vielfältig unter Dornen, die sie ersticken, und auf Felsen, die sie nicht Wurzel greifen lassen, fallend, doch gewiß im Vaterlande auch guten Boden finden wird. Wo letzterer vorhanden, da müßte die Kindersterblichkeit zum mindesten auf die Hälfte ihres bisherigen Betrages sinken; wenn wir aber auch nur eine Verminderung um ein Zehntheil erreichen, so werden in Württemberg alljährlich dritthalbtausend Kinder am Leben erhalten, die bis jetzt dem Tode anheimgefallen waren.

Anhang.

Bereitungsvorschriften.

1. Milchsüppchen von Wecken oder Zwieback.

Getrocknetes, gut ausgebackenes Zwieback oder dergl. Wecken wird im Wasser längere Zeit eingeweicht, gut ausgedrückt und sodann in einem flachen irdenen Gefäß unter Umrühren mit so viel Milch abgekocht, daß sich ein dünnflüssiger Brei bildet, dem man etwas Zucker zusetzen kann.

2. Mehlbrei.

1 Löffel voll weißes Weizenmehl wird mit 1 Löffel voll Wasser und 5 Löffel Milch glatt verrührt, so daß keine Klümpchen vorhanden sind; dann wird das Ganze über gelindem Kohlenfeuer mindestens eine halbe Stunde lang gekocht, bis am Gefäß eine braune Kruste („Scherret") sich bildet und der Brei dickflüssig ist.

Brei und Süppchen, für jede Mahlzeit frisch bereitet, werden dem Kind in einem flachen beinernen

Löffelchen gereicht. Für ein Kind im ersten Monat reichen acht bis zwölf Löffelchen voll für eine Mahlzeit hin.

3. Eichelkaffee.

Ein gehäufter Kaffeelöffel (für größere Kinder ein gehäufter Kinderlöffel) voll Eichelkaffeepulver (aus der Apotheke bezogen) wird mit einem Schoppen kalten Wassers angesetzt, langsam erhitzt und, wenn es in's Kochen gekommen ist, so lange fortgesotten als ein Ei zum Hartsieden braucht (3—4 Minuten). Am besten wird der Eichelkaffee Abends bereitet, über Nacht auf dem Satz stehen gelassen, Morgens abgegossen und den Tag über, mit gleichen Theilen Milch vermischt und Zusatz von etwas Zucker, dem Kind gegeben. Hat sich über Nacht ein Häutchen auf der Oberfläche des Kaffees gebildet, so wird dasselbe vor dem Abgießen weggeblasen.

www.ingramcontent.com/pod-product-compliance
Lightning Source LLC
Chambersburg PA
CBHW032113230426
43672CB00009B/1717